August Ludwig von Schlözer

Münz, Geld, und Bergwerks-Geschichte des russischen Kaisertums

Vom Jahr 1700 bis 1789 - meist aus Urkunden beschrieben

August Ludwig von Schlözer

Münz, Geld, und Bergwerks-Geschichte des russischen Kaisertums
Vom Jahr 1700 bis 1789 - meist aus Urkunden beschrieben

ISBN/EAN: 9783743440180

Hergestellt in Europa, USA, Kanada, Australien, Japan

Cover: Foto ©ninafisch / pixelio.de

Manufactured and distributed by brebook publishing software (www.brebook.com)

August Ludwig von Schlözer

Münz, Geld, und Bergwerks-Geschichte des russischen Kaisertums

Münz-, Geld-,

und

Bergwerks-Geschichte

des

Russischen Kaiserthums,

vom J. 1700 bis 1789.

Meist aus Urkunden beschrieben.

Göttingen,
im Verlag bei Vandenhoek und Ruprecht.
1791.

Vorrede.

Die GeldGeschichte beschreibt, wie groß in
jedem ZeitRaum, die Masse des im Lande circulirenden Geldes gewesen sei, wie sie sich vermert oder vermindert habe, was die Ursachen dieser Ebbe und Flut seien. Eine Geld-
Geschichte kan ein Volk haben, one MünzGeschichte, — falls es nicht selbst prägt, sondern
lauter ausländische Münzen bei sich umlaufen
läßt: nicht blos eine Menge deutscher Staten sind
in diesem Falle, sondern selbst merere souveraine
SchweizerCantons. — Auch kan ein Stat viel
LandesMünze prägen, oder geprägt haben, und
man kan doch nicht daraus, auf seine vorhandene umlaufende GeldMasse schließen: wie wann
es wieder aus dem Lande fleußt, oder eingeschmolzen, oder vergraben wird?

Es gehört zu den glorreichsten Erweiterungen,
die die gelerte StatsKunde unsrer Tage erlebt
hat, daß man sich darinn auch mit dergleichen Ge-
genständen, entweder nun erst, oder mit weit mer
Präcision als vordem, zu beschäfftigen anfängt.
Um die ware Macht der Staten abzuwägen,
bleibt man nicht mer blos bei den □Meilen Landes, der VolkMenge, den Natur- und Kunst-
Producten, der Land- und SeeMacht, stehen;
sondern man spricht auch, wenn man Data dazu
hat, kaufmännisch von ihrem — Gelde.

Aber von dem großen russischen Reiche wußte
man, in Rücksicht auf sein Geld- und MünzWesen, nur wenig, oder doch nichts mit nötiger Prä-
cisi-

eifion; und was sich noch hie und da davon in
Büchern fand, war mit Unrichtigkeiten und Wi-
dersprüchen durchwebt.

Ich kündigte deswegen schon im J. 1772
(f. den Vorbericht S. 1) eine auf Acten gegründete richtigere Vorstellung an. In den nächſtfol-
genden 16 Jaren wurden die alten Irrtümer nicht
nur nicht widerrufen, sondern gar, hauptsächlich
seit den neuen Operationen der jetzigen Regirung
mit 2- und Papier-Geld, Reichs- und Leih-
Banken, häufig und grob vermert. Endlich vor
2 Jaren fing ich an, meine vieljärige Sammlungen zu ordnen: sie reichten immer schon zu, dem
Publico auf etwa 8 Bogen, über eine importante
Materie, viel neues Wares zu sagen.

Aber wärend des bereits angefangnen Druk-
kes, hatte ich bei meinen Untersuchungen merere
erwünschte GlücksZufälle. I. Unser öffentliches
Universitäts-MünzCabinet erhielt durch den, um
unsre Akademie ausgezeichnet verdienten Freihrn.
von *Asch*, einen neuen Vorrat von russischen
Münzen; und II. zwei Fol.Bände von einzelnen
Verordnungen der jetzigen Kaiserin, die bekanntlich seit dem J. 1763 nur noch einzeln exiſtiren,
folglich im Auslande unendlich schwer zu haben
sind. Nächſtdem III. kamen hier auch die letzten
Bände von Tschulkovs hiſtorischer Beſchreibung des russischen Commerzes an: einem ungeheuren, aus 21 meiſt dicken Quartanten beſtehen-
den Werke, das ein Ungelerter one allen Plan

oder

oder System zuſammengetragen hat, das folglich die große Erwartung trugt, die deſſen Ankün-
digung in der Hamburg. Handels-Bibliothek erregt hatte, wo aber doch der blinde Zufall manche
HauptUkaſe hingeworfen hat, die ich vorhin
nicht kannte; ſo wie dagegen eine Menge anderer
darin ſelen, die ich aus andern Sammlungen er-
ſetzte.

Doch, was das allerwichtigſte war, — ein
kleiner deutſch geſchriebener Foliante von dem
weyl. kaiſerlich ruſſiſchen General-MünzDirec-
tor, Freihrn. v. *Münnich*, ein wares ruſſiſches
MünzArchiv, ein wirkliches *Portefeuille trouvée*,
kam ebenfalls durch ein Geſchenke an unſre Uni-
verſitätsBibliothek: mit ſtaunendem Vergnügen
fand ich darinn eine Menge MünzNachrichten, die
in keinem Buche, in keiner Ukaſe, ſtanden, und die
man in manchem andern Reiche, nur in dem ſich
ſeiner Größe bewußten Rußland nicht, als Ge-
heimniſſe behandelt, und deren Publication be-
denklich gefunden hätte. — Dieſes ganze Mſct.,
hielt ich für nötig, wörtlich als Beylagen ab-
drucken zu laſſen: in der Abhandlung ſelbſt bezie-
he ich mich, vom 5ten Bogen an, häufig darauf.

Meine übrige Münz- und BergwerksNach-
richten ſind meiſt aus Ukaſen. Für die Treue
meiner Ueberſetzungen und Auszüge getraue ich
mir einzuſtehen. Das UkaſenUeberſetzen war
in den 2 erſten Jaren der Zeit, da ich die Ehre
hatte, in ruſſiſchen Dienſten zu ſtehen (von 1762-
1769), eine meiner BerufsArbeiten: dadurch
ward mir der ſonſt äußerſt ſchwere UkaſenStyl
geläu-

geläufig. Und wo ich zwar die Sache verstand, aber den in Münz- und Bergmännischen Sachen eigenen deutschen Kunst-Ausdruck suchte; da half mir unser Hr. Hofrath *Gmelin* mit Collegialischer Gefälligkeit aus.

Der Leser findet hier, erstlich eine Menge *Fakta*, zusammengehäuft 1. aus vielerlei Druck-Schriften, 2. viele aus noch ungedruckten Aufsätzen, und 3. noch meiere aus Büchern, die für Ausländer wenigstens, denen die russische Sprache gewönlich fremd ist, so gut wie MSer. sind: aber *Fakta*, 4. die sowol über die ganze russische Geschichte des 18den Säculi, vorzüglich über die *Petrs* I, des angeblichen MünzVerbesserers! als über die allerneusten großen GeldOperationen, ein woltätiges Licht verbreiten; — *Fakta*, die oft nur Chronikenmäßig one Urteil hingestellt worden, aus denen aber der denkende Leser starke Resultate ziehen wird.

Bei dem gerechten Mistrauen, das kritische StatsGelerte gegen fast alles gefaßt haben, was Ausländer noch bis auf unsre Tage über Rußland geschrieben haben, glaubte ich, beim Citiren wie beim Extrahiren, weitläuftig seyn zu müssen, und keinen Satz vorgeben zu dürfen, dem nicht der Beweis zur Seite stünde. Die unglaublich vielen Unrichtigkeiten, die mir dabei in andren, auch zum Teil allgemein geachteten DruckSchriften, aufstießen, rügte ich anfangs sorgfältig: in der Folge wurde ich aber des Rügens müde, und überließ dem Leser selbst, der prüfen kan, mich,

* 3   wenn

wenn er mich mit andern in Widerspruch finden wird, zu richten. Einen Versuch mache derselbe mit H. Hofr. *Hermanns* statist. Schilderung von Rußland, wo auf wenigen Seiten (S. 458-472) wenigstens 20 Angaben vorkommen, die ich als unrichtig befunden habe.

Zweitens findet der Leser hier, außer den Actenmäßigen Angaben, auch genaue Berechnungen, Reductionen, und Uebersetzungen der Angaben aus der russischen Münz-Sprache in die uns gewönliche, von welcher jene ganz und gar verschieden ist. Diese Berechnungen — wol der mühsamste, aber ein unentberlicher Teil einer solchen Schrift; denn den meisten Stats-Gelerten ist ihre Zeit zu teuer, sich mit dem lästigen Reduciren abzugeben, gesetzt auch, sie hätten die nötige Uebung darinn — gehören alle meiner älteren Tochter zu *.

Die

* Die genaue Bestimmung des von Mehreren so verschieden angegebenen russischen Pfundes, S. 8-19, mußte die erste meiner Rechnungen seyn.

Die zur Vergleichung mit nicht-russischen Gewichten und Münzen nöthigen Data, nahm ich aus *Kruse* und *Nelkenbrecher*. Haupt-Sachen berechnete ich auf verschiedene Arten, um wegen der Richtigkeit des Products sicherer zu seyn. Meistentheils habe ich mit Decimal-Brüchen, doch manchmal auch, wie S. 82 und 83, mit den gewönlichen gerechnet, theils nach der Art, wie S. 41 und 42 zur Probe ausgesetzt ist, theils nach der Ketten-Regel. Bei den Decimal-Brüchen suchte ich mein Product nur bis auf 3 Stellen, mehrere schienen mir nach der Absicht unnöthig zu seyn.

S. 150 Z. 3 von unten, steht durch einen Druckfehler 113¾, statt 109,09 Kop.

Dorothea Schlözer.

Vorrede.

Die Rubrike S. 1, Erster Abschnitt, entstand daher, weil ich anfangs willens war, einen zweiten Abschnitt vom russischen MünzWesen vor *Petr* I beizufügen. Vieles hierüber, aber meist Unbewiesenes, findet sich in einer in dem Petersb. Journal übersetzten Abhandlung des Hrn. Kn. *Sezerbetov:* überhaupt ist darinn noch zu wenig gelert untersucht; man weiß noch nichts Gewisses von der Bedeutung des Wortes *grivnā*, das von *Nestor* an bis auf *Iwan* Wasilj. Zeiten, als ein Gewicht vorkömmt. Sollten mir in dieser ersten Sammlung einige erhebliche Ukasen und Nachrichten entgangen seyn, und sollte mir solche künftig der Zufall in die Hände bringen: so werde ich sie, um die ganze Materie möglichst zu erschöpfen, als ein Supplement nachfolgen lassen, und alsdann demselben das wenige Gewisse vom alten russischen MünzWesen anhängen.

A. L. Schlözer.

Druck

Druckfeler, Zusätze, u. Verbesserungen.

S. 3, Z. 9 von unten: die Abhandlung vom russischen Münz-Wesen in dem Praunschen Werke, gehört dem unlängst verstorbenen Hrn. *Klotzsch* zu.

S. 6, *num* 14, Z. 3, für S. 239=241, lies S. 50=55.

— Noch felt *num.* 21, TSCHULKOVS großes Werk (citirt oben S. 61), besonders *Tom.* VI. 2 und 4, VII. 1.

num. 22, das Petersburger Journal, von 1776= 1784.

num. 23, ganz vorzüglich das, hier in den Beylagen abgedruckte *Münnichsche* Mfct.

S. 88, Z. 4. Für aufgefürt, lies aufgenommen.

S. 92, Z. 10. Für bestünden, lies brächen.

— Z. 12. Für, auch sei der ... zum Schmelzen, lies, auch sei das, wovon der Centner 1 Pfd. Kupfer gebe,

S. 95, Z. 3 von unten. Für getrieben, lies betrieben.

S. 161, Z. 1=5. Die Summen kommen nicht heraus; aber sie stehen so bei Hrn. *Hermann.*

In den Beylagen.

S. 32, letzte Zeile. Für, auch die, lies, man lese auch die=

S. 95, Z. 12 von unten. Für, 1703 bis 1712, lies, 1703 bis 1719.

S. 97, Z. 11 v. u. Für $\frac{15}{13}$, lies $\frac{15}{71}$.

Inhalt.

Inhalt.

Inhalt.

Inhalt.

Beschreibung der im Göttingschen Universitäts=
MünzCabinet befindlichen russischen Münzen,

Russi=

Inhalt der Beylagen.

Russisches MünzWesen.

Erster Abschnitt,

von Peter I 1700, bis jeßo 1789.

Vorbericht.

Der Plan des Sammlers dieser Nachrichten vom
russischen MünzWesen heutiger und alter Zeiten, die zwar den größten, aber nicht den mühsamsten
und brauchbarsten Teil dieses Heftes (Nachrichten, verschieden von Berechnungen), ausmachen, war folgender:

1. Er fing im J. 1763 in St. Petersburg an. die
in diesem Reiche seit Peter dem Großen vorgefallenen
MünzOperationen, aus Acten, d. i. aus Münzukaten,
so viel er deren damals im Publico vorfand, zu studi-
ren: und kündigte schon im J. 1772, in der Vorrede
zum Neuveränd. Rußl. Th. II, eine Abhandlung darüber an.

2. Er fuhr nachher auch außer Rußland, bis jeßo
1789, fort, alle Schriften über diesen wichtigen Gegen-
stand der russischen Statskunde, sich bekannt zu machen,
und aus denjenigen, die nur irgend eine Notiznemung

A   ver-

verdienten, sich die Stellen wörtlich auszuschreiben: sie mochten nun Facta oder Unfacta enthalten.

3. Man kann leicht ein Schock neuerer Bücher her= rechnen, die von diesem Gegenstande, teils kurz, teils umständlich, teils richtig, teils unrichtig, handeln. Der Sammler wälte von diesen etwa den 4ten Teil aus, und glaubte, eine nützliche, eine tausend Andern Zeit und Mühe ersparende Arbeit zu tun, wenn er diese seine Ex= cerpten auf wenigen Bogen zusammendrucken ließe. Denn wie viele Gelerte sind in dem Falle, diese auch nur 15 HauptBücher bei der Hand zu haben? wie viele haben Zeit, sie alle zu lesen — gar, sie mit einander zu ver= gleichen, zu berichtigen? denn sie widersprechen sich und den Quellenmäßigen Nachrichten in unzälichen Tat= Sachen.

4. So weit wäre der Historiker befriediget: aber der Statistiker? der Kaufmann? denn beide letztere kommen doch, zu ihrer beiderseitigen Ehre, immer in nähere Bekanntschaft mit einander. — Was weiß der Statistiker vom russischen Rubel, wenn ihm der Histo= riker vorerzält, die ersten Rubel Peters I wären an= ders, wie seine letztere —, die Rubel der Kaif. Elisa= beth wären schwerer und besser, wie die von Kathari= na II — die alten Rubel wären von den neuen ver= schieden? (Doch so weit ist nicht einmal Hr. Le Clerc: diesem ist, in seinen 2 prächtigen Quartanten, ein Rubl immer Ein Ding = 5 franz. Livres, es mag vom J. 1700 oder vom J. 1783 die Rede seyn). Selbst wenn über die neue Veränderung Ukasen publicirt worden, und ihr Inhalt wörtlich, aber freilich in der Kunst= Sprache, angefürt wird: so ist der blos statistische Le= ser nicht belert. Rechnungen, Vergleichungen, ganz genaue Reductionen auf ein dem Leser bekanntes Mas, gehören dazu.

5. Nun schlage man alle jetzt vorhandene statistische HandBücher nach, und sehe, ob ein einziges diese so billige Foderung erfülle. Ein Crusado, ein Piaster, ein LaubThaler, ein Rubel 2c., ist nach seinem in=

neren

neren Gehalt, nach seinem wesentlichen *Pari*, entweder
gar nicht, oder nur über Bausch und Bogen, angege=
ben. — So lange aber der Verf. diese Angaben nicht
mit höchster Präcision liefern konnte, sezte er auf seine,
wenn auch gleich historisch erschöpfte Sammlungen von
Münz Nachrichten, nur einen geringen Werth.

6. Eine Zeitlang meinte er, dieser fromme Wunsch
sei längst in eigentlichen kaufmännischen Münz Bü=
chern erfüllt; und also dürfe man aus lezteren die mer=
cantilischen Bestimmungen von Schrot und Korn und
Cours, nur in die ersteren übertragen. Aber, nament=
lich in Rücksicht auf russisches Geld, fand er, daß die=
se Schriftsteller ihre Angaben nicht nur ohne **Beweis**,
sondern auch ohne alle mathematische Genauigkeit, hin=
setzen; daß sie ganz verschiedene Zeiten verwechseln, das
wesentliche *Pari* (den **Werth**) mit dem zeitigen **Wech**=
selCours (dem **Preis**) vermengen u. s. w. — Wer
wird z. Ex. *Pflugbeils* Satz, daß im J. 1774 der neue
russische Rubel = 1 Thlr. 1 gGr. gewesen, so platthin
glauben? Wer erwartet wol, noch in *Krusens* Conto=
risten vom J. 1784, diesem klassischen Buche, zu le=
sen, daß der russische Rubel = 46 Stüver Cassa hol=
länd. sei; der jezo, zu Anfang des J. 1789, ohne daß
seit 1763 eine neue Münz Verringerung Ukasenmäßig vor=
gegangen wäre, im Cours nur 31 Stüver holländ. ist;
und der wol, ehe man es sich versieht, besonders bei
fortdaurendem Kriege, auf 20 Stüver holländ. (1 Fl.
nach dem 24 Fl. Fus) herabsinken kan: woraus, wie in
Spanien und Schweden, ein bleibender Unterschied zwi=
schen Silber= und KupferRubeln entstehen dürfte?

7. Der seel. StatsMinister *von Praun*, in seinem un=
ten angeführten allgemein geschätzten Buche, sagt S. 397:
„Etwas ausführliches kan zur Zeit vom russischen Münz=
„Wesen nicht geleistet werden. Noch ist kein einheimi=
„scher Schriftsteller hiervon den Deutschen mit einiger
„Anweisung vorgetreten. Ein Ausländer (der Schwede
„Nicolaus K E D E R U S, in *Novis litter. maris baltici*,
„A. 1701, p. 768) hat, vor vielen Jaren bereits, eine
„Notiz von diesem Gegenstande zu geben versprochen,
„aber

„aber niemals etwas geleistet." [Was dieser versprochen, nämlich eine alte russische MünzGeschichte, erfüllt unten der IIte Abschnitt]. — Und S. 411: "die „Kaufleute machen bei ihren HandlungsGeschäfften einen „Unterschied zwischen alten und neuen Imperialen und „Rubeln; wiewol uns eigentlich nicht bekannt ist, wie „weit der Begriff vom Alten herabgehen mag." — Es konnte bekannt seyn; die Data dazu standen dem Publico offen, die russische Regirung hat selten ein Geheimniß daraus gemacht. Aber wenige hatten die Data beisammen: und die sie etwa hatten, mochten oder konnten nicht rechnen.

Daß die fast in allen ausländischen Büchern (sogar in den älteren Commentar. Acad. Scient. Petrop.) verdorbene russische Namen, hier durchgängig richtig geschrieben sind, ist doch auch ein Verdienst, so winzig es auch an sich ist.

Im April, 1789. A. L. S.

Einlei-

Einleitung.

§. 1.
I. Quellen, und (gute und ſchlechte) Schriftſteller.

1. Ruſſiſche MünzUkaſen, meiſt in der Urſprache gebraucht.

2. OLEARIVS ReiſeBeſchreibung nach Mußkau und Perſien (getan 1633). Fol. Hamburg, 1696.

3. KILBVRGER Unterricht vom ruſſiſchen Handel, im J. 1674, – in Büſchings Magazin, Th. III, S. 245 – 341.

4. Hiſtoriſche Remarques über die neueſten Sachen in Europa, Th. IV, auf das J. 1702. Hamburg, 4.

5. MARPERGER Moſcowitiſcher Kaufmann. Lübeck, 1705, 8, 158 S.

6. Lord WHITWORTH Account of Ruſſia as it was in the year 1710. London, 1758, 8.

7. PERRY Etat préſent de la grande Ruſſie (um das J. 1710), traduit de l'Anglois; à la Haye, 1717, gr. 12, S. 239 – 241.

8. STRAHLENBERG Nord= und öſtlicher Teil von Europa und Aſien, 1730, 4.

9. KÖHLERS MünzBeluſtigungen, Th. XVIII (1746). Nürnberg, S. 297 – 304.

10. Neueröffnetes GroſchenCabinet, B. I, Fach 3, S. 1 – 49. Leipzig, 1746, 8.

11. v. HAVEN nye og forbedrede Efterrätninger om det ruſſiſke Rige, Th. I, Kopenhagen, 1747, 8. Vom ruſſiſchen MünzWeſen S. 303 – 331, überſetzt mit Zuſätzen in

12. Büschings Magazin Th. VIII (1774), S. 371 - 384.

13. Müller ad Savary — geſchriebene Nachrich=ten vom ſeel. StatsRat Müller, die von ihm bei der neuen Auflage des Dictionnaire de Commerce von Sa=vary, zur Berichtigung der vielen Feler in der älteren Ausgabe, verlangt worden waren.

14. Schmidt genannt Phiſeldek Beiträge zur Kenntniß der StatsVerfaſſung von Rußland; Riga, 1772, gr. 8, S. 239 - 241.

15. Pflvgbeil Reduction auswärtiger Münzen auf ConventionsFuß; in dem Leipziger Intelligenz=Blatt 1774, No. 37, S. 323 - 332.

16. Eſſai ſur le commerce de Ruſſie (Amſterdam, 1777, 8), p. 13 - 15, und p. 247 - 260.

17. Le Clerc Hiſtoire phyſique morale civile et politique de la Ruſſie moderne (Paris, 1783, 4), 2 Bände.

18. Kruse Contoriſt. Hamburg, 4, 1784, 3 Teile.

19. Frhrn. von Praun Gründliche Nachricht vom MünzWeſen (Leipz. 1784, 8), S. 396 - 413.

20. Nelkenbrechers TaſchenBuch eines Ban=quiers, 6te Auflage (Berlin, 1786, 8).

[Monnoies en argent (im Cabinet des Kaiſ. Franz), Wien, 1756, Fol., enthält blos Zeichnungen von ruſſiſchen Münzen.

v. Madai vollſtändiges ThalerCabinet (Th. I, 1765, Th. II, 1766, III und IV 1774), 8, enthält nur Zeichnungen, und Beſchreibungen der Aufſchriften. Beide ſind alſo, wie mere re andere von der Art,

(Joh. Tob. Köhlers DucatenCabinet, u. ſ. w.), zu unſerem Zwecke unbrauchbar. Auch

Webers verändertes Rußland, Th. I, 1721, Th. II, 1739, ſagt, wider alles Erwarten, faſt nichts von der ruſſiſchen Münze.]

II.

II. Namen der jetzigen ruffifchen ☉, ☽, und ♀ Münzen.

§. 2.

Rubl	Poltina	Grivna	Altyn	Kopejka	Denuschka	Poluschka
1	2	10	$33\frac{1}{3}$	100	200	400
	1	5	$16\frac{2}{3}$	50	100	200
		1	$3\frac{1}{3}$	10	20	40
			1	3	6	12
				1	2	4
					1	2
						1

Anm. 1. Die 3 letztern sind heut zu Tage blos ♀ Münzen, die übrigen alle ☽ Münzen. (*Polupoltinik*, oder eine halbe Poltina, das ist ein QuartRubel, kömmt auch vor). Die ☉ Münzen sind: *Imperial*, 10 Rub. ; halber *Imperial*, 5 Rub. ; und Dukat, dem holländischen gleich.

Anm. 2. Die übrigen, zum Teil wieder erloschnen MünzNamen, kommen gelegenheitlich vor: und die Erklärung derselben gehört unten hin, in die ältere ruffifche MünzGeschichte.

III. Ruſſiſches Gewicht, beſtimmt und ver⸗
glichen.

§. 3.

Berkowetz	Pud	Pfund	Lot	Zolotnik
1	10	400	12800	38400
	1	40	1280	3840
		1	32	96
			1	3
				1

Anm. 1. Pud iſt das alte ſchwere ſkandinaviſche
Pund oder LisPfund von 20 Pfund (Norwegiſch
Wog = 36 Pfund): davon ſlavon. Pudar, ein Laſt⸗
Träger. Zum deutſchen Pf. (ſchwed. SchalPfund,)
Mark) hat der Ruſſe jetzo keinen Namen mer, als
das ausländiſche Funt. — Unze hat er auch nicht;
ſondern er teilt ſein Lot in 3 Solotnik, wie andre ih⸗
re Unze in 3 Karat.

2. Zwiſchen dem ☉ und ☽ Gewichte, und dem Han⸗
dels⸗Gewichte, iſt in Rußland kein Unterſchied. Beim
erſteren iſt der Ausdruck gewöülich: das ☉ oder ☽
iſt nach der Probe 89, 70, u. ſ. w. Das iſt: im rau⸗
hen Pfund, von 96 Solotn., ſind 89 Solotn. fein ☉,
und 7 Solotn. ♀; — ſind 70 Solotn. fein ☽, und 26
Solotn. ♀.

3. Dieſes Gewicht iſt im ganzen ruſſiſchen Reiche,
nur Livland ausgenommen, einerlei. I. 45 Pfund
Rigaiſch ſind 46 Pfund ruſſiſch: 1 Pud ruſſiſch hat
nur etwa 39⅙ Pfund rigaiſch), in KronRechnungen
werden aber dieſe ⅙ nicht berechnet. II. 38 Pfund
Revaliſch ſind 40 Pfund ruſſiſch. III. Das Gewicht
von Narva iſt etwa 14½ proC. ſchwerer, wie das ruſ⸗
ſiſche. Matinſkij S. 59 u. 60.

4. Das

4. Das ApothekerGewicht iſt völlig das Nürnber-
giſche: von Nürnberg werden auch alle Gewichte nach
den ruſſiſchen Apotheken verſchrieben. "Drachma ponde-
ris civilis, patria appellatione *Zolornik* [ſo ſollte
man eigentlich ſchreiben, nicht Solotnik, das z wie
ein feines franzöſiſches z ausgeſprochen], reſpondet
uni drachmæ medicæ, et granis paullo minus decem":
ruſſiſche Pharmakopöa, vom mediciniſchen Reichs-
Collegio im J. 1778 herausgegeben. Alſo

I *Solotn.* = 1 Drachm. 10 Gr.

7 Drachm. = 6 Solotn.

I ApothekerPfund = $84\frac{2}{3}$ Solotn. Ruſſ.

I Unze ($\frac{1}{12}$ Pfund) = $7\frac{1}{2}\frac{1}{6}\frac{1}{4}$ Solotn.

Wenn aber 1 Pf. ruſſ. 8512 As holländ., und 1 ApothekerPfund deren nur 7452 hat: ſo enthält letzteres
$84\frac{1}{22}$ Solotn. ruſſiſch. *Maſchkij* S. 58 folg.

§. 4.

Für deutſche Leſer möchte es am bequemſten ſeyn,
das Ruſſiſche Gewicht, und auch künftig alle andre ausländiſche, auf das Cölniſche, als das in
Deutſchland allgemeinſte, zu reduciren. Hier alſo
einmal für allemal folgende

Tafel über das Cölnische Gewicht.

§. 5.

Pfund	Mark	Unze	Lot	Karat	Quentchen	Pfennig	Gran	Heller	Grän	Eschen	As	Nichts Pfennig
1	2	16	32	48	128	512	1024	2048	7680	8704	9728	131072
	1	8	16	24	64	256	512	1024	3840	4352	4864	65536
		1	2	3	8	32	64	128	480	544	608	8192
			1	$1\frac{1}{2}$	4	16	32	64	240	272	304	4096
				1	$2\frac{2}{3}$	$10\frac{2}{3}$	$21\frac{1}{3}$	$42\frac{2}{3}$	160	$181\frac{1}{3}$	$202\frac{2}{3}$	$2730\frac{2}{3}$
					1	4	8	16	60	68	76	1024
						1	2	4	15	17	19	256
							1	2	$7\frac{1}{2}$	$8\frac{1}{2}$	$9\frac{1}{2}$	128
								1	$3\frac{3}{4}$	$4\frac{1}{4}$	$4\frac{3}{4}$	64
									1	$1\frac{2}{15}$	$1\frac{4}{15}$	$17\frac{1}{15}$
										1	$1\frac{2}{17}$	$15\frac{1}{17}$
											1	$13\frac{9}{19}$
												1

§. 5.

Wie verhält ſich nun das ruſſiſche ℔ zum cölniſchen? Dieſe Frage beantworten, ſeit dem J.
1727, folgende Rechner, aber mit zum Teil ſehr
beträchtlichen Varianten:

I. Joh. Geo. LEUTMANN de *Bilancibus* et novis in-
ventis ſtaticis, pag. 35-81; Cap. *VI* de ponderi-
bus, pag. 72-81: in

Commentariis Acad. Scient. Imp. *Petropolitanae*,
Tom. II ad annum 1727.

II. C. von CLAUSBERG demonſtrative Rechenkunſt
(Leipz. 8, 1732), Th. III, S. 1102.

Nach S. 1101 hatte "der Rat in Leipzig, dem
„Commercio zum Beſten, die Gewichte der vornehm-
„ſten europäiſchen Plätze, mit nicht geringer Mü-
„he und Koſten in natura angeſchafft: deren Menge
„der Verfaſſer noch nirgends ſo beiſammen angetrof-
„fen; und eben dieſer Rat hat ihm eine Unterſu-
„chung ſolcher Gewichte anzuſtellen erlaubt, welche
„Unterſuchung derſelbe mit möglichſtem Fleiße
„wirklich verrichtet zu haben verſichert." Demnach
wäre v. *Clausberg* claſſiſch: und wann neuere
Schriftſteller von ihm abgehen, aber ohne neue Gründe anzugeben; ſo bleibt man immer befugt, dem
alten v. *Clausberg* zu folgen.

III. Einleitung zur Rechenkunſt zum Gebrauch des
Acad. Gymnaſii: St. Petersburg, 8, Th. I, 1738;
Th. II, 1740.

Der Verf. dieſes HandBuchs ſoll der ſeel. EULER
ſeyn. Es enthält aber keine ihm eigene Unterſuchun-
gen über das ruſſ. Gewicht: denn die Tafel Th.
II, S. 28, iſt von Zal zu Zal aus *Clausberg* abge-
ſchrieben.

IV. KRUSE Contoriſt: ſ. oben S. 6 Num. 18.

V. MI-

V. Mich. MATINSKIJ *Opiſanie* ... ... *tréſov rsznych Goſudarſtw*, Beſchreibung der verſchiedenen Maſe und Gewichte ver... ... Reiche. St. Petersburg, 8, 1779, 150 S.

Das Buch iſt auf Antrag des wirkl. StatsRats und Präſidenten der freien ökonomiſchen Geſellſchaft, Hrn. Kruſe, verfaßt, und auf Koſten dieſer Geſellſchaft gedruckt worden. In der Vorrede ſagt der Hr. Verf., er habe meiſt *Kruſe*'ns Contoriſten gefolgt, aber dabei auch den HausVater, die große franzöſiſche *Encyclopédie*, die *Encyclopédie économique* 1770, u. a., gebraucht, ſie verglichen und berichtiget: auch habe der Herr Ritter Joh. Albr. *Euler*, auf Bitte der ökonomiſchen Geſellſchaft, das Buch durchgeſehen, vermert, und verbeſſert.

§. 6.

I. LEUTMANN, meines bisherigen Wiſſens der erſte, der das ruſſiſche ℔ mathematiſch genau zu beſtimmen unternommen hat, ſagt am angefürten Orte: er habe das ruſſiſche Gewicht mit dem nürnberger verglichen, und geſunden (ad normam *Norimbergicorum* ſi examinantur pondera *Rutenorum*, INVENI, talem dare proportionem, p. 73):

1.   1 ℔ Ruſſ. $= 28$ Lt. $+ \frac{1}{4}$ Qu. Nürnb.

      1 Lt. $=$ $3\frac{17}{32}$ Qu. —

   40 ℔ Ruſſ. $= 35$ ℔ $+ 2$ Lt. $+ 2$ Qu. —

   512 ℔ — $= 449$ ℔. —

2. Das Nürnberger ſei $=$ dem Leipziger (cum *norica* conuenit *lipſienſis*, p. 74).

3. 100 ℔ Nürnberg. ſeien $= 102$ ℔ Cöln. oder 128512 Nürnb. $= 131072$ Cöln. Richt Ω folglich 1 m℥. Cöln. $= 15$ Lt. $+ 11$ Ω

(oder

(oder ½ Quent.) Nürnb. Oder
67 Ducaten machten 1 Cöln. m℔., und
68½ — 1 Nürnberg. m℔.

4. Folglich ist auch eben diese Proportion zwischen
dem Leipziger und dem Cölner ℔.

Vier Sätze, und eben so viel Unrichtigkeiten,
wenigstens nach den neueren Angaben. Denn

4. das Leipziger Gewicht ist dem Cölner völlig gleich: beide haben 9728 As. (*Kruse* zwar
gibt für das Leipz. nur 9716 As, also 12 As
weniger, wie für das Cölnische, also 100
Leipz. = 99,876 Cöln., an: aber dieser Unterschied ist ganz unbedeutend).

2. Das Nürnberger hingegen ist von dem Leipziger, folglich auch dem Cölnischen, sehr verschieden. Denn

3. 100 ℔ Nürnberg. sind = 109,1793 Cöln.:
vorausgesetzt, daß das Nürnb. ℔ = 10621
As Holländ. (*Kruse* setzt 10608; dies gäbe die
Proportion 100:109,05). Also wäre
    1 m℔ Cöln. nur = 14 Lt., 2 Qu., 1⅓ ℥,
    17,9229 As Nürnb.

1. Wäre es richtig, was *Leutmann* annimmt, daß
a) 1 ℔ Ruff. = 28 Lt. + ⅓ Qu. Nürnberg., und
b) 100 ℔ Nürnberg. = 102 Cöln.; und man
    setzte voraus, was alle Rechner angeben,
c) 1 ℔ Cöln. = 9728 As holländ.: so wäre
    1 ℔ Nürnb. = 9922,56 As Holländ.
und folglich wäre, a) angenommen,
    1 ℔ Ruff. = 8701,62 As Holländ.

Allein

§. 10.

Da nun das Ruſſ. ℳ nach

Leutmann	6869,₇₀	Gr.	= 8701,₆₃ . . .	Aß
Clausberg	6717	Gr.	= 8508,₃₆₀₂ . .	Aß
Euler *Karſten*	6723	Gr.	= ₈₅₁₆,₇₆₇₅ . .	Aß
Kruſe *Matinſkij*	6720	Gr.	= 8512	Aß

hat; aber a) *Leutmanns* Angabe, wegen ihrer er=
weislichen Fehler, in keinen Betracht kommen kann;
hingegen b) *Kruſens* und *Matinſkijs* Angaben, gera=
de das Mittel zwiſchen den Varianten *Clausberg's*
und *Euler's* halten; auch c) allgemein in Büchern,
die Jar aus Jar ein in St. Petersburg gedruckt
werden, die Proportion zwiſchen ruſſiſchem und cöl=
niſchem Gewicht, netto wie 8:7, befolget wird:
ſo hoffe ich, ohne Verdacht, daß es blos aus Be=
quemlichkeit geſchähe,

8512 Aß holländ. = 6720 Grän

zum Grunde aller folgenden Berechnungen ſo lange
legen zu dürfen, bis wir von der kaiſerl. ruſſiſchen
Akademie der Wiſſenſchaften genauere Belerung er=
halten.

Nach dieſer Annahme folgt nun:

Tafel

Tafel über das Ruſſiſche Pfund, verglichen mit dem Cölniſchen oder Leipziger, nach der Proportion 7 : 8.

Ruſſ. Pfund	Ruſſ. Marf	Ruſſ. Lot	Ruſſ. Soloten.	Cöln. Pfund	Cöln. Lot	Marcr	Quent.	Grän	Aß	Richt Pfen.
1	2	32	96	$\frac{7}{8}$	28	42	112	6720	8512	114688
	1	16	48	$\frac{7}{16}$	14	21	56	3360	4256	57344
		1	3	$\frac{7}{256}$	$\frac{7}{8}$	$1\frac{5}{16}$	$3\frac{1}{2}$	210	266	3584
			1	$\frac{7}{768}$	$\frac{7}{24}$	$\frac{7}{16}$	$1\frac{1}{6}$	70	$88\frac{2}{3}$	$1194\frac{2}{3}$
				1	32	48	128	7680	9728	131072
					1	$1\frac{1}{2}$	4	240	304	4096
						1	$2\frac{2}{3}$	160	$202\frac{2}{3}$	$2730\frac{2}{3}$
							1	60	76	1024
								1	$1\frac{4}{15}$	$17\frac{1}{15}$
									1	$13\frac{9}{19}$
										1

§. 11.

Aeltere unbeſtimmtere Angaben von ReiſeBe‑
ſchreibern u. a. ſind folgende:

KILBURGER (oben S. 5) ſagt S. 315 von
dem eigentlichen ruſſiſchen Gewichte, (das er ſchwe‑
rer wie das Novgorodiſche und Pſkowiſche nennt),

　　400 ℔ Ruſſ. = 350 ℔ Lübeck. und
　　　　　　　 = 328 ℔ Amſterdam.

Nach *Clausbergs* Angabe, da

　　1 ℔ Amſterd. = 33 Lt. 3 Qu. 1 Q, 10 Gr.
　　　　　 = 8125 Gr. Leipz.
　　1 ℔ Lübeck. = 33 Lt. 0 Quent. 2 Q, 0 Gr.
　　　　　 = 7950 Gr. Lpzg.
　　1 ℔ Ruſſ. aber nach unſerer Anname nur = 28
　　　　　 Lot = 6720 Gr. Lpzg.

iſt, wären 400 ℔ Ruſſ. = 338,11320 … Lüb. u.
　　　　　　 = 330,8307 … Amſterd.

MARPERGER S. 123 ſagt: 40 ℔ Ruſſ. ma‑
chen ohngefär in Hamburg 33⅓ ℔.　Differenz 20
proC. (kömmt nahe an *Kruſe*, ſiehe unten).

STRAHLENBERG S. 332 ſagt, und behauptet
es gegen *Hübner*,

　　400 ℔ Ruſſ. = 335 ℔ Hamburg.

Aber das Hamburger lb. hat 7980 Gr.: alſo ſind

　　400 lb. Ruſſ. = 336,8421 … (26 Lt., 3½
　　　　　 Qu. 49,494 … As) Hamb.

Von HAVEN ſagt S. 333: "16 wichtige Spec.
 wögen juſt 1 Däniſches lb.; 14 dito wögen juſt
ein Ruſſiſches lb.; alſo verhielte ſich das Ruſſiſche Ge‑
wicht zum Däniſchen wie 7:8, oder ſei um ⅛ leich‑
ter.　Das Däniſche lb. aber ſei dem Cölniſchen
　　　　　　　　　　　　　 gleich."

gleich." Leßteres ist nicht völlig richtig, das Leip‐
ziger ℔ verhält sich zum Kopenhagener, wie
7680:7716.

KRUSE sagt S. 327:

40 ℔ Russ. = 33¾ ℔ Hamburg.
Da nach seiner eignen Angabe S. 428 das Ham‐
burg. HandelsGewicht 10080 Aß, das Russ. aber
8512 Aß hat: so sind

40 ℔ Russ. = 33,6783 .... ℔ (21 Lt.
2 Qu. 3 Q, 2,0476 Aß) Hamburg.

Auf eben der Seite sagt er:

33 ℔ Hamb. = 45 ℔ Russ. Diff. 18¾ proC.
Dieses muß ein DruckFeler seyn; denn nach obigem
wären

33 ℔ Hamb. = 39,1943 ... (51½ Aß) Russ.
und die Differenz wäre 18,77060 (¾) proC.

IV. Allgemeine Uebersicht

der seit 200 Jaren erfolgten — wahr oder falsch an‐
gegebenen — Veränderungen in der Bedeutung der
Namen Rubel und Kopejk.

§. 12.

"Das Legiren der Metalle war vor dem 17ten
Säculo in Rußland unbekannt". HAVEN S. 320.

"Vor diesem waren die Kopejken von feinem D,
und noch einmal so groß". STRAHLENBERG S. 388.

"Unter *Iwan* Wasiljewicz (reg. von 1533‐
1584) wogen 100 Rubel 12 ℔: bis zur Regirung
Peters I blieben sie auf 11 ℔". WHITWORTH p. 7.
Beides ist ungewiß. "Wärend der Minderjärigkeit

B 2   dieses

dieſes Zaren ward das alte ſchlechte Geld verrufen,
und dafür neues, 3 Rubel aus einem ℔ [griwenka],
geprägt": ſagt die ruſſiſche Thronit in des ſel. Bac̈k=
meiſters *Eſſai* ſur la *Bibliotheque* . . . de l'Acad.
des Sciences (Petersburg, 1776) S. 30. (Kn.
Sczerbatov ſagt, vermutlich unrecht, 2¼ Rubel, in
dem Neuen St. Petersburg. *Journal*, 1781,
B. 1, S. 166). Alſo wogen damals 100 Rub.
33⅓ ℔. Alſo hies damals

1 Rubel = 2837,₃₃ Aß = 9⅓ Lt. Cöln. fein ☽
= 10,₅₀₆... ℔. (12 Mge.) Harz=Geld.

1 Kopeit = 28⅓ Aß, faſt 2,₅₂ Mge. (4⅛ ☾).
(Aber bedeutete auch *griwenka* ein heutiges ruſſi=
ſches ℔?)

1633. OLEAR. S. 114. "1 Kop. gilt 1 Stü=
ver holländ., oder 50 gehen auf 1 ж☉. Dieſe ж☉=
Jeſimki [Joachimici], nemen die Ruſſen gerne für
50 Kop., aber gehen bald damit in die Münze,
und gewinnen daran; dann 1 Rub. oder 100 Kop.
wiegen ½ Lt. geringer, als 2 ж☉." Alſo hies damals

1 Rub. = 879,₀₆₆ Aß = 3 Harzſℓ 6 Ge.

1 Kop. = 8,₇₉₀₆₆ Aß = 6,₂₇₄ . . (½) ☾.
Und folglich wogen 9⁸⁹⁰⁄₉₇₉ Rubel 1 ℔ ☽; oder 100
Rubel wogen 10 ℔, 10 Lt., 1 Solotn., 43,₂₇.. Aß.
Sie wogen alſo nicht mer völlig 11 ℔, wie *Whit=
worth* noch von den erſten Zeiten *Peters* I meldet: oder
ſie müſſen unter dem Zar *Alexej* wieder etwas beſſer
geworden ſeyn.

1674. KILBURGER S. 314: 1 Kop. iſt der
56ſte Teil von 1 ж☉, oder 1 Ör ☽Münze ſchwed. —
S. 319: "1 ж☉ galt in Narva 52—54 Kop.; in
Moſkau ſtieg er bis 57. Holländiſche Dukaten ſtie=
gen

gen vom 1 Jan. bis 1 Maj. von 115 bis 120, den 1 Jul.
auf 123 bis 127 Kop."

1702. Hiſtor. *Remarqu.* S. 372:   50 Kop.
machen 1 xℛ.

1704. MARPERGER S. 115 folg. (welche Stelle *Köhler* S. 299 meiſt ausgeſchrieben): "1 Rubl
wird für 1 Duk. oder 2 xℛ, 1 Kop. für 1 holländ.
Stüver, deren 100 auf 2 xℛ gehen, gerechnet. Iſt
alſo der Pari gegen 1 xℛ 50 Kop.; gegen 1 Duk.
100 Kop. *Savary* meldet, es laſſe der GroßFürſt
alles Geld, ſo er in Moſkau an ZollGeld bekömmt,
umſchmelzen, und hernach von 50 auf 60 ſetzen,
alſo daß er 20 an jedem Hundert verdiene; dannhe-
ro dann denen Speciebus ſo eifrig daſelbſt nachgetrach-
tet wird, immaſſen 100 ihrer Kopejken, nach *Olearii* Bericht, ½ Lt. geringer an ℈, als 2 xℛ wiegen.
Welches eben eine Urſache des differenten Wechſel-
Cours mit iſt, alſo daß obgleich der Rubel in Moſkau
beſtändig bleibt, dennoch derjenige, der zu Archangel in MeßZeiten 100 oder mer Rubel auf Wechſel
nimmt, dafür in Hamburg vor einigen Jaren nicht
mer als 5½ mℛ Lübſch in Banco, oder etwan 95
Stüver in Holland in CaſſaGeld zu bezalen, ſich verſchrieben. Ja es iſt dies Jar [1704] der Wechſel
ſo heruntergekommen, daß man nur 54 Stüver für
einen in Archangel empfangenen Rubl von 100 Kopejken wieder bezalt: hingegen ſind die MünzSpe-
cies, als Dukaten und xℛ, ſo hoch geſtiegen, daß
man für jenen bis 150 Kop., für den xℛ aber bis
75, hat geben müſſen: da doch dem Pari * nach der

Rubl

* Wie ſeltſam hier das Wort *Pari* gebraucht worden, wird ſich unten zeigen. Rubl und Kopejk hat-

Rubl oder Dukat nur 100, der x@ aber nur 50
Kop. gelten ſollte." — Und S. 73 ſteht im Prix-
Courant der Waren in Moſkau 1704: "Silber
Gut 11 Rub. das ℔, Dukaten Spec. 135 Kop.,
Thaler Spec. 65 Kop."

1710. PERRY p. 238: 1 x@, der in der Zeit,
da die alte Münze roulirte, nur etwa 55 Kop. galt,
gilt jeßo, nachdem ſolche reformirt und alterirt worden, 100 Kop. [Oder 1 Rubel gilt jeßo nur 50
Stüver holländ.]

1710. WHITWORTH p. 74 folgg. "Bis zu
Peters I Regirung blieben 100 Rubel [ungefär]
11 ℔ ſchwer; aber ſeit dem Kriege [mit Schweden],
und bei den zunemenden Nöten der SchaßCammer,
ſind ſie Stufenweiſe bis zu 6 ℔ 12¾ *ounces* Engl.
Gewicht [alſo, wenn dieſes Engl. Gewicht auf Ruſſ.
reduciret worden, welches = 5 ℔, 16 Lt., 2½ Solotn., 41,9228... As (₇/₁₀ As), ſo enthielt 1 Rubel 470⅞ As]. — 100 Rub. alte Kopejken, die
10 ℔ wiegen [von *Olearii* Zeiten her], wurden in
der Münze mit einem Profit von 15 proC. angenommen, und zu neuen Kop. umgeſchmolzen. [1 ſolcher Rubel war alſo dem Zaren 740,1732... As
werth]. — Der innere Werth des Rubls, oder
100 Kop., iſt etwa 4 S. 4 d. Engliſch [494 As
fein, den Schilling zu 114 As f. gerechnet]: vor
15 Jaren galten ſie gar 10 Sh. — 1710 galt 1 L.
Sterl. 3 Rub. 10 Kop. — Im WechſelCours auf
Holland wird 1 x@ zu 62 bis 73 Kop. (alſo 68½-
80⅖ Stüv. per Rubel) gerechnet; in Archangel
aber
ten 1700 und 1704 im Namen noch ein *Pari*, aber
nicht im Weſen.

aber kann er für 85 bis 90 Kop. (also 55⅜ bis 58¼⁴ Stüv. per Rub.) verkauft werden.

1730. Strahlenberg S. 388: "Vor diesem [wie die Kop. von feinem D, und noch einmal so groß wie jetzo, waren], galten 48 Kop. 50 Stüver holländ.; jetzo aber sind sie schlechter und leichter. — Für 50 Stüv. holl. gibt man 96 heutige Kop. — S. 417: für 1 Rubel werden per Wechsel gemeiniglich 55 bis 60 Stüv. holl. bezalt. 2 Rubel machen 1 Dukat."

1738. Euler Th. II, S. 9: "der Rubel macht im Wechsel 48¾ Stüver" (ist wenigstens so als ein RechenExempel angegeben).

1747. Martini im vermerten vorsichtigen Banquier S. 638–670, stellte seine Ausrechnungen auf 46 bis 54 Stüv. holländ. per Rubl.

1759. Kruse S. 327: "Seit 1759 ist das Pari, 1 Rub. in D, 43¹¹⁄₁₆ Stüv. Caſſa in Amſterd."

1774. Pflugbeil (s. oben S. 6) gibt an S. 323 und 332: ein alter Rubel sei 1 xℛ 3 ggℒ, ein neuer 1 xℛ 1 ggℒ, 1 Kop 3¼ ℒ, alles in Convent. Geld. (Was heißen alte, was neue Rubel? Es gibt alte Rubel, die weit mer, und neue Rubel, die weit weniger werth sind.)

1776. Essai sur le comm. de Ruſſie p. 249: "Vor dem J. 1773 war der Wechsel nie über 41 Stüv. holländ. per Rubel gestiegen [soll vielleicht heißen: nie unter 41 Stüv. gefallen]. Da aber Rußland den Krieg gegen die Türken nicht führen konnte, ohne sehr starke Rimessen ins Ausland zu machen, und hiezu in Holland, Genua, und Venedig, Gelder negociiren

B 4

ciiren mußte: ſo mußte dies notwendig den Wechſel-
Cours ändern, und der Rubel fiel in den Jaren
1773 und 1774 unter 38 Stüver herunter. Nun
mußten die nicht-engliſchen Kaufleute, holländiſche
x℔ von 50 Stüv., die man ihnen im Zoll nur zu 125
Kop. berechnet, für 135 bis 145 Stv. kaufen, und
verloren alſo über 9 proC. Nach dem Frieden von
KleinKajnardſchi ſtieg der Wechſel wieder: vor
dem Sommer 1775 war er ſchon um 3 bis 4 proC.
beſſer; und jeßo (im Febr. 1776) iſt er zu 44¾
Stüver, d. i. der Rubel, der nur 3 L. 18 S. fran-
zöſ. gegolten hatte, gilt jeßo 4 L. 16 S. Es iſt ſo
gar warſcheinlich, daß er noch höher ſteigen
werde."

1784. KRUSE I, S. 329, und II, S. 31: "auf
Wechſel gibt St. Petersburg, Moskau, und Archangel, nach Amſterdam, 1 Rub. von 100 Kop. per
46 Stüver Caſſa w. o. m." — Th. II, S. 18: "der
AlbertsThlr. aufs Gewicht das ℔ zu 14 ſolcher Thlr.
gerechnet, gilt 123 Kop. w. o. m." — Th. III, S.
215: "der AlbertsThlr. gilt 106 Kop." [Welche
Varianten in einem und eben demſelben Buche! Auch
galt der Rubel im J. 1784 keine 46 Stüv. holländ.
mer; er war ſchon lange vorher unter 40 Stüv.
herab geſunken. Ich habe eine ſchwediſche gedruckte
Tabelle vor mir: "Auszug aus den Büchern des
Stockholmiſchen MäklerComtoirs über den
WechſelCours vom J. 1743–1767." (Im J. 1743
war der Cours auf Amſterdam 37 m℔ ſchwed. für
1 x℔ holländ. Courant, 1762 war er einmal 108 m℔,
zu Ende des J. 1767 aber wieder 41 m℔). Ob
auch von St. Petersburg eine Tabelle von der Art
exiſtirt?]

1788.

1788. NELKENBRECHER S. 369 gibt dem Rubl 374 As holl. Also das *Pari* 37½ Stüv. holländ.

1789, im Jan. sah ich einen Wechsel auf Amsterdam, wo 1 Rub. = 31 Stüver holländ. Courant gerechnet wurde.

Der Werth des Q= und des **Papier=Rubels** soll unten berechnet, so wie auch obige zum Teil unrichtige Angaben in der Folge berichtiget werden.

§. 13.

Tafel vom inneren Werth und HandelsPreis des Rubels, nach Holländ. rthl. = 50 Stüver, in verschiedenen Zeiten.

Es galt um das	der Rubel Stüver holländ.	also die Kopejk Stüv. holl.
J. 1540	100,753 .... ($\frac{3}{4}$)	1,00753 .... ($\frac{7}{1000}$)
1633	100	1
1674	87,7193 ... ($\frac{41}{57}$)	0,877193 .... ($\frac{22}{25}$)
1704	95 bis 54	0,95 bis 0,54 ($\frac{12}{20}$) bis ($\frac{27}{25}$)
1710	74,965 .. ($\frac{24}{25}$)	0,74965 .... ($\frac{3}{5}$)
1730	55 bis 60	0,55 bis 0,6 ($\frac{11}{20}$) bis ($\frac{3}{5}$)
1738	48,75 ($\frac{3}{4}$)	0,4875 .... ($\frac{971}{2000}$)
1759	43,6875 ($\frac{11}{16}$)	0,436875 ($\frac{273}{625}$)
1774	38	0,38 ($\frac{19}{50}$)
1776	44,75 ($\frac{3}{4}$)	0,4475 .... ($\frac{7}{16}$)
1789	31	0,31 ($\frac{31}{100}$)

Die Ursachen dieses so großen und schnellen Abfalls, wovon die MünzGeschichte neuerer Zeiten, außer der französischen und schwedtschen, (denn die Kipper= und WipperZeiten im deutschen 30= und 7jährigen Krieg waren nur vorübergehend), kein Beispiel hat, werden im Fortgange dieser Untersuchungen, anschaulich dargestellt werden.

V. Einige Angaben
vom Preise des Kupfers in Europa.

§. 14.

In Schweden galt das Schiff ℔ ♀ im J. 1650, 27 Spec. r℔, damals = 107 Dal. ♀ Münze. A. 1761 galt es 813⅓, und das J. darauf 1762, 1013⅓ Dal. ♀ Münze. — Im J. 1788 kostete das Schiff ℔ (von 320 ℔ à 8848 As = dem Hamburger Schiff℔ von 280 ℔ à 10080 As), nur 49½ r℔ Spec.: (vorhin 60½ r℔.) [1]

In Norwegen, in Röraas, ist der MittelPreis des Schiff℔es, 80 r℔ Dän. [2] — (Dem Entrepreneur der neuen Holsteinischen ♀ Münze, ist für die zu liefernde schwedische BlindMünze 12 ß Banco per ℔ Cöln. accordirt.) [3]

Im Nassau Dillenburgschen wird der Centner ♀ für 51 fl (im 24℔Fus) verkauft. [4]

Zu Frankenberg in Hessen gilt der Centner 30 r℔ (im 20℔Fus.) [5]

Auf dem Rammelsberg gilt er 22 r℔ (im 18℔Fus), und zu Lauterberg 26 r℔. [6]

Das

---

1. Beantwortung der Beschuldigung, daß seine Berechnung über die neue Holstein. ♀Münze falsch sei, von Hrn. O. F. *Finck* (Altona, 8, 1788).
2. *Schlözers* Briefwechs. Heft 5, S. 273.
3. *Finck* Nähere Erläuterung der Berechnung ꝛc. S. 10.
4. *Schlözers* Briefwechs. Heft 43, S. 16.
5. *Cancrinus* Beschreibung der vorzüglichsten Bergwerke, S. 21.
6. *Cancrinus* ebendas. S. 131.

Das Bieberer ♀ kömmt an einen Frankfurter Kaufmann, den Centner Cöln. Gewicht zu 31½ Thlr. (im 24fl Fuß) [7].

§. 15.

Im Handel galt in Moskau 1704 eingeführtes Messing, Becken und Kessel, 6 damalige Rubel das Pud: *Marperger* S. 72.

Im J. 1705 kaufte der Zar 1 Pud ♀ (36 ℔ englisch Gewicht) in Moskau für 7 Rubel. WHITWORTH *loc. cit.*

Im J. 1745 verhielt sich der Werth des ☽ : ♀ wie 1 : 91, in Deutschland nur wie 1 : 75, *Haven* S. 319.

Nach einer handschriftlichen Nachricht aus dem BergCollegio vom 16 Febr. 1755, waren damals bei den Permischen ♀ Werken, 1285 Arbeiter: es wurden 25 bis 30000 Pud ♀ gemacht, und "der wahre Preis desselben (oder was es die Krone kostete), war 3 Rub. 38 Kop."

Im J. 1767 galt in Petersburg ♀ in Stücken per Pud 7 Rub. bis 8 Rub. 70 Kop., und in Platten 7 Rub. 65 Kop. (Beil. zum Neuv. Rußl. II, S. 272). — Um 1777 soll sein Preis in Petersburg gewönlich 10 Rubel gewesen seyn: *Essai* p. 14. — Nach dem jetzigen schwedischen Preise von 49½ ℔ Spec. per Schiff℔ (oben S. 26) würde das Pud russischen ♀ kosten 5,97106 ℔ (47⅖ Schill.).

"In Rußland kauft die Krone das Pud von den HüttenHerrn für 6 Rubel [lies 5½ Rubel], und ver-

7. *N. wöchentl. Nachr.* 1789, St. 5, S. 69.

vermünzt es zu 16 Rubel; dies macht einen Gewinn von mer als 166 auf 100": *Eſſai ſur le commerce de Ruſſie* p. 255 u. 14. "Die Ausfur des Qs aus Rußland iſt verboten", p. 258 u. 15. Dieſes Verbot, über welches der Verf. p. 15 u. 258 weitläuftig raiſonnirt, iſt eine Erdichtung.　Denn

den 28 Jun. 1780 ſagt *Katharina* II in einer Ukaſe (St. Petersburg. Journal 1780, B. X, S. 83):

PrivatPerſonen, die in unſerm Reiche QWerke beſiẞen, waren nach unſerer Vorfaren, und unſern eignen Anordnungen, verbunden, zur Erkenntlichkeit für die Vorteile und Freiheiten, die jeder von ihnen bei Errichtung dieſer für ſie ſo verteilhaften Gewerbe genoſſen, ⅓ des auf ihren Werken verfertigten Qs, für 5 Rub. 50 Kop. das Pud, an die Krone zu liefern. Wir haben nicht unterlaſſen, zur Ausbreitung dieſes Teils der ReichsOekonomie verſchiedene auf unſere gnädige Geſinnung, und unſere Vorſorge für das Wol unſerer Untertanen gegründete Mittel darzubieten, indem wir verſchiedene Abgaben, woburch ſelbiges bedrückt wurde, abgeſchafft, und die Arbeiten der zu ſolchen Werken aus der KronGerichtsbarkeit zugeſchriebenen Bauern geordnet, und beſtimmt haben. Da Wir nun gegenwärtig den Eigentümern ſolcher Werke noch merere Erleichterung gönnen, die Vermerung dieſes in unſerem Reich gewonnenen Metalls zum innern Gebrauch, wie auch die A u s f u r deſſelben, als einen neuen vorteilhaften HandelsZweig, befördern wollen: ſo erlauben Wir, daß PrivatPerſonen, die QWerke beſiẞen, anſtatt der ⅓ des auf ihren Werken gewonenen Qs, nur die Hälfte deſſelben für den vorigen feſtgeſeßten Preis von 5 Rub. 50 Kop. fürs Pud, an die Krone zu liefern * haben. Wir überlaſſen es übri-

---

* Dies brückt Le Clerc Tom. I, p. 532. ganz ſchief aus: c'eſt la couronne qui *fixe le prix* des metaux qu' elle achéte des particuliers; celui du cuivre eſt de 5 roubles & demi le Poud.

übrigens den Eigentümern, die andre Hälfte zu ver=
kaufen, oder nach erlegtem festgesetztem Zoll in frem=
de Länder auszufüren, oder nach ihrem freien
Willen, auf jede vernünftige und erlaubte Art dar=
über zu disponiren."

Und daß nicht erst durch diese Ukase die Ausfur
des ℞s erlaubt worden, beweisen die ZollTarife:
sowol der allgemeine von 1766 (in den Beil. zum
Neur. Rußl. II), wo nach S. 297 unverarbeite=
tes ℞ in Platen, Tafeln, und MünzPlaten, Ab=
schnitzeln . . . ., bei der Einfur 2 Rub. 10 Kop.,
bei der Ausfur aber nur 22½ Kop. per Pud, bezalt;
als der für die Häfen am Schwarzen Meer beson=
ders publicirte (russisch gedr. beim Senat, 1775,
8), wo nach S. 50 der AusfurZoll gar auf 17 Kop.
per Pud herabgesetzt ist. (Umgekert wird dermalen
in Schweden 5 proC. ExportationsPrämie bezalt). —
Der Verf. des *Essai* berechnet selbst S. 181, die
Ausfur von rohem und altem ℞ in den Jaren 1767,
68, und 69, nach einem Durchschnitt, alljärlich auf
6256 Pud.

§. 16.

Die wichtigste und klassische Stelle über das
Russische ℞MünzWesen ist in
Hrn. D. LEPECHINS Prodolshenie *dnewnych zapisok*
&c. Fortsetzung seines ReiseJournals durch ver=
schiedene Provinzen des russischen Reichs, im J.
1770 (St. Petersburg, 1772, 4), S. 206:
in der deutschen Uebersetzung von Hrn. *Hase* (Al=
tenburg, 1775, 4) S. 125.

"Mit allen diesen [vorhin weitläuftig detaillir=
ten] Unkosten, nur die ausserordentlichen Reparatu=
ren

ren ausgenommen, kömmt die Vermünzung eines
Puds ♀ Geld in der Münze zu Katharinenburg,
ſamt dem Transport zu Lande nach *Utkinſkaja priſlan*
[an der Tſchuſſowaja, 100 Werſte von Katharinen-
burg] auf 19½ Kop. Hiezu den Ankauf des ♀
[zu 5 Rub. 50 Kop.] gerechnet, koſtet 1 Pud die
Krone 5 Rub. 69½ Kop. [die halbe Kop. iſt in
der deutſchen Ueberſetzung vergeſſen: auch *Utinſkaja*
iſt ein DruckFeler], wird aber zu 16 Rubel ausgeprägt: woraus der Vorteil vom Katharinenburger
MünzHofe [wo nach der Verordnung järlich für
3,271520 Rub. geſchlagen werden ſollen, im J.
1769 aber nur für 2,087147 Rub. wirklich geprägt
worden, S. 201] leicht zu erſehen iſt.

VI. Beſtimmung einiger gangbaren Haupt-Münzen
nach ihrem Gehalt, zu künftiger leichterer Vergleichung mit dem Rubel.

Aus Kruſe I, S. 415–423.

§. 17.

	Schrot	Korn		Inh.
	As	Lot.	Gr.	As fein
Holländ. Burgund. oder Alberts Thlr. geſetzmäßig —	584	13 :	16	506,9
—— BankoThlr. nach dem Remedio — —	599	14 :	2	528
—— LöwenThlr. — —	569	11 :	16	423
—— Fl. à 20 Stüber —	219	14 :	10½	198,5
Hamburg. BankoThlr. im Durch-ſchnitt — —	599	14 :	2	528
Schwed. Spec.Thlr. von 1664 u. 1776 — —	608,8	14 :	1	534,8

Engli-

	Schrot	Korn	Inh.
	Aß	Lot. Gr.	Aß fein
Englische Krone im Durchschnitt	621	14: 14⅔	576,7
—— Schilling — —.	125	14: 12	114
Französ. LaubThaler seit dem			
J. 1726 — —	611,3	14: 10½	557,2
Span. Piaster, neuer, seit 1728	564	14: 9	511
Russischer Rubel von 1759 —	543	12: 16	437
—— Livonese von 1757 —	555	12: 1½	419
Conventions Thlr. — —	583,68	13: 6	486,4
Preuß. CourantThlr. — —	463	12:	347
Türk. Piaster oder Grusch —	552	9: 6	322
Altes ⅔ Stück nach Zinnisch. Fus	—	—: —	308,8
Feiner HarzFl. oder ⅔ St. nach			
Leipziger Fus —	272	15: 16	270
—— —— 6 Mar. Gr. Stück	68	15: 16	67,5
Portugis. Crusado novo —	305,6	14: 9	276
Polnischer Tympf von 1755 —	121	8: 4	62

Die Bestimmung der russischen Münzen wird künftig nach Aß fein holländ., und die Reduction derselben meist auf holländische Fl. à 20 Stüver oder 200 Aß fein, auf AlbertsThaler à 506 Aß Gesetzmäßig, oder 50 Stüver nach der gemeinen Rechnung, und auf feines HarzGeld nach dem 18Fl.Fus, den Fl. zu 270 Aß, geschehen.

Russi

Ruſſiſches MünzWeſen

A. unter Peter I, 1700-1725.

§. 18.

Bis zum J. 1700 war das Wort **Rubl** blos eine MünzRechnung, wie **Pfund Sterling**, wie *Livre* Tournois, wie **Gulden** in Deutſchland bis zum J. 1484: d. i. es gab noch keine Münze in Einem Stück, kein PrägeStück, das **Rubl** hies, oder einen **Rubel** galt. Die LandesMünze beſtand blos in ganzen und halben **Kopejken**, die freilich ſehr unförmlich, oval, auch eckicht, aber dabei von feinem D waren: 100 ſolcher **Kopejken** hießen 1 **Rubel**; und 100 ſolcher **Rub.**, oder 10000 **Kop.**, wogen bis zum J. 1584, 33⅓ ℔ (oben S. 20), oder welches warſcheinlicher iſt, nach *Whitworth* oben S. 19, 12 ℔. Sie ſanken ſchon um das J. 1633 auf 10⅓ ℔ herab (oben S. 20), blieben aber doch gewönlich, bis auf Peters I Krieg mit Schweden, auf 11 ℔ (*Whitworth* oben S. 27). Ihr Gewicht mußte äußerſt ſchwankend ſeyn, da bis dahin jeder GoldSchmidt für Jeden münzen durfte. Gewönlich aber dachte man ſich bei dem Worte **Rubel** 2 ausländiſche Spec.Thlr., oder 1 Dukaten.

Indes waren auch ſchon ganze Thaler im Umlauf; aber ausländiſche **Burgunder** und **Alberts-Thaler.** Einige derſelben waren dadurch, daß man den h. Georg und die JarZal, durch 2 Stempel ſehr ungeſtaltet auf ſie einſchlug (Schmidt S. 50), zur LandesMünze gemacht: aber dieſe gehören in die

die ältere russische Münz Geschichte*; und gehen uns
hier so wenig an, als die vielen russischen Schau-
Münzen aus vorigen Zeiten, z. Ex. die 3 berümten
Medaillen in ⊙ von *Petr* I, auf denen, nebst seinem
Bilde, auch die von seinem Bruder *Jwan* und seiner
Schwester *Sophia* stehen: HAVEN S. 313.

---

* Der Verf. des "Bedenkens über die Frage: wie
eine Herrschaft ihr Münz Regal nach heutiger Ma-
nier anrichten, und vollfüren lassen könne …, vom
J. 1677" (in *Hirsch* deutschem Reichs Münz Ar-
chiv, Th. V, S. 90), findet eine tiefe Münz Politik
in diesem Stempeln, und setzt voraus, man habe
dadurch die vollwichtigen Thlr. von den zu leich-
ten unterscheiden wollen. "Sollte eine geringhalti-
ge Münze in großer Quantität im Lande sich befinden, die man gern abgeschafft sähe: so könnte ein
Herr, ehe er zu dem Extremo der Reduction (oder
Devalvation) schritte, es halten, wie in der Moskau
mit den hineingehenden Reichs Thlrn geschieht, die
nicht gelten, wo sie nicht des Landes Herren Marke
haben; und eine gewisse Summe zeichnen lassen,
die er gelten lassen will. Die übrigen, so nicht signirt
sind, sind gar zu verrufen; weil sie aber besser sind,
als gar verrufen zu werden: so fliegen sie leicht aus
dem Lande an Oerter, wo sie noch für voll gelten.
Und auf die Maße kan ein Herr sich des ungerech-
ten Geldes frei machen: denn endlich ist erträgli-
cher, die wenig 1000 Thlr bezeichneter Münze, als
so große Parteien im Lande zu dulten. Zudem so
kan auch für das Bezeichnen, nachdem die Sorten
groß oder klein sind, eine Herrschaft etwas fodern:
es muß aber das Zeichen rar und schwer seyn, damit es böse Leute nicht wol nachmachen können ….".
Dies ist die einzige Stelle, die ich bisher über
die Ursache des ehemaligen Stempelns ausländischer Münzen in Moskau angetroffen habe.

C   §. 19.

§. 19.

Mit der Schlacht bei Narva (1 Dec. 1700) fing aufs neue * Unheil mit ruſſiſchen MünzOperationen an, die in merern folgenden Jaren in ſteter Veränderung fortgingen. Jene Schlacht hat die guten ſchweren DKopejken in leichtes *billon* umgeſchmolzen — hat die erſten PrägStücke von HalbRubl und Rubl geboren — hat durch ein despotiſches SchöpferWort den HalbRubl (*Poltina*) zum Rubl umgeſchaffen (vergl. mit dem in Deutſchland erzwungnen Unterſcheid zwiſchen Spec. x℞ und x℞).

Dieſe TatSachen ſtellen den großen, aber hierinn von unwiſſenden Bojaren verleiteten, oder von der äußerſten Not gepreßten *Petr*, von einer bisher dem Publico noch wenig bekannten Seite vor. Noch ſchreibt Hr. *Klotzſch* im PRAUN S. 400 folg.: "der große Kaiſer **beſſerte**, ſo wie an der ruſſiſchen Nation überhaupt, alſo auch an dem MünzWeſen beſon-

---

* Denn ſchon einige male vorhin hatte dieſes Unglück Rußland betroffen. In den *Remarques* auf . . . Gedanken, das MünzWeſen betreffend, dat. Regensburg, 1690 (in HIRSCH deutſchem ReichsMünzArchiv, Th. V, S. 276) heißt es: "dieſe große Unordnungen . . . . werden das höchſtſchädliche Uebel von Tag zu Tag dergeſtalt vergrößern, daß man, welches der Allerhöchſte in Gnaden abwenden wolle, in weniger Zeit gar gewiß zu ♀Geld, und folglich zu einem Land und Leute ganz verderbenden Schaden, wo nicht zu inwendigen Empörungen und Aufſtand der guten und unſchuldigen Untertanen, zerfallen dörfte: wie bei unſern LebZeiten in Spanien, Polen, Moſkau, und Türkei, geſchehen, denen, nach ihrer eigenen Ausſage und Klagen, ſelbiges MünzUnweſen mer als ein harter Krieg gekoſtet."

beſonders. Seine Rubel, davon die älteſten aus
den Jaren 1701 und 1704 zur Zeit bekannt ſind,
zeichnen ſich durch die ein verbeſſertes Korn verſpre-
chende Umſchrift in ruſſiſcher Sprache aus: *maneta*
DOBRAJA *tzena Rubl*, gute Münze an Werth
ein Rubl. Dieſe Verſicherung iſt nachhero unter
folgenden Regirungen zwar ſtehen geblieben, wiewol
dem Korne nach und nach [leider ſchon unter ſeiner
eigenen Regirung] abgebrochen worden".

Herr v. PRAUN ſagt S. 162: "Vom [ſpani-
ſchen] MünzKorne mögen vielleicht wenig andre,
als die auf die MünzKunde ſich legende Spanier,
etwas wiſſen. Und da keine hierüber ergangne Or-
donanzen bekannt ſind, ſo kan auch nichts beſonders
davon weiter bemerkt werden". Ob *Petr* I ſeine
viele MünzVeränderungen bis zum J. 1710, jedesmal behörig durch gedruckte Ukaſen manifeſtirt
habe: iſt mir nicht bekannt, denn ich habe blos die
Sammlung aller ſeiner Ukaſen vom J. 1714 bis an
ſeinen Tod, vor mir. Aber an detaillirten, und
hoffentlich zuverläſſigen Nachrichten der Ausländer,
felt es doch nicht. Hr. *Klotzſch* ſelbſt S. 411 lenkt
ein, und ſagt: "Was wir oben von Kaiſer *Petrs*
des Großen MünzVerbeſſerung verſichert haben,
möchte zwar wol paſſend auf ſeine erſten [nicht einmal auf dieſe], nicht aber zugleich letzten Regirungs-
Jare, durch die Probe gefunden worden ſeyn. Für-
ſten, wenn ſelbige die Verbeſſerung des MünzWeſens
mit dem FinanzWeſen zugleich angegriffen, haben
mermals der Verſuchung nicht widerſtehen können,
letzteres auf Koſten des erſteren zu tun: und *Petr*
befand ſich in einer gleichen Verſuchung, als er einen

C 2   20ſ-

20jährigen Krieg wider die Krone Schweden geführet, und dadurch seine Finanzen, zuletzt über deren Kräfte, angegriffen hatte [lies: . . . als er nur erſt Eine Schlacht, aber eine HauptSchlacht, verloren hatte].

Auch auswärtige Regirungen erfuren dieſe RubelRevolutionen, und namen Notiz davon. Die KurBairiſche verrief den 13 Maj 1725, unter andern auch alle "moſkowitiſche Thaler oder Rubel", völlig: *Hirſch* D. RMünzArchiv, Th. VI, S. 66. (Im Preußiſchen wurden erſt den 28 März 1752, "alle ruſſiſche, ſowol grobe als kleinere DMünzen", verrufen: Ebendaſ. S. 370.)

Hier vorläufig einige allgemeine Nachrichten und Angaben aus *Perry*, *Whitworth*, und dem *Eſſai* ſur le commerce de Ruſſie: denen ſodann beſonders berechnete Angaben in chronologiſcher Ordnung folgen ſollen.

§. 20.

Der engliſche Capitain PERRY, der vom J. 1696 bis 1712 in *Petrs* I Dienſten war, ſolche aber, hauptſächlich wegen der vorgenommenen MünzOperationen, ſehr misvergnügt wie viele andre verlies, erzält (ſ. oben S. 5, Num. 7) S. 239–241, folgendes, was groſtenteils im *Eſſai* ſur le comm. de Ruſſ. p. 253, aus ihm, doch meiſt mit Verſchweigung der Quelle, wiederholt iſt:

Ich muß hier 2 oder 3 Beiſpiele anführen von dem Schaden, den der Zar bei ſeinen Einkünften, durch die ſchlechte Diſpoſition und das unkluge Betragen ſeiner Bojaren, leidet. Dies wird den Druck aufdecken, den ſein Volk leidet, und unter dem es, dem Anſchein nach, immer ſeufzen wird, aller Reformationen ungeach=

geachtet, die der Zar einzufüren sich bestrebt: woraus erhellen wird, wie man immer gesehen hat, daß überall, wo das Cemmerz gedrückt wird, das Volk arm seyn muß, und folglich auch der LandesHerr. — Das erste Beispiel, das für die Einkünfte des Zars eben so nachteilig wie für seine Untertanen war, sah man zu meiner Zeit, und bestand in folgendem.

Als ich im Lande ankam, bestand die größte Münze von Moskauer Gepräg blos aus Kopejken, und die kleinste aus Denuschken von gleichem Metall. Diese Münze war sehr gutes D, und so schwer, als verhältnißmäßig die beste andrer Staten war; so daß ich für eine kleine Summe, die ich Gelegenheit hatte nach England zu schicken, im Wechsel 2 bis 3 proC. gewann.

Aber nach dem Unglück, das dem Zar im J. 1700 begegnete, da er den größten Teil seiner Armee und Artillerie vor Narva einbüßte, und Mühe hatte, ein neues Heer zur Fortsetzung des Kriegs aufzustellen, und man beschlossen hatte, mer Ausländer in Dienst zu nemen: schlug ihm einer seiner Bojaren, der bei ihm viel galt, vor, alle alte Münze einzurufen, sie einzuschmelzen, und neue Kopejken und HalbKopejken machen zu laffen, die nicht ⅓ so schwer wie die vorigen wären, und doch eben so viel gelten sollten. Alle übrige Bojaren unterstützten ihn darinn. Was noch schlimmer war, so legirte man in der Folge gar diese leichte Münze.

Wie man ungefär 1 Jar nach dieser Operation bemerkte, daß die Leute die alten Stücke zurückhielten, und sie nicht ausgeben, und in die Münze bringen wollten: so ward ein neuer Befel publicirt, wodurch man denen, die alte Münze bringen würden, 10 proC. versprach; und nun wurden größere Stücke, wie Rubl [ist falsch], Halbe und QuartRubl, Stücke von 10, 5, und 3 Kopejken, geschlagen.

Diese Veränderung bewirkte, daß ein Thlr., welches die Münze ist, womit die auswärtigen Kaufleute die Zölle von allen Waren, die sie ins Land einfüren, bezalen müssen, und der in der Zeit, da die alte

C 3   Mün=

Münze roulirte, nur etwa 55 Kop. galt, jetze, nach=
dem ſolche reformirt und alterirt worden war, 100
Kop. gilt.

Dieſe MünzOperation, die mir viel Anlaß zu den
Disputen gab, die ich wegen der Auszalung mei=
ner Beſoldung hatte, tat mir großen Schaden: aber
ich war nicht der einzige, der dabei litt; vielen andern
Ausländern ging es bei ihren Gagen eben ſo. Die ſo
nach der Zeit in des Zaren Dienſte traten, waren klü=
ger, vorzüglich die, die ihren Accord in England mach=
ten: denn dieſe haben Kaufleute zur Caution, die
ſich verpflichtet haben, ſie nach dem Werthe von Pf.
Sterling zu bezalen.

Der Wechſel, der einen großen Einfluß auf den
Handel hat, fiel gleich von 30 auf 40 proC.; und
der Preis aller Waren, beſonders deren, die vom Aus=
lande kamen, nam zu in der Maſe, wie der Wechſel
fiel. Man glaubt, daß ein großer Teil dieſer elenden
mit ♀ verſetzten Münze, von PrivatLeuten fabricirt
worden ſei. Dem ſei nun, wie ihm wolle, ſo leidet
der Wechſel dabei, und wird von Tag zu Tag mer
leiden, bis man der Sache abhilft. Aus welchem Ge=
ſichtsPunct man auch die Sache anſehen möchte; ſo
wird man doch in allem dieſem nichts wie eine falſche
StatsKunſt finden. Denn wenn der Zar eine aus=
ländiſche Ware braucht, entweder ſeine Armee zu mon=
tiren, oder auf andre Art: ſo muß er ſie jetzo, nach
Verhältniß der Abname des Wechſels, teurer bezalen.
Nie aber hat man die traurigen Folgen dieſer Münz=
Alteration ſtärker gefült, als wie letzthin die Armee
des Zaren in Pommern unterhalten werden mußte:
denn um Geld in dieſem Lande zu erhalten, mußte
man 40 bis 45 proC. verlieren. Eine andre fatale Er=
farung hat man beim Ankauf der Schiffe gemacht,
die der Zar in England und Holland bauen laſſen:
ſo daß dieſer Fürſt ſeinen guten Anteil an dem durch
dieſe ſchlechte Operation verurſachten Schaden, ſo gut
wie die Ausländer und die Kaufleute, hat tragen müſ=
ſen. Das Commerz überhaupt hat dadurch überaus
viel gelitten.

§. 21.

§. 21.

Charles Lord WHITWORTH, der als Abgesand=
ter der Königin *Anna* in Rußland war, um Petern
zu besänftigen, der es übel genommen hatte, daß ein
Londner Fleischer seinen dortigen Abgesandten *Mat-*
fejev, Schulden wegen, hatte arretiren laßen,
schreibt im J. 1710 (*loc. cit.* oben S. 5, Num. 6)
p. 74–81:

Die HandelsMünze von Moskau ist ein kleines
Stück D von der Dicke eines englischen Penny, und
heißt ein Kopeik . . . Vordem gab es keine andre
Münzen wie Kopejken; und die andern Namen (wie
Altyn, Grivna, Rubl ⁊c.), wurden nur gebraucht, die
Zal der Kopejken leichter auszudrücken. Aber im J.
1703 ward eine große Menge von SpeciesMünze, Ru=
beln [ist falsch], HalbRubeln ⁊c., gemacht; doch ist
die Masse der Münze immer noch in Kopejken. —
Alle große Summen werden gewönlich nach Rubeln
oder 100 Rop. berechnet; deren innerer Wert etwa
4 Sh. 4 d. Englisch [= 48,727 . . (¾) Stüver holl.]
seyn mag: aber im WechselCours werden sie gewönlich
zu 6 Sh 8 d [760 As holl. = 74,965 . . . (⅔⅗) Stü=
ver holl.] gerechnet: vor 15 Jaren galten sie gar 10 Sh.
[1140 As holl. = 2 ⅸ℞ 14 Stüv.] . . . (Nun folgt,
was schon oben S. 19 und 22 angefürt worden) . . .

Das Korn sollte eben so gut wie bei den Lö=
wenThalern seyn, nämlich 12 Unzen fein D, und 4
Unzen Alloy zum ℞℞ [Probe 72, oder 12löthig]. Aber
das meiste, was in die Münze eingebracht wird, ist
nicht über 10 Unzen fein D: und da man selten justi=
ret, so sind die Stücke von verschiedenem Werth, je
nachdem die Materie gut oder schlecht ist; denn unge=
münztes D, ⅸ℞, und alte Kopejken, werden alle mit
dem Beisatze von ♀ zusammengeschmolzen.

Das D sind Kreuz=Löwen= und AlbertoThaler,
auch ungemünztes D, das von Holland, Hamburg,
und Bremen, eingebracht wird. Thaler kommen järlich

2 bis 3000, teils von den Zöllen, die die Kaufleute
bezalen; teils für QGeld, das die SchatzCammer oft
an Fremde ausleiht, und ſich ſolches nach 2 Jaren wie=
der in Thalern bezalen läßt; teils für Profit im Wech=
ſelCours auf Holland, in welchem... (ſ. oben S. 22).

S. 84. Die fremden Kaufleute ſind verpflichtet,
ihre Abgaben in Spec. x€ zu bezalen, welche nur
nach dem alten Werth zu 50 Kop. berechnet werden,
wenn ſie die SchatzCammer bekömmt; und dies nach
dem Gewicht 14 auf 1 ℔, welches ſie ſelten halten,
ſondern nur 14¼ bis 14¾. (Vergl. mit Kruse, II,
S. 18, wo 117 AlbertsThlr aufs Gewicht nur zu 112
AlbertsThlrn, oder 14⅗ Stücke auf 1 ℔, angeſetzt ſind).

S. 86. Im J. 1710 war der WechſelCours 3 Rub.
10 Kop. für 1 L. Sterl. [alſo der Rubl galt 73,4
Stüver holl.], da ihr innerer Werth nur 4½ Rubl [der
Rubl = 50,554... (½) Stüv. holl.] iſt. Aber weil
die Exporten järlich die Importen bis nahe an 2000
Rbl. überſteigen: ſo iſt der NationalCredit ihrer Münze
hoch; welche aber beinahe zu ihrem reellen Werth her=
abfallen muß, wenn eine beträchtliche Summe über
die HandelsBilanz über See remittirt werden
müßte *.

S. 89. Einkünfte des Zaren von der Münze:
durch Umprägung der x€, 120 proC. Profit; von
altem Geld, 30 proC.; von QGeld 65 proC.

* Weiſſagung im J. 1710 auf das J. 1789.

§. 22.

Die allgemeine Angabe im *Eſſai ſur le comm. de
Ruſſie* p. 254 beſaget: "Peters I alte Rubeln, die
„nur ungeprägte holländiſche x€ ſind (ſ. oben S. 30),
„ſind von 13 Lot 14 Gr.; 14 Stück wogen 1 ℔
„ruſſ., und enthielten 82⅓ Sol. fein. Seine neue
„Rubel ſind von 11 Lot 12 Gr.; 14 Rubl und 40
„Kop. wiegen 1 ℔ ruſſ., und enthalten 70 Sol. fein".

Das

Das ist:

	Schrot	Korn	As fein
Peters **alte** Rubeln hatten 608	13. 14	521,38407 ··
— **neue** — — 591,111	11. 12	431,01184 ··

Hier zur Probe diesmal die ausgesetzte Berechnung hierüber:

Alter 14 solcher Rubel wogen 1 ℔ russ.
Rubl   1 ℔ russ. = 8512 As (oben S. 16).
Also war das **Schrot** eines solchen
Rubels = 608 As.
Dieses ℔ russ. enthielt 82 $\frac{1}{3}$ Solotn.
fein.
1 Sol. = 88 $\frac{2}{3}$ As holländ. (oben
S. 16).
Also 82 $\frac{1}{3}$ Sol. = 7299,3778 ····
As fein.

$$\frac{7299,3778 \cdots 608}{8512} = 521,38407 \cdots \text{As fein } \mathfrak{D}.$$

Neuer 14 $\frac{4}{10}$ solcher Rubel wogen 1 ℔ russ.
Rubl   1 ℔ russ. = 8512 As.
Also war das **Schrot** eines solchen
Rubels = 591,111 ··· As. -
Dieses ℔ russ. enthielt 70 Solotn. fein.
1 Sol. = 88 $\frac{2}{3}$ As holländ.
Also 70 Sol. = 6206,666 ··· As
fein.

$$\frac{6206,666 \cdots 591,111 \cdots}{8512} = 431,01184 \cdots \text{As fein } \mathfrak{D}.$$

Da ein holländ. ꝛc. von 50 Stüv., 506,₉ As
ſein enthält (oben S. 30): ſo iſt ein alter Rubel
$50.521,_{38407}\ldots = 51/_{4287}\ldots$ Stüver, und
$\overline{506,₉}$

ein neuer $\underline{50.431,_{0181}\ldots} = 42,_{5149}\ldots$ Stüv.
$506,₉$

Das Verhältnis der alten Rubel zu den neuen
iſt alſo wie 82,₆₆₇₂ . . . . : 100 : 120,₉₆₆₂

Oder die neuen waren um 20,₉₆₆₂ . . . . (beinahe 21) proC. ſchlechter, wie die alten.

Alles dies aus dem *Eſſai* &c. berechnet. Aber
der Ausdruck von *Petrs* alten und neuen Rubeln
heißt nichts (oben S. 23). Es iſt nicht an dem,
daß ſein Rubel, deſſen

forma ſemel mota eſt, in hoc renovamine *manſit* ;

ſondern durch ſein MachtWort hieß er ihn, wie *Lud-*
wig der Große ſeine Thaler, und *Friedrich* der Einzige ſeine 8Gr.Stücke , nach den Bedürfniſſen der
Zeit,

in *plures* tranſire figuras.   Ovid.

§.   23.

1700. Noch in dieſem Jar, den 13 Febr.,
hatte *Petr* verordnet, daß alles D nach der Probe 84
[oder 14lötig] verarbeitet werden ſollte. Ich ne-
me dieſes Factum aus der Ukaſe der jetzigen Kaiſerin
vom J. 1779, wodurch die Probe 72 [12lötig] eingefürt worden: ſ. unten. — Aber in eben dieſem J.

"ließ er DKopejken ſchlagen, mit ſeinem Namen
und Titel auf der einen, und dem Wapen von Moskau

lau auf der andern Seite. In diesem Jar befal er
auch, nach einem gewissen Fuß zu münzen: näm=
lich die DKopejken zu 70 [vorhin 96] Sol. fein
D auf 1 ℔, und 14 Rubl 40 Kop. auf 1 ℔ brutto".
HAVEN S. 314. (Nach *Perry* oben S. 22, wur=
den sie anfangs blos im Schrot geändert, und um
¼ leichter gemacht: nachher erst, wurden sie noch
oben drein legirt).

Also wogen nun

100 Rub. brutto 6 ℔. 30 lt. 58,52 ($\frac{13}{25}$) As;
aber darin waren nur 5 ℔. 2 lt. 19,152 . . ($\frac{3}{20}$) As D.

Also hieß ein Rubl von nun an 431,0184 . . As,
oder war werth 42,5149 . . . . Stüver.

Dies ist also, dem Gehalt nach, eben der Ru=
bel, der im *Essai* Peters neuer Rubel genannt wird.

Vordem, wie 100 Rubel in unbeschickten Kopej=
ken nicht einmal mer völlig 11 ℔ wogen (oben S. 20),
enthielt doch der Rubl über 879,006 . . . As fein,
oder war 86,71532 Stüv. werth, also mer wie noch
einmal so viel.

"Auch befal *Petr*, ♀ in Denuschken und Po=
luschken auszumünzen, 12 Rubl aus dem Pud":
HAVEN ebendas. ♀Poluschken gab es schon vor=
her in Rußland, aber blos als ScheideMünze.

§. 24.

1701. In dieses Jar fällt der allererste
HalbRubl (*Poltina*), der je in Rußland erschienen
ist. HAVEN kennt ihn nicht: auch in den *Monn. en
arg.* ist keine Abzeichnung von ihm. Aber I. in
den *histor. Remarques* (oben S. 5, Num. 4), un=
ter dem 21 Nov. 1702, S. 369 folgg., findet er
sich

sich sowol beschrieben als abgezeichnet, unter dem Namen,

"des Zaren in Moskau Thaler von 1702";

A. Petrs BrustBild in einem LorberKranz auf römisch. Umschrift: *Tzar Petr Samodershetz i Powelitel vserossijskij.* R. der russische Adler, 2köpfigt, mit 2 kleinen und 1er großen Krone, Zepter und ReichsApfel in den Klauen. Umschrift: *maneta dobraja tzena* POLTINA 1701. Blos abgezeichnet ist er auch II. in WEBER II, S. 177, N. 1; und blos beschrieben III. in MADAI I, S. 20, num. 51, hier mit dem Beisaße, daß von solchem verschiedene Stempel vorhanden wären. (Leßteres gilt vermutlich nur von den nachherigen Poltinen). Auch IV. MARPERGER S. 118 kannte ihn.

Den Gehalt aber dieses ersten HalbRubels, oder wie er damals hieß, als man sich noch 1 Rubl = 1em Dukaten dachte, dieses ersten russischen ThalerStückes, sinde ich nirgends angegeben. Der Verf. der hist. *Rem.* läßt, nach der Beschreibung desselben, blos des Zaren berümtes *Placat* vom 16 Apr. 1702 (das auch MARPERGER S. 98 hat) folgen, worinn er Ausländer in sein Reich einladet, und vorläufig zu erkennen gibt, daß er seine Regirung auf europäischen Fuß einrichten wolle. Dann faren die histor. *Rem.* S. 372 fort: "vom Thaler selbst ist zu bemerken, daß obwol diese von Ausländern geprägte grobe MünzSorten in Moskau gäng und gebe sind, sie doch vorhin niemals daselbst gemünzet worden, sondern dies der erste sei, den der Zar schlagen lassen; da sonst die Moskauer Münze
in

in lauter Kopejken, deren 50 einen ꝛc. machen, be=
standen" . . . .

Auch die ersten QuartRubel und Griven er=
schienen in diesem Jar. Histor. Rem. I. cit. "Von
eben dieser Art [wie die HalbRubel] hat Petr zu glei=
cher Zeit auch halbe Thaler schlagen lassen: A. sein
BrustBild, mit der Umschrift, *Tzar Petr Alexejewicz vsea Rossii Powelitel;* R. um den Adler herum,
Polupoltinik (eine halbe Poltina) . . . Ferner ist
dazumal auch kleinere Münze, so 10 ß oder 5 Gro=
schen gilt, geprägt worden, doch ohne das Brust=
Bild: es steht nur darauf, *Griwennik,* 10 Kop.,
oder 1 KopfStück . . . Aus diesem erhellet, daß
Se Zar. Maj. auch die Münze, nach Art der an=
dern europäischen Potentaten [*Johann Casimirs* von
Polen, durch Titus Livius *Boratini* und Andreas
Tymp? auch *Ludwigs* des Großen=] in g u t e n *
Stand gesetzt". — HAVEN S. 314. folg. "*Petr*
ließ QuartSpec.Rubl umprägen: einige wurden
blos umgeprägt, andre aber umgeschmolzen.
A. des Zaren BrustBild mit Namen und Titel; R.
der Adler mit dem Werth der Münze, und der Jar=
Zal . . . In eben dem J. ließ er Griven oder 10
Kop.Stücke schlagen: A. der Adler, R. der Werth
der Münze und JarZal. Das Stück wog $\frac{63}{96}$ So=
lotn., und 1 ℔ hielt $82\frac{2}{5}$ Sol. fein D". Also der
Rubl in solchen Griven

ente

* "auf einen verbesserten Fus", sagt auch das Neu=
eröffn.GroschenCab. I, Fach 3, S. 7. Aber soll=
te ein MünzGelerter, hübscher aussehende Mün=
zen, bessere Münzen nennen?

enthielt 501,0532 .... ($\frac{1}{25}$) As,

oder war werth 49,4232 .... ($\frac{7\cdot 1}{8\cdot 0}$) Stüber:

war alſo doch um 6,8983 .... Stüber beſſer wie der Rubl in den neuen Kopejken §. 23.

"Kupfer ließ er in Denuſchken und Poluſchken ausmünzen, mit gleichem Gepräg, wie vorhin; aber 15 Rubl [vorhin nur 12] aus dem Pud
[alſo um 25 proC. ſchlechter]." HAVEN l. cit.

§. 25.

Auch Courant-Dukaten erſchienen in dieſem J.
1701 zum erſtenmal in Rußland.

"Dukaten ließ Petr I münzen von 93 Sol. fein,
und 118 Stück aus 1 ℔ brutto: A. des Zaren Bruſt-
Bild und Namen, R. ſein Titel ſamt der JarZal",
HAVEN loc. cit. Folglich waren dieſe erſte ruſſiſche
Dukaten, verglichen mit den holländiſchen und
deutſchen,

	Schrot As	Korn Kar. Gr.	As fein	Werth an Stüv. holl.
holländ.	72,6	23. 7	71,3	104
ruſſ.	72,1355	23. 3	69,9512 ··	101,64999
deutſch.	72,6	23. 8	71,5	104,29172 ···

Denn die Cöln. Mk hat 24 Karat (oben S. 10)

1 Kar. Cöln. = 12 Gran = 202 $\frac{2}{3}$ As
(oben S. 10),

1 Gran Cöln. = 16 $\frac{8}{9}$ As.

Hingegen 1 Kar. Ruſſ. = 177,333 ...($\frac{1}{3}$) As

1 Gran Ruſſ. = 14,75 ($\frac{3}{4}$) ... As

Probe 93 = 23,25 Kar. = 23 Kar. 3 Gr.
Folglich 118 Duk. aus 1 ℔ ☉ von 93 Sol. fein geprägt, geben für 1 Duk. 69,8812 ... As u. ſ. w.

WHIT-

WHITWORTH p. 79 rückt diesen ersten russi-
schen CurrentDukaten in das folgende Jar. "Im
J. 1702 wurden die ersten Dukaten mit des Zaren
Stempel, zu 26 [wol wieder ein DruckFeler!]
Karat, also völlig wie holländische Dukaten, geprägt.
Aber das nächste Jar darauf [1703] ward die Münz-
Direction den Ausländern genommen; und das Si-
nesische ☉, das nur 20 oder 21 Karat von 1 bis
3 Gran ist, wurde ohne Raffinirung gelassen: welches diese Dukaten zuletzt in üblen Ruf brachte, und
seit 1706 sind sehr wenige mer geschlagen worden.
Das ☉ kommt in Lingots aus Sina, gegen 360 ℔
engl. [= 328,4492 . . (⁷⁴²⁰⁄₅) russ.] Gewichts
järlich; aufser einigen 1000 Dukaten, die die Han-
delsSchiffe järlich nach Archangel bringen".

Da ich in der ganzen Folge sehr wenig von *Petrs* I
☉Münzung finde: so will ich alles dies wenige
hier zusammen fassen.

SCHMIDT S. 52 beschreibt einen Dukaten vom
J. 1716, worauf sich *Petr* schen Kaiser nennt; aber
er beschreibt ihn blos nach seiner Aufschrift.

In der MünzUkase vom 14 Febr. 1718 (s. unten), befal *Petr*, 2 RublStücke in ☉, nach der
Probe 75 [= 18 Kar. 13½ Gr.] zu prägen.

Die MünzWardeine in Regensburg im J. 1738,
fanden: "russische Dukaten de an. 1712 bis mit
1729, gehen auf die rohe Cöln. m℔ 67 Stück, halten fein 23 Kar. 4 Gr. Ist ein Stück [deutsche
Dukaten von 23 Kar. 8 Gr., 67 Stück per m℔ Cöln.,
zu 4 Fl. gerechnet], 3 Fl. Xr. 2 ¾ ₰": FABER
Europ. StatsCanzlei, Th. 71 (vom J. 1738),
S. 599.

S. 599. Letzteres iſt ein grober DruckFeler, der⸗
gleichen hier merere vorkommen: S. 600 heißt es
von den Baſeler Dukaten, die doch an Schrot und
Korn den ruſſiſchen völlig gleich angegeben werden,
ſie wären werth 3 Fl. 56 Xr. 2 $\frac{44}{?}$ Q. Dennoch
iſt dieſer DruckFeler in Hirsch deutſch. RMünz⸗
Arch. Th. VI, S. 242, nachgedruckt worden. Im
Praun S. 403, iſt er vermieden, nicht gerügt,
worden.

Von den neuern Dukaten vom J. 1755, ſ. unten.

§. 26.

1702. Haven p. 316: "*Petr* ließ HalbRubl
(*Poltina*) ſchlagen, A. des Zaren BruſtBild mit Na⸗
men und Titel, R. der Münze Namen und Werth.
Das Stück wog 3¼ Sol., das ℔ hielt 82⅔ Sol.
fein D. Dieſer HalbRubl alſo

hielt 248,$_{16593}$ . . . ($\frac{17}{100}$) As fein, und
war werth 24,$_{4787}$ . . . ($\frac{3}{7}$) Stüver.
Eine Zeichnung davon ſ. in den *Monn. en arg.* p. 73.

§. 27.

1703. Haven ebendaſ.: "*Petr* ließ ſchlagen
I. HalbRubeln, in Gepräg und Korn den vor⸗
järigen gleich; aber das Stück wog 3$\frac{27}{65}$ Sol". —
War alſo um 0,$_{8013}$ . . . . ($\frac{4}{5}$) As Zuſatz ſchwerer.

II. QuartRubeln, in Gepräg und Korn den
HalbRubeln gleich; das Stück wog 1$\frac{33}{?}$ Sol.

§. 28.

1704 erſchien der allererſte Rubel: "A.
Petrs BruſtBild im Harniſch, mit ſeinem Namen
und

und Titel, R. der Adler mit der Münze Werth, Namen, und JarZal, *maneta dobraja tzena Rubl*, gute Münze, Werth 1 Rubl. Das Stück wog $6\frac{12}{8}$ Sol., und das ℔ hielt $82\frac{2}{3}$ Sol. fein". HA-VEN S. 316. Dieser erste Rubel also

hielt 505,02814 ..... As fein
war werth 49,81536 .... Stüv. und
aus 1 ℔ ruff. fein kamen 16,854506 ... Rubl.
und in 100 Rubl. waren nur 5,9331 .. $(\frac{4.87}{1.00})$
℔ fein (vergl. mit oben S. 22).

Diese Seltenheit ist abgezeichnet in den *Monn. en arg.* p. 73, und fehlerhaft in WEBER II, S. 177, Num. 2; und beschrieben in MADAI II, S. 31, num. 2476. MARPERGER aber S. 118 kannte ihn noch nicht.

In eben dem Jar ließ der Zar, nach HAVENS fernerem Bericht S. 316, münzen

I. gute HalbRubl, in Gepräg und Korn den ganzen gleich, das Stück $3\frac{12}{8}$ Sol. schwer: also

enthaltend 252,91407 ..... As
werth   24,50768 ..... Stüv.

II. schlechte HalbRubl, nur $3\frac{12}{8}$ Sol. schwer, und nur 70 Sol. fein D im ℔: also

enthaltend 211,46688 .... As
werth nur   20,84897 .... Stüv.
also um 19,4672 .... proC. schlechter, wie die vorigen.

Billig hätte HAVEN bei diesem auffallenden Facto seinen Zeugen nennen sollen! — Zwei in Bild und Umschrift etwas verschiedene Zeichnungen von Halb-Rubeln dieses Jars, stehen in den *Monn. en arg.* P. 73.

D   III.

III. QuartRubl, 1$\frac{64}{96}$ Sol. schwer, und 82$\frac{2}{3}$ Sol. fein im ℔: also

enthaltend 128,375168 .... ($\frac{3}{8}$) As
werth 12,66277 ...... ($\frac{2}{3}$) Stüv.

IV. Griven, gleiches Korns, das Stück $\frac{62}{96}$ Sol. schwer: also

enthaltend 49,3100517 ..... ($\frac{1}{3}$) As
werth 4,86388 ..... ($\frac{17}{20}$) Stüv.
und der Rubl in solchen Griven war werth
48,6388 .... Stüv.

Auch andre Griven, von gleichem Gehalt und Gewicht, nur mit einer kleinen Veränderung in der Umschrift": [beschrieben und abgezeichnet, so wie auch die folgenden Altyne, im Neueröffn. GroschenCab. I, 3, S. 20].

V. "Altyne, des Stücks Schrot $\frac{18}{96}$ Sol., fein Korn 82$\frac{1}{3}$ Sol.": also

enthaltend 15,009201 .... As
und der Rubl in solchen Altynen war werth
48,03438 ..... Stüv.

§. 29.

"In Kupfer (sagt HAVEN S. 317) ließ *Petr* zum erstenmal ganze Kopejken, aus dem Pud 20 Rubl, prägen. — Halbe ♀Kopejken (Denuschken) wurden von 1704–1711, nur järlich von 200 Pud ♀ (also für 4000 Rubl.) gemünzt."

Etwas verschieden berichtet WHITWORTH p. 80: "Im J. 1705 fing der Zar an, ganze, halbe, und viertelKopejken von ♀ schlagen zu lassen; 36 ℔ ♀ engl.

engl. [vermutlich dachte sich hier der Britte, bei seinem englischen Avoirdupoids-Gewicht, ein russ. Pud], die in Moskau für 7 Rubl gekauft wurden, brachten gemünzt 20 Rubl. Monatlich werden über 10000 solcher Kopejken ausgegeben: doch ist niemand gezwungen, sie in Zalung anzunemen, außer wer in des Zaren Dienst ist. Man kan sie mit 2 proC. Verlust gegen ☽ umsetzen. Das ♀ kömmt durch die Schiffe nach Archangel."

§. 30.

1705. Von diesem J. findet sich in den *Monn. en arg.* ein Rubl abgezeichnet, der dem Umkreise nach, schon kleiner wie der erste zu seyn scheint. Aber ein andrer, vom Jar

1707 (ebendas.), mit der Aufschrift, *Moskovskij Rubl*, Moskauer Rubl (beschrieben in Madai II, S. 31, num. 2477), ist eben so groß, wie der allererste von 1704.

§. 31.

Ob in den nächstfolgenden Jaren bis 1718, neue Veränderungen, und was für welche, gemacht worden: ist mir unbekannt. Ich finde von dieser Zeit nur folgende Stellen.

Haven S. 319. "Alle alte Münzen bis zum J. 1710, da die Münze auf **den Fuß gesezt ward, wornach noch jezo** [1746] **gemünzt wird**, sind wegen ihres ungleichen und allzugroßen Korns eingelöst und umgemünzt worden, so daß man sie nur noch in Cabineten antrifft. Und alle Münzen vom

J. 1710 bis 1720, ſind rar, ſo daß mer neues als altes Geld in Rußland roulirt." — Auf welchen Fuß die Münze 1710 geſetzt worden, ſagt HAVEN nicht; und die Operation von 1718 (ſ. unten) kannte er nicht.

SCHMIDT S. 51: "Nach der Pultaviſchen Schlacht 1709, befanden ſich unter den gefangnen ſchwediſchen Officiern einige MünzVerſtändige; und *Petr*, der alles brauchte, was geſchickt war, ließ ſie ruſſiſches Geld münzen. Daher findet man das Bildnis des Kaiſers, von der Pultaviſchen Schlacht an, bis zu ſeiner Reiſe nach Frankreich (1709–1718), ſo ſehr *à la Suedoiſe*, mit zurückgeſtrichnen Haren auf den Münzen. *Petr* brachte Medailleurs aus Frankreich; und von der Zeit an ſah man die ſogenannten, jetzo ſeltenen SonnenRubl, wo auf dem Revers in der Mitte eine Sonne, und im Quadrat der ruſſiſche Buchſtabe Π, ſo wie das L auf den franzöſiſchen Louisdor, geprägt war." — Ob Schweden nach 1709, und ſpäter hin Franzoſen, auf das Gepräge der Rubl Einfluß gehabt; iſt mir nicht bekannt. Die früheren Rubl ſind nicht ſchlechter im Ausſehen, wie die nachherigen: die Präger derſelben waren zwar auch Ausländer, aber gewiß nicht Schweden. Der Verf. des Neueröffn. GroſchenCabinets, B. I, Fach 3, S. 7, ſagt ausdrücklich: "*Petr* ließ Künſtler aus Deutſchland kommen, welche die Ruſſen zierliche Stempel zu ſchneiden leren mußten."

In eben dieſem Neueröffn. Gr. Cab. ſind S. 27–29, merere, zwiſchen 1712 und 1718 geprägte Griven, Altynen, 1 und 5KopejkenStücke, abgezeich-

gezeichnet, und beschrieben, aber blos dem Aeußeren
nach). Nur S. 28 wird gemeldet: "weil gewinn=
süchtige Wucherer die guten alten Kopejken häufig aus
dem Reich schleppten, und einschmolzen; so bekamen
die neuen [seit 1714] einen starken Zusatz, also daß
ein solcher neuer Kopejk nur 3⅘ gute Я gilt."

§. 32.

Die letzten MünzOperationen Petrs I, hat bis=
her kein Ausländer gekannt: aber es sind darüber
russisch gedruckte Ukasen vorhanden, in der

> Sammlung aller Ukasen Petrs I vom J. 1714 bis
> an seinen Tod, russisch gedruckt zu St. Petersburg
> bei der Akad. der Wissensch., gr4°, 1739, in 4
> Abteilungen von 385, 204, 185, und 214 Seiten,
> samt einem Register von 33 Seiten.

"1718, den 14 Febr. (heißt es hier S. 77),
"befal Petr, die Rubl [Rublewiki heißen sie in der
"Ukase], HalbRubl, und Griven, aus ☽ nach der
"Probe 70 [11 Lt. 12 Gr.], die Altynen und Ro=
"pejken aber mit ♀ nach der Probe 38 [6 Lt. 6 Gr.],
"zu münzen." (Von den 2RublStücken in ☉, s.
oben S. 47).

Das Gewicht dieser neuen Rubl, oder wie viel
davon aus 1 ℔ gemacht worden, verschweigt die Uka=
se. Warscheinlich sind es eben die, die der Verf.
des Essai sur le comm. de R., oben S. 40 Petrs
neue Rubeln nennt: dem zufolge sie um 21 proC.
schlechter, als die sogenannten alten, und statt
51½ Stüv., jetzo nur noch 42½ Stüv. holländ.
werth, waren.

D 3 Daß

Daß sie kleiner und schlechter, wie die vorigen, waren, sieht man ihnen an. Auch muß diese Verschlimmerung, sogar beim inländischen Publico, Sensation erregt haben: denn durch eine zwote Ukase vom 19 Apr. 1719 (in obbemeldter Sammlung S. 116) mußte bei Strafe anbefolen werden, die neue Münze vom 14 Febr. 1718 ohne Weigerung anzunemen.

Sonst stand *maneta* DOBRAJA, gute Münze, auf ihnen; von nun an liest man *moneta* NOVAJA, neue Münze. Dafür sind sie auch seitdem geändert, welches die vorigen nicht waren: das machte *Petr* den Engländern nach, Neueröffn. Grosch. Cab., Fach III, S. 7.

Von diesen schlechteren Rubeln finden sich I. Zeichnungen in den *Monn. en arg.* von den Jaren 1719, 20, 21, 23, und 25; und II. Beschreibungen der Rubl vom J. 1720 bei MADAI II, n. 2478, vom J. 1724 MAD. I, n. 54, vom J. 1725 MAD. II, n. 2480, S. 33. — Bei dem Rubl von 1724 sagt MADAI: "andre Stempel von mancherlei Jaren haben auf dem R. den gekrönten russischen Adler (statt der 4mal in einander geschlungenen und gekrönten Chiffre ПI, die des Zaren Namen vorstellt, und ein Kreuz bildet); es sind aber viele derselben geringhaltig, und werden nicht für Bancos Thlr. angenommen."

§. 33.

Die letzte und allerschädlichste MünzOperation nam *Petr*, nicht lange vor seinem Tode, mit dem ♀Gelde vor. Aus 1 Pud ♀ fing er an, 40 Rubl

(vor-

(vorbem, höchſtens 20, ſ. oben S. 50) münzen zu
laſſen! Hatte der geheime und öffentliche Aufwand
bei dem Nyſtädter FriedensSchluß, — hatte der
perſiſche Feldzug, den Conqueranten ſo entkräftet,
daß er zu ſo deſperaten Mitteln greifen mußte? Das
ſpätere Publicum hielt wol den Großen *Petr* nicht
für einer ſolchen StatsSünde fähig, und wollte ſie
ſeinen ſchwächeren Nachfolgern und Nachfolgerinnen
aufbürden. Aber man höre folgenden authentiſchen
Bericht aus

obbemeldter UkaſenSammlung, Th. II, S. 181 folg.

"1723, 20 Dec. befal der Senat, neue 5 Ko-
"pejkenStücke von dem vorrätigen ♀ zu machen,
"aber kein neues zu kaufen; dieſe ſollen curſiren, auch
"im Zoll und ſonſt angenommen werden. Das alte
"♀Geld ſoll zum Umprägen in die MünzHöfe ge-
"bracht werden : dafür erhalten die Einbringer,
"ohne Abzug *, neue 5Kop.Stücke. Kämen
"die

---

* "Unter dem HerzogRegenten in Frankreich, ward
in den Jaren 1716-1720, das Gold von 28 auf
40, auf 80, und wiederum auf 65 *Livres* aus der
Mk. fein, geſetzt. Am ärgſten ging es 1716 mit
der Ummünzung des Goldes zu; die alten *Louis*
zu 16 L. wurden alle verrufen, und neue von eben
dem Schrot und Korn auf 20 L. geſetzt. Wer
☉ hatte, mußte 20 *Louis* zur Münze bringen, und
bekam 16 Stück wieder, die nun, wie *Stewart* ſagt,
durch eine Drehung der MünzMaſchine, einen Kna-
benKopf, ſtatt des alten MannsKopfs, zeigten.
Dann rechnete man ihm vor: du brachteſt 20 Stück
zu 16 *Livres*, und haſt nun [ohne Abzug] 16 Stück
zu 20 L. wieder, folglich 320 L. ; das iſt alles,
was dir gebürt. Der große Hauſe war nicht nur
damit

„ble alten nicht ein; ſo ſollen ſolche künftig ganz außer
„Cours geſetzt werden.”

Ich habe ſo ein unſeliges 5 Kop. Stück von *Petr*
dem Großen vor mir: ohne dieſes *Corpus delicti*
würde mir erſtbemeldte Ukaſe, die das Weſent=
lichſte vertuſche, nicht verſtändlich geweſen ſeyn. ——
A. der doppelte Adler in einem Zirkel, der etwa die
Größe eines kleinen Pfennigs hat; neben herum ge=
gen den Rand zu, 5 dicke Puncte. R. ein Kreuz von
Doppellinien; zwiſchen denſelben von der linken zur
rechten, *pát Kopéjek*, fünf Kopejken, und von
unten nach oben, 1724 *goda*, vom J. 1724. Das
Stück iſt ſtark gerändert, doch ohne Schrift, und
      wiegt nicht völlig 5 Quentchen (Götting.
      Gewichts),
da einzelne KopejkenStücke von der Kaiſ. *Eliſabet*
und der jetzigen Regirung, über 3¼ Quentchen,
und 5 Kop. St. etwas über 15 Quentchen, wiegen.

Von dieſen berüchtigten 5 Kop. Stücken ſprechen
alle Schriftſteller; aber keiner will ſie auf des Gro=
ßen *Petrs* Rechnung kommen laſſen.
    I. HAVEN S. 317 folg. ſchreibt:
      Die Regirung ließ ſich bewegen, 5 Kopejken=
Stücke zu 40 Rub. aus dem Pud, zu ſchlagen, wel=
ches über 6mal ſo viel iſt, als das ☿ koſtete. Sie
ſtellte ſich vor, man könnte von Zeit zu Zeit kleine
☿Münze, als Denuſchken und Poluſchken, ſchlagen
                                        laſſen,

damit zufrieden; ſondern es gab auch einen vielge=
leſenen Theoriſten, DUTOT, in ſeinen *Recherches po-*
litiques ſur les Finances, der das Ding eben ſo bil=
lig, als jene Rechnung richtig, fand.” BÜSCH
über BankGeld, Münze, und MünzVerwirrung:
in der HandlungsBibliothek, B. II, St. 3,
S. 443.

laffen, um damit die 5Kop.Stücke, ohne Schaden
des Reichs, wieder einzuldsen. Aber dies wollte nicht
so glücken, wie man es erwartete; denn indeffen schlugen
die Polen und Tataren Millionen von dieser ♀Mün=
ze nach, und verwechselten sie auf den Gränzen gegen
rusffisches ☽Geld, welches sie wieder stark legiren, und
daraus ihre ScheideMünze schlagen. Daher hat die
Kaiferin *Elisabet* diese Münze im J. 1744 auf 4Kop.,
and 1745 auf 3 Kop., herabgesetzt: künftig [nach
1746] wird sie ohne Zweifel auf 5 Poluschken herunter=
kommen, als welches ihr wares Gewicht ist.

II. Büsching S. 379 folg. wiederholt fast alles
wörtlich, was *Haven* sagt; nennt aber die Kaiferin
Elisabet ausbrücklich, als diejenige, die diese 5Kop.=
Stükke prägen laffen; gibt das Nachschlagen blos
den polnischen Juden schuld; unt sagt von der
Herabsetzung: "eben diese Kaiferin (*Elisabet*) habe
diese 5Kop.Stükke im J. 1747 auf 2Kop., und
1749 auf 1 Kop., heruntergesetzt, und guten Teils
umprägen laffen." Das Weitere gehört in die
MünzGeschichte dieser Kaiferin.

III. Müller ad *Savary*:
   Unter *Katharina* I wurden 5Kop.Stücke, pä=
tikopéschniki, geschlagen; aber die polnischen Ju=
den machten sie nach, und überschwemmten Rußlahd
damit. Daher wurden sie unter der *Elisabet* nach und
nach auf 4, 3, 2, 1 Kop., heruntergesetzt, worauf sie
endlich umgeprägt worden. Seit kurzem wurde ihnen
der Werth von 2 Kop. gegeben; auch prägt man
neue 1 Kop.Stücke: die Denuschken und Poluschken
aber bleiben, wie sie vorhin waren.

IV. Schmidt S. 54:
   Von diesen Zeiten (*Petrs* II) an, findet man auch
die bekannten Qnen 5 Kop.Stücke, die sich viele Ver=
änderungen haben müssen gefallen laffen. Sie bestehen
aus 1¼ Lot ♀: auf einer Seite eben so, wie die alten

Ko=

on, daß 2 ℔ ♀ allezeit einen Rubl ausmachen [also
20 Rubl aus dem Pud; eben das wiederholt das
Neueröffn. GroschenCab. S. 28]; in dem ersteren aber wird alles ☽Geld, sowol in großen als
kleinen Sorten, verfertiget, und bei diesen wird auch
allezeit ein Wardirer gehalten. [Bekanntlich sind jetzo
3 MünzHöfe in Rußland, zu St. Petersburg,
Moskau, und Katharinenburg]. Man rechnet,
daß beide zusammen dem Zaren järlich etwas mer,
als 200000 Rubl, eintragen sollen".

B. Th. II, S. 124, vom 12 Jan. 1724: "Da
der Kaiser vernam, daß seit 7 Monaten in der
Münze 300000 Dukaten und 500000 Rubl, ohne
die andern Sorten Geldes zu rechnen, waren geprägt
worden: so befal er, mit der Münzung einzuhalten".

C. Th. II, S. 177: "☉= und ☽Gruben gehen
den Zarischen Einkünften ab; jedoch hat man auf
den Sibirischen Gränzen, ohnweit Kameni, eine gute
Anzeige von reichhaltigen Erzländern gefunden".
[Nebenbei folgen Abzeichnungen, aber nichts wie
kale Abzeichnungen, von Petrs I ersten GeldSorten:
s. oben S. 44].

II. Bekanntlich lassen alle christliche europäische
Mächte, auf ihre gröbere MünzSorten, lateinische Aufschrift setzen: Petr I ging hierinn von allen
ab, wälte zu den Aufschriften seine LandesSpra-
che, und alle seine Nachfolger blieben bis auf den
heutigen Tag dabei. Der erste Ausländer, der hievon Notiz nam, war wol WEBER, Th. II, S. 177:
"Merkwürdig ist bei den größern [russischen] Münzen, daß da sonst die Ueberschrift alles europäischen
Gel-

Geldes aus lateinischen Buchstaben besteht, der
Zar, da er doch sonsten in andern Sachen nach den
Ausländern sich richtet, seine MutterSprache auf
dem neugemünzten Gelde behalten hat. Denn weil
man die Ueberschriften auf den europäischen Münzen
blos deswegen lateinisch verfasset, damit die Kund-
schaft derselben durch den besten Teil der Welt befördert, und das Gepräge derselben zur Aufname
des Handels mit auswärtigen Königreichen und Ländern kenntlich werden möge; so hat eben diese Ursache den Zaren bewogen, solcher Gewonheit nicht zu
folgen, auch denjenigen, welche ihm den Vorschlag
dazu getan, die Antwort zu geben: ich will lieber
demjenigen es Dank wissen, und seinen Rat
belonen, der mir ein Mittel zeigt, mein Geld im
Lande zu behalten; denn daran ist mir mer gelegen, als daß es hinausgeschleppt wird". —
Wörtlich wird dies nacherzält im Neueröffn. GroschenCab., Fach III, S. 8 (dabei aber gewünscht,
daß die SchauMünzen, ihrer Bestimmung nach,
davon ausgenommen würden). — Und aus dem GroschenCab. im *Praun* S. 408.

III. Tschulkov in seiner *istoriczeskoje opisanije
rossijskoj kommertzii 2c.*, historischen Beschreibung
des russischen Handels *, Band I, Buch I (St.
Petersburg, bei der Akad. der Wissensch., 4, 1781),
S. 121, erwänet noch 2 andrer Münzen aus diesem
ZeitRaum:

a. "Was

* Von diesem Werke sind bereits 5 HauptTeile, in
16 Quartanten, heraus. Im 6ten HauptTeil wird
eine Geschichte des alten und jetzigen russischen
MünzWesens vorkommen.

a. "Wärend der Regirung Kaiſ. *Petrs* des Groſ-
ßen, wurden, außer den übrigen, auch noch beſondre Münzen, zum Handel mit Polen in [der jetzigen
ProvinzialStadt der Orloviſchen Statthalterſchaft]
Sévſk, unter dem Namen *Tſchechi*, Tſchechen, nach
Art [*wo obraz*] der polniſchen Münzen geſchlagen:
doch erhielten auch die Beamten in dieſer Gegend von
Rußland, ihre Beſoldung in ſolchem Gelde". — Ob
es ♀ oder Billon geweſen, groß oder klein ꝛc., wird
nicht gemeldet.

b. "Noch eine Art Münze, *Borodovaja*, Bart-
Münze, genannt: auf derſelben ſtand auf der einen Seite eine Naſe mit SchnurrBart und Bart;
auf der andern die Auffſchrift, *dan' placzena*, bezalte
Steuer, ſamt dem Jar. Dieſe Münze ward ſtatt
einer Quittung den Roskolniken gegeben, wenn ſie
ihre järliche BartSteuer obtrugen, und diente ihnen
zum Privilegio, ihren Bart tragen zu dürfen" [wird
alſo nicht ſchicklich unter *Petrs* I Münzen gerechnet].

IV. REMEDIUM. In der oben S. 53 citirten
Ukaſe vom 14 Febr. 1718 ſtehet: "der Aufſeher
Jwan *Lang* ſoll darauf ſehen, daß beim ☽Geld nach
bemeldter Probe [70 und 38], im ff nicht über oder
unter 1 Solotnik, und beim ☉ [nach der Probe
75], nicht über oder unter ½ Solotn., ſei, bei
ſchwerer Strafe". *Haven* S. 321 berichtet aus der
Inſtruction des Wardeins, Artik. XI (das Jar
meldet er nicht): "von 1 ff ☉, das 93 Sol. fein
enthält, dürfen nicht über 118½, und nicht unter
117½ Dukaten, gemünzt werden; und das ff darf
nicht über 93½, und nicht unter 92½ Sol. fein ☉
ent-

enthalten. Bei der Münze wird bei jedem Rubl 1½ Kop., bei 100 Rubl. 3 Sol, und bei 1000 Rubl 15 Sol., über oder unter dem verordneten Gewicht, erlaubt. Ihr Korn darf nicht über 77⅓, und nicht unter 76 ⅔ Sol. fein), seyn". [Also ist hier wol von dem MünzWesen unter der Kaiserin *Elisabet* die Rede].

V. LE CLERC (eben S. 6, Num. 17) sagt Tom. I, p. 492: "Als *Petr* I Schweden den Krieg erklärte, und die Erbauung von Petersburg .... unternam, waren seine Einkünfte mer nicht, als 700000 Rubl". Schon das ist falsch: aber nun färt er fort, und reducirt diese Summe auf heutige französ. Livres: "le rouble vaut 100 sols du pays, = 3,500000 *Livres*". Er färt fort: bei seinem Tode stieg en die Einkünfte seines Reichs auf 7,500000 Rubl "= 37,500000 *Livres*". Und so durchs ganze Buch! Von 1699 bis 1783 ist dem Verf. ein Kopejk und Rubl immer Ein Ding: 1 Kop. = 1 *Sol* französ., folglich 100 Kop. oder 1 Rubl = 100 *Sols* oder 5 *Livres*! Hoffentlich wird der Hr. Gen. Maj. *Boltin* nicht vergessen haben, auch dieses starke Versehen, in seinen 150 Bogen starken Anmerkungen über das *LeClercsche* Werk *, zu rügen.

VI. Ein Denkmal von der alten Bedeutung des Wortes Rubl, blieb, zu *Petrs* I und seiner Nachfolger großem Profit, aber unter dem Wehklagen der Kaufleute, im Zoll, und bleibt es gewissermaßen noch bis auf den heutigen Tag. Es war eine Zeit, wo 50 Kop. oder ½ Rubl, 1 Spec.rⷱ waren: wie aber

---

* *Schlözer* StatsAnzeigen, Heft 46, S. 234.

aber jene schlechter wurden, stieg natürlich der Werth
des letzteren, dessen Güte unveränderlich blieb; von
50 auf 100, auf 125, und neuerlich gar auf 145
Kop. Die Kaufleute, die die einmal festgesetzten
proCente an Zoll zu bezalen hatten, wollten solche
natürlich in der jedesmal gangbaren russischen Münze
bezalen: aber *Petr* I verrief in d e m Falle, nach dem
Beispiel seiner Vorfaren, sein eignes Geld, foderte
Spec.; oder AlbertsThlr. nach dem Gewichte, und
zwar diese nach älteren Preisen. Die Sache ist so
sonderbar, auch für die russische Münz= und Han=
delsGeschichte so wichtig (noch in dem letzten nun er=
loschnen HandelsTractat mit England machte sie ei=
nen eignen Artikel aus), daß eine Menge Schrift=
steller sie, wiewol zum Teil sehr unrichtig, und mit
vielen Varianten, erzälen. Hier sind die Haupt=
Stellen darüber.

a. Schon den 21 Maj 1667 war befolen wor=
den, daß alle Ausländer, wenn sie ihre eingebrachte
Waren nicht in den GränzStädten Archangel,
Novgorod, und Pskov, absetzen wollen oder kön=
nen, sondern solche nach Moskau senden, in besag=
ten GränzStädten 10 proC. DurchfartsZoll in
Spec.Münze (z. E. für 10 Rubl 10 Dukaten,
ungeachtet der Dukat damals schon zwischen 114 und
125 Kop. galt), erlegen sollten. Die Schweden
beschwerten sich besonders darüber, als wäre es dem
Frieden von Tensin 1595 zuwider. Kilburger
S. 317.

b. Whitworth p. 84 sq. "Die fremden Kauf=
leute müssen ihre Zölle in Spec.&C in Archangel ent=
richten, die aber im Zolle nur nach ihrem alten Werth
von

von 50 Kop. berechnet und angenommen werden:
und zwar nur nach dem Gewicht, 14 auf 1 ℔" ...
f. oben S. 40. (Das folgende von den damaligen Zöllen in Rußland, z. Ex. daß Fremde für alle Waren,
die nach dem Gewicht verkauft und gekauft werden,
5 proC., und für die nach Zal und Mas ver= und
gekaufte, nur 4 proC. entrichten rc., geht uns hier
nicht an).

G. MARPERGER S. 118 folgg. "Der gewönliche
Zoll ist sowol für In= als Ausländer ziemlich schwer,
und bisher 4½ proC. mit dem SchreibGeld gewesen,
welche die Verkäufer von ihren wirklich verkauften
Gütern haben bezalen müssen: die GewichtGüter
aber, d. i. die so ausgewogen werden, bezalen 1¼
mer als die andern. Es wird aber der Zoll auf eine
sonderbare Weise, und zwar folgendergestalt, berech=
net: ein deutscher Kaufmann hätte an einen Russen
für 1000 Rubl. an Waren verkauft, so meldet das
der Verkäufer auf dem ZollComtoir gebürend an,
und läßt die mit dem Russen geschlossene Partie in
die öffentliche ZollBücher notiren. Dann rechnet man
von jeden 100 Rubl 4½ proC.: tut auf 1000 Rubl
45: von diesen 45 müssen jede 7 Rubl mit 1 ℔
Spec.rc℔ bezalt werden. Wenn nun 45 : 7 = 6⅗ ℔:
so werden solche in eine WagSchale gelegt; und in
die andre muß der Kaufmann so viel Spec.rc℔ gegen
einlegen, bis die eine Schale mit der andern gleich
steht." .... S. 121. "Wenn die Waren in der
Stadt Moskau wieder verkauft werden, muß aufs
neue 6 proC. von der Summe der verkauften Partei,
wiewol nur in russischer CourantMünze, bezalt
werden" u. f. w. — Eben das erzält abgekürzt, mit

E   Ver=

Verschweigung der Quelle, Köhler MünzBelus
stig. XVIII, S. 299.

Wann und wie stufenmäßig, zwischen 1704—
1766, der AlbertsThlr. doch in der Folge, statt 50,
zu 100, und weiterhin gar zu 125 Kop., angenom=
men, die Inländer auch von dieser Last gänzlich, die
Ausländer aber zur Hälfte, befreiet worden, ist mir
und allen meinen Auctoren noch zur Zeit unbekannt.
Also muß ich sogleich auf die jetzige Regirung kom=
men.

d. Nach dem russischen ZollTarif vom J. 1767
an *, soll der Zoll (nach S. 343) im ganzen euro=
päischen Rußland, von ein= und ausgehenden Wa=
ren, bezalt werden — die eine Hälfte in vollwichti=
gen Spec.x℟ zu 14x℟ auf 1 ℔ gerechnet, mit der
Zugabe am Gewicht, oder wenn jemand keine
Spec.x℟ hätte, in russischem ƉGeld, jeden
Spec x℟ zu 125 Kop. gerechnet; die andre Hälf=
te aber in allerhand gangbarer russischer Münze. —
Nur von Salz, Tabak, und FranzBranntewein in
Narva, und vom Salz in KleinRußland, wird
aller Zoll in russischer Münze erhoben. — Russische
Untertanen erlegen den Zoll, statt der Spec.x℟,
in russischem ƉGeld; und zwar so, daß die, welche ihre
Waren in russischen Schiffen aus= und einführen, für
1 Spec.x℟ nur 90 Kop., die es aber auf auslän=
bischen Schiffen tun, wie die Ausländer 1 Rubl
25 Kop. für den Spec.x℟ bezalen.

e. Nach dem allgemeinen ZollTarif für das
europäische Rußland, der mit dem J. 1783 an=
fing

* In den Beilagen zum Neuveränd. Rußland,
 Th. II, S. 272-344.

fing *, zalen nach S. 55 und folg. "alle ruſſiſche
Untertanen den angeſetzten Zoll in ruſſiſcher Münze
oder BankAſſignationen, nur die Stadt Riga aus￭
genommen, weil daſelbſt faſt keine andre Münz￭
Sorten als Thlr. gewönlich ſind. Noch mer,
wenn ruſſiſche Untertanen, Waren auf eigenen, we￭
nigſtens zur Hälfte mit ruſſiſchen Matroſen verſehe￭
nen Schiffen, und für eigene Rechnung, ein- oder
ausfären: ſo zalen ſie in allen Häfen, wo dieſer Ta￭
rif gilt, nur die Hälfte des Zolls; außerdem aber
den ganzen Zoll. — Auswärtige Negocianten hin￭
gegen, zalen dieſen Zoll, halb in vollwichtigen Thlrn
(14 Thlr mit Zugewicht auf 1 ℔, und jeden Thlr
zu 125 Kop. gerechnet); und die andre Hälfte in
jeder Art gangbarer ruſſiſcher Münze. Nur in den
Häfen am Schwarzen Meer dürfen auch Ausländer
in ruſſiſcher Münze bezalen. — Von den fremden
Nationen [den Britten], mit denen HandelsVer￭
träge geſchloſſen ſind, ſoll bei Hebung des Zolls nach
dem Inhalt dieſer Verträge, ſo lang ſelbige dauern
[der letzte Tractat mit England von 1766, erloſch
im J. 1786, ESSAI p. 139], verfaren werden".

f. Im ESSAI ſur le *Comm. de Ruſſie* werden obi￭
ge actenmäßige Nachrichten (c und d), wiederholt,
erläutert, und beurteilt. S. 135. "Die ruſſiſche
HandelsFlotte beſteht, wenn von großen SeeReiſen
die Rede iſt, nur aus 12 bis 15 Schiffen von 300
Tonnen, wovon ¾ nach Bordeaux und Holland ge￭
hen.

* Ein Auszug daraus ſteht im Almanach für Kauf￭
leute auf das J. 1784 (Leipzig, 8), Th. II, S.
51-104.

E 2

hen. ‡ Matrosen müssen nach den Verordnungen Russen seyn; aber Schiffer und Steuer.... dürfen Fremde seyn, und sind es auch gewöhnlich. Ein Matrose bekömmt, außer der Kost, monatlich 5 Rubl; der Schiffer hat außer dem Kapplaken järlich 2 bis 300 Rubl. — S. 140. "Die englischen Kaufleute brauchen ihre Ein= und AusfurZölle nicht in vollem E. ꝛc̄ zu bezalen; sie können das in russischer Courant= Münze tun. . . Als der HandelsTractat mit ihnen zum letztenmal im J. 1766 erneuert wurde, hatten, dem Tarif von diesem J. zufolge, alle auswärtige Kaufleute gleiches Recht. Aber im J. 1771* befal ihnen eine Ukase, die Hälfte in holländ. ꝛc̄ zu entrichten; nur die Britten blieben von diesem Zwange frei. Die russische Regirung konnte hiezu keinen andern Beweggrund als die Hoffnung haben, durch dieses Mittel eine beträchtliche Summe D ins Reich zu ziehen, woraus man durch Umschmelzung neue Rubl erhalten könnte. Aber der ganze Zoll, den die Ausländer (die Britten abgerechnet) bezalen, mag järlich auf 400000 Rubl steigen: die Hälfte dieser Summe, in ꝛc̄ bezalt, die zu 125 Kop. angenommen werden, macht 160000 ꝛc̄, aus denen durch die Umschmelzung 216000 Rubl werden, wogegen der Zoll, nach dem Tarif von 1766, nur 200000 Rubl bekam. Folglich hat die Ukase von 1771 mer nicht wie järlich 16000 Rubl eingebracht. Aber eben diese Einrichtung ruinirt die deutschen und französischen Kaufleute, die bei dem Einkauf der ꝛc̄ 20 bis 25000 Rubl verlieren müssen; und wird in Kur=

---

*. Bekanntlich fing beim damaligen TürkenKrieg die GeldNot in Rußland an.

Kurzem alle Geschäffte den Britten in die Hände spie-
len.   Diese, welche 15 Häuser in Rußland haben,
und schon im Besitz des größten Handels sind, müssen alles tun, und tun es wirklich, um den Wechsel-
Cours und den Preis der AusfurWaren herunter
zu bringen. . . .   Selbst Deutsche, Franzosen ꝛc.,
denen ihre Correspondenten in Rußland den Ankauf
der ⚹ in ⚹⚹⚹ bringen, werden, um dies zu
ersparen, ihre Geschäffte den Britten auftragen: diese nun, Herren vom Cours und Preis, werden den
russischen Handel ihrem Monopol unterwerfen, und
der gehoffte Gewinst von den 16000 Rubl wird ver-
schwinden; außer dem daß 50 in Rußland etablirte
Familien ihren Unterhalt verlieren, um 15 Comp-
toirs reich zu machen, deren Chefs in London wonen.
[Nun folgen noch weitere Beweise, wie schädlich der
HandelsTractat mit England für Rußland gewesen].
Alles das stellten die übrigen fremden Kaufleute im
J. 1774 der Regirung vor: aber es erfolgte keine
Abänderung". — S. 149. "Als der TürkenKrieg
in den Jaren 1773 und 1774 den WechselCours unter 38 Stüver niederdrückte; mußten die Kaufleute
ꝛ⚹ in Holland für 135 bis 145 Kop. aufkaufen,
und verloren also über 9 proC. auf eine Münze, die
der Zoll nur zu 125 Kop. annam. Der Friede von
Kainardschi schaffte ihnen Luft; der Wechsel stieg
im Febr. 1776 wieder auf 44¾ Stüv., also fielen
die ꝛ⚹, und bald werden sie für eben den Preis zu
haben seyn, den sie im Zoll haben".

VII. Wo bekam *Petr I* sein ☉ und ☽ und ♀
her?   1. Die unterirdischen Schätze Sibiriens,
dieses asiatischen Peru's, waren damals noch nicht

aufgetan: alle diese Metalle mußten von außen
kommen. Die 3 EisenWerke um Moskau herum
waren schon 1674 beträchtlich; aber die ＿ꝗMinen
bei Olonez und am WesenFlusse versprachen noch
nichts: KILBURGER S. 323–327. 2. Petr fand
eine Maſſe von edleren Metallen in seinem Reiche
vor, die der Handel, besonders seit der Entdeckung
von Archangel, dahin gezogen hatte. Im J. 1671
waren blos durch Deutsche nach Archangel gebracht
worden 27839 Spec.Duk. und 50000 Spec.ℛℭ,
außer 16000 Rubl russ. Geld, das aus der Ukraine
durch Polen nach Danzig gegangen war, und von
dar wieder nach Rußland zurück lief. Das nächste
J. 1672 war die Einfur 11320 Spec.Duk., 5629
Spec.ℛℭ, und 2002 Rubl russ. Geld: 1673
aber 9545 Spec.Duk. und 12000 Spec.ℛℭ, und
aus Holland 7120 Duk. und 100 ℛℭ. KILBUR-
GER S. 284, 285, 292, 296, 302. — An Zoll war
in Archangel von 1654 bis mit 1673, gehoben worden 1,382931 Rubl (d. i. damals meist so viel Dukaten), und 84½ Kop. Ebendaſ. S. 318.—
Im Zariſchen Schatz mußten ſich diese Zuflüſſe von
edlen Metallen anhäufen, weil ſie nicht den anderswo
gewönlichen WiederAbfluß hatten, und die Gehalte
faſt aller Officianten nicht in Gelde, sondern in Waren, bezalt wurden. Ebendaſ. S. 331. 3.
Aber was war dieſe ganze Maſſe für ein schon damals ungeheuer großes Reich? Konnte Petr diese
Maſſe vermeren, und wie vermerte er ſie? — Er
fur fort, Spec.ℛℭ im Zoll hereinzuzwingen (oben
S. 64). — Auch mochte wol Rußland damals
schon das Uebergewicht im ausländiſchen Handel
ha-

haben: ich glaube ſogar, daß *Whitworths* Angabe
(oben S. 40, Z. 18) von 2000 Rubl, ein Druck=
Feler, "two thouſand Rubles, ſtatt two *hundred*
thouſand Rubles" ſei. Aber welche Kleinigkeit
für ein Reich, wie *Petrs* Reich! Und mußte nicht
dieſer ganze kleine Ueberſchuß, durch den langen
ſchweren Krieg, der ſo viel auswärtige Bedürfniſſe
foderte, verſchlungen werden? Alſo war freilich der
Monarch, der nun einmal Geld brauchte, in einer
verzweifelten Lage: und zu ſeiner Zeit wußte man
noch nicht, daß ein Monarch auch in der verzwei=
feltſten Lage, ohne Rückſicht auf Moral und Poli=
tik, blos ſeines Intereſſe wegen, nicht zum Falſch=
Münzen greifen dürfe. Von *Friedrichs* des Ein=
zigen Falſch Münzen im 7järigen Kriege, iſt hier
der Ort nicht zu ſprechen.

Bekanntlich ſind von *Petr* I; eine ungeheure
Menge alberner Anekdoten, ſo gut zu deſſen Lob als
zu deſſen Tadel, verbreitet worden, und curſiren
noch immer in Druck Schriften. Zur letzteren Claſſe
gehört wol folgende Nachricht, über die Art, wie
ſich *Petr* im NotFall ☽ zu verſchaffen gewußt:
eine Nachricht, von der ich nicht Notiz nemen würde,
wenn ſie nicht ein ſonſt geachteter Schriftſteller,
Alexander GORDON, *Petrs* GeneralMajor (in der
Geſchichte *Petrs* des Großen, Th. II, S. 183,
der deutſchen Ausgabe), erzält, und aus ihm
Klotzſch im PRAUN S. 412 nacherzält hätte:

"Die FinanzCammer ſtellte dem Kaiſer am Ende
den Mangel an Gelde, nebſt ihrer Verlegenheit vor,
allen ſeinen Foderungen fernerhin Genüge leiſten zu
können. *Petrs* erfinderiſcher Geiſt aber gab hiezu
bald Mittel an die Hand. Es wurden vor ein von

ihm eigens darzu niedergeſetztes Tribunal, ſein Liebᵉ
ling, Fürſt *Menſchikov*, der Präſident des Senats,
Knäs *Dolgorukoj*, der GroßAdmiral *Apraxin*, und
viel andre Große mer, weil ſelbige, wie der Kaiſer
in der Rede ſagte, womit er dieſen außerordentlichen
GerichtsHof eröfnete, ſein armes Volk aufs äußerᵉ
ſte unterdrükt, und auf Koſten deren Schweiſſes
und Bluts ſich bereichert hätten, zur Verantworᵉ
tung gezogen, um hohe GeldSummen beſtraft, und
die genannten alsdann völlig zu Gnaden wiederum
angenommen. Durch dieſes Mittel (ſetzt GORDON
hinzu) brachte der Zar von den Verbrechern an der ganᵉ
zen Nation, ein ſo anſehnliches Geld zuſammen, daß
ſich die Summe auf etliche Millionen gut D belief,
welches er mit dem Zuſatz von ⅓ Q verſetzen ließ; woᵉ
bei die SchatzCammer 20 proC. von aller im Reiche
gangbaren Münze gewann. Die Kauffleute taten Vorᵉ
ſtellungen; aber es half nichts, weil die Bedürfniſſe
des Stats dergleichen HilfsMittel erforderten".

Und von dieſem ausnemend wichtigen Facto iſt
nicht einmal das Jar angegeben? — Damit mag
es immer ſeine Richtigkeit haben, daß obbemelbte
Große in StatsInquiſition gekommen. Aber 1.
beſtand ihre Strafe blos darinn, daß ihnen ihr Verᵉ
mögen confiſcirt wurde? 2. beſtand dieſes Verᵉ
mögen in etlichen Millionen (doch wol Rub!)? —
und dieſe 3. in barem Gelde? Ein Zuſammenᵉ
ſcharrer wird ſein Geld zu nutzen ſuchen. Und gar —
4. in gutem D? Wie ſollten die Herren zu etlichen
Millionen AlbertsThlr. gekommen ſeyn?

VIII. Wo kam *Petrs* I Geld hin? Alle ſeine
Münzen ſind jetzo Seltenheiten und CabinetsStücke:
ſie haben ſich nicht blos aus Rußland, ſondern gar
ex rerum natura, verloren; und doch war unter ſeiᵉ
nen 4 nächſten Nachfolgern keine GeldNot in Rußᵉ

laud

land merklich. Folgendes macht die Sache begreif-
lich. a. *Petr* selbst schmelzte seine resp. gute Rubl
älterer Zeiten ein, wie er nachher schlechtere zu machen geruhete (s. oben S. 53). b. Beide holten
die Nachbarn, Polen und Tataren, für nachgemachte 5 Kop. Stücke in Menge weg. c. Durch den
Nystädter Frieden zalte *Petr* bar an Schweden
2 Mill. Thlr.: die Bestechungen der schwedischen
Minister auf diesem Congreß gingen auch ins Große.
Alles dies zusammen genommen, wo sollte *Petr*,
oder Rußland überhaupt, klingende Münze übrig
behalten? d. Die etwa noch vorhandene schlechte
Rubl wurden unter folgenden Regirungen, da man
das MünzWesen wirklich verbesserte, in den Tigel
geworfen.

Aber noch tragen sich eine Menge Schriftsteller
mit einer 5ten Ursache, wie Rußland um sein Geld
gekommen sei. — PERRY p. 246 ließ sich den Gedanken entfallen: "pour ce qui est de l'argent qu'on
peut amasser, la *coûtume* du commun peuple est de
le *cacher en terre*, desorte qu'il est certain qu'il so
perd de très grandes sommes par la mort de ceux
qui les ont enterrées". — HAVEN p. 319 sagt:
"Alle alte Münzen bis zum J. 1710 (oben S. 51),
sind wegen ihres ungleichen und allzustarken Korns,
eingelöst und ungemünzt, so daß sie sich nur in Cabineten finden: und alle Münzen vom J. 1710 bis
1720 sind selten, so daß mer neues als altes Geld
in Rußland umläuft. Die Ursache hievon ist, teils,
daß eine so große Menge alter DMünzen für 5 Kop.-
Stücke nach Polen und in die Tatarei gegangen;
teils, daß sich die DMünze so weit in das große

Land hinein, bis nach Sibirien, der Tatarei, und andern Provinzen verteilt; teils endlich, daß die gemeinen Ruſſen die Münzen, aus Furcht ſie zu verlieren, vergraben". — Büsching überſeßt dieſe Stelle S. 380, und gibt ihr noch folgende Erweiterung: "Man hält ganz wahrſcheinlich dafür, daß im ruſſiſchen Reich mer Geld unter der Erde vergraben, als über derſelben im Umlauf ſei. Die leibeigenen Bauern ſind gar zu furchtſam vor Gewalt, welche ihnen ihr Geld entwenden möchte. Sie vergraben es alſo, vergeſſen oft die Stelle, wo es liegt, oder ſterben, ohne dieſelbe entdeckt zu haben". — Der Verf. des Essai sur le *Comm. de Ruſſ.* ſagt p. 247: "Dans tous les temps les eſpèces ont été rares en Ruſſie, & on peut en donner pluſieurs raiſons. Les naturels du pays ſont dans l'habitude d'*enterrer ſecrétement* l'argent qu'ils amaſſent, pour le ſouſtraire à l'avidité de leurs maitres". — Und ſchon im J. 1764 war ein Projectenmacher in Petersburg (der ſeel. Paſtor *Eiſen*), der unter 100 andern Projecten, durch die er das ruſſiſche Kaiſertum glücklich machen wollte, auch unabläſſig darauf ſann, "die Millionen, die in ruſſiſcher Erde auf obbeſchriebene Art vergraben lägen, zu Tage zu bringen".

Ein OriginalBeiſpiel, wie ein ärmlicher, hingeworfner Einfall, durch ſtetes Fortwälzen aus einem Buch ins andre, die anſcheinliche Schwere eines *Facti* erhalten kan! — 1. Vor *Petr* I war das *Numeraire* ſo ſelten in Rußland, daß ſich an beträchtliche Summen beim gemeinen Mann gar nicht denken läßt. 2. Nach ihm, und unter ſeinen Nachfolgern, wie viele Leibeigene mögen wol unter 100000

gewe:

gewesen seyn, die sich eine beträchtliche Summe erwarben? 3. Wie viele mögen, unter diesen
Wenigen, in dem Falle gewesen seyn, es der Un-
sicherheit wegen vergraben zu müssen? Das Eigen-
tumsRecht ist, seit *Petrn* I, in Rußland, wie in allen menschlichen Staten, heilig: also war seitdem
wenigstens, keine Ursache mer zum Vergraben vorhanden. Einzelne RäuberWojewoden gab es freilich seitdem noch; aber dergleichen gibts auch in
Deutschland noch, und doch hört man nicht, daß der
leibeigne deutsche Bauer viel Geld vergrabe. 4.
Wie viele woren unter diesen Vergrabern, die darüber **wegstarben**, ohne ihren Angehörigen davon
Eröffnung zu tun?

§. 36.

Das öffentliche MünzCabinet in Göttingen
enthält, durch die Schenkung des um unsre Univer-
sität unsterblich verdienten Freiherrn *von Asch*, auch
einen Schaß von alten und neuen, ächten und nachgemachten †, russischen Münzen. Von Seltenheiten aus der Periode *Petrs* I, will ich hier zu meiner
Absicht nur folgender erwänen.

In ☉.

Das berümte ☉Stück *, wo auf A. *Iwan*,
und *Petr*, und *Sophia*, mit sehr unförmlicher fla-
                                                  vonis

---

† Aber auch in eben den Metallen, woraus die ächten sind, und wie mich dünkt, auch mit sorgfältiger
  Beibehaltung ihres Schrots und Korns, nachgemacht. Ich weiß nicht, wann man in Rußland
  zuerst auf diesen Einfall geraten ist. Diese nachgemachten werde ich durch den Beisaß eines Stern-
  chens ° von den ächten alten unterscheiden.

vonischer Schrift als rußische Souverains stehen, und
auf R. der doppelte ruß. Adler. — Dann 3 ganze und
1 halber sogenannte SophienDukaten (worunter
2 ganze ächt), mit sehr unförmlichen BrustBildern,
auf A. der beiden jungen Zare, und R. der Prinzeß-
sin *Sophia*, die allein einen Zepter hat.

Neuere Dukaten, von 1711, 1712, 1713:
auch der durch 2 Umstände seltene Dukat von 1716,
weil er lateinische Aufschrift hat, und *Petr* I darauf
schon RUSS. IMP. heißt (s. oben S. 47). — Ein
DoppelDukat von 1714 ist vermutlich *.

GoldGulden, AndreasDukaten (weil auf R.
statt des Adlers, der h. Andreas steht), oder
2RublStücke (dieser Werth steht auf den Münzen),
von 1718, 1720, 1723 (s. oben S. 47).

In D.

Der allererste ganze Rubl von 1704 (oben
S. 48), an Gewicht völlig einem AlbertsThaler gleich
(der vom folgenden J. 1705, der sich nur in meiner
Sammlung findet, ist schon merklich kleiner und leich-
ter). — Ferner ein *Moskovskij Rubl* von 1712.
Und 3 Stück von 1723, mit dem rußischen Π im
Quadrat, doch noch keine Sonne in der Mitte (s.
oben S. 52).

HalbRubl, *Poltina*, von 1702*, 1704 ächt
und *, 1706, 1718, 1720, 1725 (oben S. 48
folgg.).

QuartRubl, *Polupoltinnik*, von 1701: sehr
dünne, von ganz anderem und feinerem Gepräge,
als alle folgende rußische DMünzen, auch wie es
scheint im Korn feiner; vielleicht das erste rußische
DStück nach neuerer Art, vielleicht außerlands geprägt,

prägt, wiewol mit ruſſiſchen Umſchriften. Noch
zur Zeit habe ich nirgends Anzeige von dieſem
Stücke gefunden. — Ferner von 1702 ächt und *,
1704*, 1707 (ſehr kupferig), 1708, 1713 feiner
wie die vorigen (oben S. 48, 50).

10Kop.Stücke, ein ſehr altes *, ohne Beſtimmung des Kors und Werths, A. Titel des Zaren, R. der Ritter zu Pferde, und unten: Roſja
(Rußland). — Spätere, mit der Aufſchrift Griwennik, 1700 ächt und *, 1704 ächt und *, 1720. —
Noch andre mit der Aufſchrift Griwnā B. [Buki] K.,
von 1704, 1705, 1709.

5Kop.Stücke, mit der Aufſchrift deſet deneg
[10 Halb.Kop.], von 1701, 1702, 1704: das
letzte kleiner wie die vorigen, und vermutlich alle
3 *. — Andre von 1713 *, und 1714 ächt und *,
mit der Aufſchrift: pāt kopejek; das ächte größer
wie die älteren, aber ſehr kupferig.

3Kop.Stücke, Altynnik, von 1704 ächt und
*, 1712, 1713 *; von 1718 3 Stücke, die alle
gegen das von 1712 ſehr kupferig ausſehen.

Eine Menge 2Kopejken: alte, mit Peters
Namen, aber ohne JarZal, eben ſo ungeſtalt, aber
eben ſo fein von Korn, wie die ſeiner Vorweſer;
und neue, teils eben ſo unförmlich oval und ohne
JarZal wie die vorigen, aber elend kupferig, von
der Niederlage bei Narva her (oben S. 37); teils
ſchönrunde, von 1713 *, 1718, an Größe, wie die
kleinſten Pfennige im Reiche, und eben ſo kupferig
mit etwas Weiß überſchmiert.

In Q.

In Q.

Halb Kopejken, *Denga*, von 1700, 1703, 1704, 1707, 1716.

Viertel Kopejken, *Poluschka*, von 1702, 1703, 1707, 1720, 1721, 1722. 2c.; alle gar eleub ge= prägt, also leicht nachzumachen.

Kopejken von 1705, 1706, 1707, 1710, 1712, 1713, 1717, 1724.

5 Kop. Stücke, von 1723, 1724, 1725 (oben S. 55).

Zwei Bart Münzen. — Die eine rund, von der Größe eines Ggl Stücks: A. oben der Reichs Adler, ganz klein, mit der Jarzal 1705; R. *dengi vzãty* [Geld bezalt], unten eine Nase, Schnurr Bart, Maul und Bart. Ist nachher noch mit dem Reichs= Adler gestempelt. — Die zweite, groß und schwer wie ein 2c@, aber viereckig, ächt und *, hat blos auf der einen Seite die Aufschrift: *Sborody poschlina vzãta 1725* [Bart Zoll bezalt]. Vergl. mit oben S. 62.

§. 37.

"Valvation der seit A. 1704 bis mit 1718, in Rußland geprägten Griven, Altynen, und runden Kopejken°.

. . . . "Confusion entsteht, wenn einerlei Münze von gleichem äußerlichen oder innerlichen Werth und
Ge=

---

* Aus einem handschriftlichen Bericht an die Kaiserin *Anna* vom 10 Oct. 1740, von dem Baron Christian Wilhelm von *Münnich*, dem die Direction des St. Petersburger Münz Departements, den 20 Jul. vorher aufgetragen worden, S. 91 - 93. Diesen Bericht, nebst vielen andern Münz Acten aus der ersten Quelle, habe ich jetzo erst (im Oct. 1789) zu erhalten, das unerwartete Glück gehabt.

Gestalt, von unterschiedener Probe und Gewicht, ausgemünzt wird, wie hier mit den Griven geschehen; als welches Gelegenheit geben kan, die guten auszukippen, und die schlechten nachzumünzen; dergleichen also bei wol regulirten MünzHöfen nicht geschehen soll. Bei ungleichen MünzSorten aber kömmt es nicht darauf an, ob das Korn bei allen einerlei sei; sondern hierauf ist nur zu sehen, daß man nicht an Schrot und Korn, oder Gewicht und Probe zugleich, zu hoch ausmünze, wodurch zum Nachmünzen und Einfürung fremder und falscher Münze Anlaß gegeben wird; oder auch nicht zu geringe, da die hohe LandesObrigkeit bei ihrem MünzRegal Schaden leidet, und das Geld verschmolzen wird, und aus dem Lande gehet. Also kömmt es nur darauf an, daß man bei jeder MünzSorte die rechte Proportion treffe, und der innerliche Werth des Geldes mit dem äußerlichen dergestalt übereinkomme, daß weder zum Verschmelzen noch Nachmünzen desselben Anlaß gegeben werde.

"Wie ungleich man darunter vor diesem bei den hiesigen MünzHöfen zu Werke gegangen, zeigt beigehende Tabelle, daraus man, wenn man nicht die beständigen KriegsLäufte dabei betrachtet, nicht ohne Verwunderung ersehen kan, daß im J. 1704 man Griven mit mer als 11 Kop., und im J. 1718 silberne Kopejken mit ungefär 8 Kop. per *Solotnik* Schaden, ausgemünzt, und bei der ScheideMünze gar keinen gewissen MünzFuß gemacht oder gehalten, sondern von Jar zu Jar variirt habe: also daß die hiesige vorige Ausmünzung zu keiner Norma oder Regel angenommen werden können. Indessen siehet
man

man doch, daß man in den Jaren 1711, 1712, 1713,
auf 12lötig oder 72 Solotn. Probe gefallen: welches
der sogenannte Leipziger Fus ist, dabei die ℳ fein
zu 12 ℛℯℳ ausgemünzt wird, der im deutschen Reiche
zu ⅔, ½, und ⅙ Stücke eines Thalers, oder 16, 8,
und 4 gGℯ.Stücke, dienet.   Zu geringerer Scheide-
Münze aber als 2 gGℯ., ist der Fuß 6lötig, welchen
man hier zu den 5Kop.Stücken, Altynen, und Kopejken, in den Jaren 1714 und 1718 auch scheinet
erwälet, aber nicht mit Accuratesse ins Werk gesetzt
zu haben, und dabei Schaden gelitten hat, weil man
an Schrot nicht die rechte Proportion gehalten, und
A. 1714 nur plus minus 7, A. 1718 aber nicht einmal 5 Rubl, aus dem ℳ vermünzet hat: wie alles
dieses aus anliegender Tabelle [hier S. 81] erhellet.

§. 38.
Von Peters I und seiner nächsten Nachfolger ♀Münze *.

"In Ansehung der ♀Münze hat man bisher
eben so wenig einen gewissen MünzFus erwält und
gehalten, als mit dem ☽Gelde geschehen: ungeachtet jenes aus reinem Metall vermünzet worden, und
es dabei auf keine Probe oder Legatur, sondern auf
das Gewicht, welches man dem Gelde geben will,
und zu welchem Preise es gelten soll, ankömmt.

Wie man von A. 1700 bis 1731 darunter zu
Werke gegangen, erhellet aus der Tabelle N⁰ 6 †.
Nämlich im J. 1700 sind Poluschken und De-
nusch-

---

* Aus erstbemeldter MünzActenSammlung des
  Freiherrn von *Münnich*, S. 165 folg.

† Leider felet diese in der Sammlung.

Münzfus in kleiner Münze, unter *Petr I,*
zwischen 1704–1718.

a. Namen der Münzen   b. wiegen   c. halten fein
d. gehen auf das Pfd brutto   e. ist das Solotn. fein ausgemünzt
f. sind höher —   g. sind geringer ausgemünzt als die Rubel.

a. Griven	b. Solotn.	c. Solotn.	d. Rbl. Kop.	e. Kop.	f. Kop.	g. Kop.
Vom J. 1704	$1\frac{28}{90}$	$82\frac{2}{3}$	7 43$\frac{28}{111}$	$86\frac{61}{622}$	—	$11\frac{4805}{4774}$
1705	$\frac{62}{90}$	$83\frac{1}{3}$	14 86$\frac{14}{31}$	$17\frac{25}{31}$	—	$2\frac{166}{217}$
1709	$\frac{61}{800}$	$68\frac{1}{3}$	15 10$\frac{50}{601}$	$22\frac{6}{31}$	$1\frac{225}{427}$	—
1713	$\frac{62}{90}$	$71\frac{2}{3}$	14 86$\frac{14}{31}$	$20\frac{23}{31}$	$\frac{37}{217}$	—
1718	$\frac{61}{90}$	$69\frac{1}{2}$	15 10$\frac{50}{601}$	$21\frac{45}{61}$	$1\frac{71}{427}$	—
5 Kop. Stücke von 1704	$\frac{32}{90}$	$8\frac{5}{6}$	14 40	$17\frac{191}{497}$	—	$3\frac{651}{3470}$
1714	$\frac{64}{90}$	$16\frac{2}{3}$	7 20	$19\frac{7}{11}$	—	$\frac{74}{77}$
3 Kop. Stücke von 1704	$\frac{19}{90}$	$82\frac{1}{3}$	14 55$\frac{3}{13}$	$17\frac{13}{13}$	—	$2\frac{118}{212}$
1711	$\frac{18}{90}$	$72\frac{2}{3}$	15 36	$21\frac{45}{156}$	$\frac{642}{781}$	—
1712	$\frac{20}{90}$	71	13 82$\frac{2}{2}$	$19\frac{167}{355}$	—	$1\frac{251}{2485}$
1718	$\frac{36}{90}$	$38\frac{1}{3}$	7 63	$20\frac{28}{229}$	—	$\frac{720}{1001}$
1 Kop. Stücke von 1714	$\frac{13}{90}$	$37\frac{1}{3}$	7 8$\frac{11}{13}$	$18\frac{12}{13}$	—	$1\frac{59}{91}$
1715	$\frac{19}{90}$	38	4 85$\frac{1}{19}$	$12\frac{552}{722}$	—	$7\frac{4978}{5054}$

nuschken zu 12 Rbl. 80 Kop. aus dem Pud ausgemünzet; in den Jaren 1702, 1703, und 1704
aber, zu 15 Rbl. 44 Kop. per Pud. Von den
Jaren 1704 bis 1718, sind an Nuen Kopejken
über 2,200000 Rbl. à 20 Rbl. aus dem Pud gemünzet; von 1718 bis 1722 aber circa 500000
Poluschken zu 40 Rbl. aus dem Pud. Sodann in
1728 und 1729 beinahe 500000 Kopejken zu 40
Rbl. per Pud: und überdem von 1724 bis in August 1731, an noch [im Oct. 1740] gäng und gebe
seienden 5 Kop. Stücken, beinahe 3,500000; deren

F   aber

aber der Aſſeſſor *Makejev,* welcher ſie vermünzet, in ſeinem wegen deren Einwechslung gemachten Project, 3,984885, alſo beinahe 4 Millionen, zälet.

§. 39.

"In Wien geſchehene *Valvation* über Moskovitiſche Rubl. *

Num. I. Rubeln von *Petr* I, 12 Stück, unter diverſen Jaren: als 4 Stück mit der JarZal 1723, 3 Stück von 1724, 2 Stück von 1725, und 3 Stück one JarZal.

Wiegen   1 Mk. 3 Lt. 1 Qu. 2 Pfn.

gehen auf die rohe Wiener Mark, $9\frac{541}{1111}$ Stück

halten per Mk. fein   11 Lt. 2 Qu. 3 Pfn.

kommen auf die feine Wiener Mk. $13\frac{16411}{21755}$ Stück

Nach dem dermaligen kaiſerl. ThalerFus, allwo die feine Wiener Mk. à 22 Fl. 17½ Kr. ausgemünzt wird, iſt ein ſolches Stück werth   1 Fl. 38 Kr. $2\frac{3691}{14356}$ Pfn.

Num. II. Rubeln von der Zarin *Katharina,* 7 Stück unter diverſen JarZalen: als 3 Stück von 1725, 3 Stück von 1726, und 1 Stück von 1727.

Wiegen   11 Lt. 2 Qu. 3 Pfn.

gehen auf die rohe Wiener Mk. $9\frac{77}{311}$ Stück

halten per Mk. fein   11 Lt. 2 Qu. 3 Pfn.

kommen alſo auf die feine Wiener Mk. $13\frac{8155}{17017}$ St.

Nach vorbeſagtem kaiſerl. ThalerFus iſt ein dergleich. Stück werth   1 Fl. 39 Kr. $\frac{20007}{23811}$ Pfn.

Num. III. Rubeln von *Petr* II, 9 Stück unter diverſen JarZalen: als 4 Stück mit der JarZal 1727, 2 St. vom J. 1728, 3 St. von 1729.

Wiegen   14 Lt. 1 Qu. 3¼ Pfn.   deren gehen auf die rohe Wiener Mk. $9\frac{822}{1115}$ Stück; hal-

---

* Ebendaher, S. 215 folgg.

halten per Mk. fein   11 Lt. 2 Qu. 3 Pfn.;
kommen auf die feine Wiener Mk.   13$\frac{119621}{172975}$ Stück
Nach bemeldter kaiserl. ThalerAusmünzung ist ein
dergl. Stück werth   1 Fl. 38 Kr. 2$\frac{3051}{216972}$ Pfn.

Num. IV. Rubeln von der dermaligen regirenden
Zarin [*Anna*] Iwanowna, 15 St. unter diversen
JarZalen: als 2 St. von 1730, 4 St. von 1731,
6 St. von 1732, und 3 St. von 1733.
Wiegen   1 Mk. 6 Lt. 3$\frac{5}{8}$ Pf.
gehen auf die rohe Wiener Mk.   10$\frac{454}{533}$ Stück
halten per Mk. fein   12 Lt. 3 Qu. — Pf.
kommen auf die feine Wiener Mk.   13$\frac{5331}{58232}$ Stück.
Nach dem kaiserl. privilegirten ThalerFus ist Ein dergl.
Stück werth   1 Fl. 38 Kr. 2$\frac{10131}{17773}$ Pf.

Num. V. Halbe Rubel, 16 Stück von *Petr* I,
Katharina I, und *Petr* II: als 9 St. one JarZal,
1 St. vom J. 1710, 3 St. von 1723, und 3 St.
von 1726.
Wiegen   12 Lt. 3 Qu. $\frac{5}{8}$ Pf.
gehen auf die rohe Wiener Mk.   20$\frac{162}{453}$ Stück
halten per Mk. fein   11 Lt. 3 Qu. 1 Pf.
kommen auf die feine Wiener Mk.   27$\frac{55409}{38437}$ St.
Nach dem kaiserl. ThalerFus ist ein dergl. Stück werth
— Fl. 49 Kr. $\frac{721861}{517584}$ Pf."

So weit die Wiener *Valvation.* Nun nach uns
serer BerechnungsArt, die Wiener Mk. zu 5837
As holländ. angenommen, hielten diese ganze und
HalbRubel, an

Schr. Schrot,   *K.* Korn,   *A.F.* Asfein,
Stüv. waren werth so viel Stüver holländ., den Stüver
zu 10,118 As holländ. gerechnet,

	Schr.	K.	A.F.	Stüv.
Num. I.	589,0201	11,117	430,2608	42,4405
Num. II.	592,931	11,117	423,7065	41,793
Num. III.	585,853	11,117	433,036	42,714
Num. IV.	540,568	12,135	430,7502	42,468
Num. V.	290,838	12,125	214,757	21,183

§. 40.

Anfang des BergBaus in Rußland, hauptsächlich unter *Petr* I, und Errichtung des BergCollegii.

Aus P. v. Havens Nye og forbedrede *Efterrätninger* om det *Rußiske Rige* (B. I, Kopenhagen, 1747, 8) S. 270–283.

Die russische Geschichte sagt nichts von Bergwerken vor *Iwan* Wasiljewitsch I. Dieser erst, meldet sie, sandte A. M. 6999 (A. C. 1491) den 27 März, 2 Deutsche, Namens *Johann* und *Victor*, an den PetschoraFluß, um Erz aufzusuchen; und gab ihnen 2 Russen, *Andrej* Petrov, und Vasilij Iwanov *Boltin*, mit. Diese fanden in eben dem Jar, den 8 Aug., D- und gErz auf den Gütern des GroßFürsten am *Zilme*Flusse, eine halbe TagsReise vom Flusse *Kosma*, und 7 TagsReisen von dem großen PetschoraStrom. Der Ort, wo sich das Erz zeigte, hatte 10 Werste im Umkreis, und lag 3500 Werste von Moskau. Von der Fortsetzung dieser Werke meldet die Geschichte in der Folge nichts: ich schließe daraus, die Russen müssen damals entweder nicht im Stande gewesen seyn, solche zu bauen und zu benutzen; oder sie müssen sogleich wieder, aus ein oder andrer Ursache, gezwungen worden seyn, solche zu verlassen.

EisenErz hat die Nation immer, so lange sie existirt, in Menge gehabt. Die Bauern sammleten es ehedem selbst, schmelzten es, und machten Eisen daraus. Und wo es an Eisen felte, brauchten sie hartes Holz, welches sie für sich und ihre Nachkommen, um es noch härter zu machen, in Sümpfe legten.

Bei-

Beides geschieht noch jetzo in Sibirien, und vielen Gegenden des russischen Reichs.

Vor etwa 100 Jaren, unter dem Zar *Alexej* Michájlowitsch, ward das erste ordentliche Berg= werk in Rußland, 90 Werste von Moskau, errich= tet, alwo es noch bis auf den heutigen Tag im Gan= ge ist. Damals nämlich kamen 2 Ausländer des Handels wegen nach Moskau, der eine ein Däne, Namens *Marsellius*, und der andre ein Holländer, Namens *Akema*. Und da diese on dem Orte, wo nun die Werke liegen, Erz fanden, suchten sie bei dem Zaren um die Freiheit an, solche zu bauen, die sie auch sogleich erhielten. Nun bauten sie, und nutz= ten sie bis an ihren Tod. Als *Marsellius* gestorben war, kam sein Son aus Dänemark, und erbte, starb aber bald nach seiner Ankunft. Nun fiel die Hälfte der Werke, die ihm zugehörte, an den Za= ren zurück, der solche an einen *Narischkin* schenkte, dessen Familie sie noch besitzt. *Akema* hinterließ ei= nen Son, der eine *de Kroo*, Tochter eines Schott= länders, heiratete, aber auch wie *Marsellius* one Er= ben starb. Doch behielt dessen Wittwe, mit einem Zarischen Privilegio, die Werke erblich, verheira= tete sich nachher mit einem Ausländer, Namens *Möller*, und erzeugte mit ihm 2 Söne, die noch jetzo [1747] beide in Moskau in einem hohen Alter le= ben. Das Erz müssen sie 5 Werste weit zu den Werken faren lassen, welches järlich gegen 25000 Pud StangenEisen, und 30000 Pud GußEisen einbringt, das meist für einen accordirten Preis an die Artillerie geliefert wird. Vermutlich tragen die *Narischkinsche* Werke eben so viel ein. Bei den

Wer=

Werken iſt ein Evangeliſcher Prediger; und das
Volk beſteht aus alten deutſchen BergLeuten und
Schmidten, die vor 100 Jaren hier ins Land ge=
kommen ſind, und ſich vermeret haben.

In dieſen Werken, die die meiſten und einzigen
von Berg= und HüttenArbeit in Rußland, vor Kai=
ſer _Petrs_ I Regirung waren, ſah ſich dieſer Monarch
um, und arbeitete ſelbſt mit, ehe er ſeine erſte Reiſe
außerlands mit der Ambaſſade tat. Wie er ſich im
J. 1698, eine Zeit lang, bei dem König von Polen
in Sachſen aufhielt, beſah er auch mit allem Fleis
die Bergwerke in _Freiberg_, _Annaberg_, und an=
dern Städten. Hier lies er ſich umſtändlich ihre
Structur und deren Nußen weiſen, betrachtete alle
Maſchinen genau, und bat den König, ihm geſcheute
Leute zu überlaſſen, die in ſein Land reiſen, und neue
Bergwerke aufſuchen und anlegen ſollten.

Der König willigte in des Zaren Begeren, und
befal dem OberBergAmt in _Freiberg_, eine gewiſſe
Anzal von BergBedienten auszuſuchen, die freiwillig
Luſt hätten, nach Rußland zu gehen. So gingen
der BergMeiſter _Euderlein_, und der ErzProbirer
Bläher, ſamt 12 andern zum Berg= und Hütten=
Weſen nötigen Leuten, im J. 1699, mit dem polni=
ſchen Miniſter, GeneralMajor _Karlevitſch_, nach
Rußland, nachdem ſie vorher ihre Contracte auf ge=
wiſſe Jare geſchloſſen hatten. Die 1ſte Commiſſion
bekam der BergMeiſter _Euderlein_ im J. 1700, daß
er nach Raſan reiſen, und da Erze aufſuchen ſollte:
hier fand er auch reiches ÆErz im Sande liegen,
wovon der Centner 60 ℔ hielt. Man baute daher
hier für Rechnung des Zars. Weil aber die Erze
unbe=

unbeſtåndig waren, ſo wurde der Bau nicht fortge=
fårt. In der Folge fingen einige Particuliers hier
zu ſchmelzen an, aber one Fortdauer und ſonderli=
chen Nußen. Zu gleicher Zeit ward *Blåher* mit den
6 andern BergMånnern nach *Kaluga* geſchickt, all=
wo derſelbe reichen SchwefelKics und AlaunErde
fand: aber auch dieſer Bau wurde nicht fortgeſetzt,
weil der Kaiſer ꝛꝛ nichts als MetallBergwerke
ſuchte.

Bei dieſen 2 Expeditionen bemerkte der Kaiſer,
daß er nicht BergLeute genug habe: er ſandte daher
1701 *Blåhern* nach Sachſen hinaus, mit dem Auf=
trag, mer Bergverſtåndige Leute anzuwerben, und
mit ſolchen zu contrahiren. *Blåher* erhielt ſogleich
die Erlaubnis dazu, und kam noch in eben dem Jar,
mit verſchiedenen BergLeuten zuruck. Gleich nachher
verfügte er ſich nach den *Olonetzer* Bergen im Nor=
den vom LabogaSee, und fand ſogleich Erz, das
in ſchmalen Trümmern Flößweis brach, und legte da
eine SchmelzHütte an. Wiewol nun die Erze nicht be=
ſtåndig waren, bald ſich abſchnitten, und nicht in die
Tiefe ſetzten: ſo fand er doch, daß ſie reich waren,
und 30, 40, 50, bis 60 ℔ ♀ vom Centner gaben.
An verſchiedenen Orten dieſer Provinz hat man ge=
diegenes ♀ in großen Stücken, wie WeinTrauben
geformt, gefunden, die ☉ enthalten, doch nicht ſo
viel, daß es einer Scheidung verlonte. Weil aber
das Erz reich an ♀ iſt; ſo hat man noch Hoffnung,
und låßt die Werke nicht liegen, wenn ſie gleich un=
beſtåndig ſind.

Nachdem *Blåher* in **Olonetz** gute Anſtalten ge=
troffen hatte, ward er im J. 1703 nach den **Permi=**

F 4 **ſchen**

ſchen Bergen bei Solikamſk, auf den Gränzen von
Sibirien, expedirt. Hier fand er eine alte Grube,
von der ihm die Einwoner ſagten, ſie ſei vor mer
als 100 Jaren von Ausländern aufgeführt. Sie
hatte viele eingefallne Pingen, beſtand in Schiefer-
Erz, und liegt am KamaFluſſe. Da er aber keine
Ordre hatte, einen ordentlichen BergBau vorzunemen: ſo ſchickte er blos einen Bericht davon ein, und
begab ſich ſodann, längs dem KamaFluſſe, in die
Kungariſchen Gegenden. Hier fand er auch eine alte
Grube, die auf SandErz gebaut wurde; er verlies ſie
aber gleich wieder, weil er zweifelte, ob ſie beſtändig
wären, und reiſte ſodann nach Moſkau zurück. Von
hier ward er aufs neue in das Aſſopſche, Aſtrachanſche, und Tſcherkaſſiſche Gebiet ausgeſandt:
hier unterſuchte er, vom J. 1705-1719, alle Wüſten
aufs genauſte, fand aber nichts beſonderes, außer
in Tſcherkaſſien auf den Kaukaſiſchen Gebirgen,
wo doch der KriegsUnruhen wegen nichts unternommen werden konnte.

Mittlerweile ſchickte der Kaiſer 1714 einen Obriſt-
Lieut., nun Gen. Lieut. von der Artillerie, Namens
Hennin, von Petersburg nach Olonez, als Com-
mandeur über dieſe Provinz, und Directeur der
dortigen Werke, um zuzuſehen, ob er es nicht ſo
weit bringen könnte, daß die dort gegoſſenen Kanonen die Probe ſo gut wie die ſchwediſchen hielten.
Es glückte ihm, und er brachte es durch Vergatti-
rung der Erze ſo weit, daß in der ſtärkſten Probe
nur 3 von 1000 ſprangen. Er baute auch die alten
verfallenen EiſenWerke auf, und ſetzte ſich in den
Stand, die neue Flotte mit Kanonen, Gewehr,
und

und andrer nötigen EisenAmmunition, zu ver=
sehen.

A. 1718 entdeckte *Hennin* bei den Werken in
Olonetz ein StalWasser, welches der Kaiser
selbst im J. 1719 brauchte. Dies gab ihm An=
laß, mit *Hennin* vom Berg = und HüttenWesen,
auch allerhand curiösen Maschinen, zu sprechen: und
die Folge war, daß *Hennin* noch in eben dem Jar
nach Deutschland, Holland, England, und Frank=
reich mußte, um sich noch mer nach den zum Berg=
und HüttenWesen gehörigen Werken und Maschinen
zu erkundigen, und Meister und Bergverständige
Leute mit sich zurück ins Land zu bringen. Auf dem
Rückweg warb er, mit Erlaubnis der Könige von
Polen und Preußen, allerhand Meister an, Klin=
genSchmidte, StalDratzieher, Stal= Reck= und
BlechSchmidte, BalgMeister, Steiger, Markschei=
der; auch einen BergRat *Michaelis*, der in das vom
Kaiser in selbigem Jar errichtete BergCollegium kam.
Sobald er die mitgebrachten Meister dem Kaiser vor=
gestellt hatte, ging er mit denselben nach Olonetz,
und legte hier StalDratZiehereien, Stal= Blech=
und ReckHämmer, StalOefen, auch Maschinen an,
Eisen zu Nägeln und Drat zu machen, in Plat=
ten zu gießen, und große Anker zu schmieden: alle
wurden vom Wasser getrieben.

Wie der Kaiser, aus den eingesandten Berichten,
Nachricht erhalten hatte, daß es überall in seinem
ganzen Reiche Erze gäbe: so errichtete er bemeldtes
BergCollegium, das aus einem Präsidenten und
einigen Räten, Assessoren, und Secretairen, bestand.
Dieses Collegium sandte *Blähern* nach dem Lande *Uk=*

F 5 *tut*

tus bei **Solikamsk** am **Kama**Fluße aus: hier gewältigte derselbe mit seinen Bergleuten die alte Grube wieder, die in SchieferErz bestand, konnte aber nicht damit zu Stande kommen, weil die Sachsen das FlözWesen nicht verstehen. Ihm ward hernach *Michaelis* zu Hilfe geschickt, der dieses Wesen verstand, aber doch das Werk nicht zu Stande bringen konnte, weil weder er noch *Bläher* Dämme anzulegen verstand, so wie solche in Rußland gebräuchlich sind. Als dies der Kaiser erfur, und zugleich aus ihren Berichten ersah, daß nicht allein da, sondern auch weiter nach Sibirien hinein, sich Spuren von Erz zeigten, auch Holz genug zum HüttenBau vorhanden sey: so reiste er im J. 1722 wieder nach **Olonetz**, um allda das martialische Wasser zu gebrauchen, machte bei dieser Gelegenheit den Obristen von *Hennin* zum GeneralMajor von der Artillerie, und schickte ihn mit Vollmacht als Directeur nach Sibirien, um die dort angefangne Werke zu vollenden. *Hennin* schickte im 3ten Jar *Michaelis* zurück, weil solcher kränklich war, und im BergCollegio mer Dienste tun konnte.

Sodann legte er die Festung **Jekaterinburg**, an den Baschkirischen Gränzen und den Uralischen Bergen, gegen die Tataren an, die alle Jare Einfälle taten. In **Katharinenburg** errichtete er Hohe Oefen, EisenBlech= und StalHämmer, StalDratZiehereien, Maschinen das Eisen zu schmieden und zu Platten zu gießen, u. d. gl. mer. In *Poleva*, 50 Werste von **Katharinenburg**, legte er eine große Schanze, und darinn eine ZHütte mit 9 KrummOefen, und 4 Werste von **Katharinenburg** eine EisenHütte.
mit

mit Hämmern, an. Bei *Alapaisa*, 140 Werste von
Katharinenburg im Werchoturischen, baute er
eine HammerHütte am KamaFlusse, eine LHütte
und eine VitriolSiederei im Werchoturischen, 2 neue
LHütten mit 8 Oefen im Permischen am Kama-
Flusse beim Kloster *Pisikor*, und eine LHütte mit 4
Oefen, 200 Werste weiter herab am KamaFlusse
im Kungurischen. Er ging noch weiter, und erich-
tete auch die *Utkus*- *Kamer*- und *Alapaische* Werke.
Mit aller dieser Arbeit avancirte er in 6 Jaren so
weit, daß die Unkosten durch das gewonnene Metall
mer als bezalt waren.   A. 1726 und 1727 schaffte
er jedes Jar, 9 bis 10000 Pud L, 140 bis 150000
Pud StabEisen, außer einer großen Menge Blech,
StalDrat, Stal- und andre Eisen- und Kupfer-
Materialien; welches alles, vermittelst der Communi-
cation zu Wasser, von Sibirien nach Moskau geliefert ward, und annoch jährlich, beinahe in gleicher
Menge, dahin kömmt.

Hennin errichtete auch in Katharinenburg ein
OberBergAmt, und im Permischen ein Berg-
Amt, um die Werke mit mer Ordnung dirigiren zu
können. Er reiste hierauf nach Moskau, und stat-
tete dem Kf. *Petr* II und dessen Ministern völligen
Bericht von allem ab. Nun wurde er GeneralLieu-
tenant von der Artillerie, bekam außer seinem Artil-
lerieCommando die GeneralDirection über die Sibirischen L- und EisenWerke, und Befel, noch auf
2 Jar sich nach Sibirien zu verfügen, um den Russen noch bessere Begriffe vom Berg- und Hütten-
Wesen beizubringen, damit sie nachher auch in seiner
Abwesenheit die Werke in gutem Stande erhalten
könn.

könnten. Vor dieser seiner Abreise nach Sibirien,
berichtete er den Ministern ein, daß wenn gleich in
Sibirien und andern Orten im Reich, Anzeichen genug
von Erz vorhanden, und die Sibirischen Werke nun
in gutem Stande wären, so könne man doch nicht
versichert seyn, daß die Erze beständig und stets so reich-
haltig bleiben würden, wie nun, weil sie alle nicht sonderlich in die Tiefe setzten, in schmalen Trümmern
Flötzweise † nur in einem Letten und nicht in Gängen
bestünden, und fast alle am Tag lägen. Er setzte hinzu, das Flötz habe sein Streichen, setze im Permischen
wieder ab, und habe viele taube Stellen: auch sei
der Centner von dem, das 1 ℔ ♀ gebe, zum Schmelzen leichtflüssig. *

* Die *Demidovsche* Periode wird erst unter den 3 folgenden Regirungen glänzend. — Der ungenannte
Minister bei WEBER Th. II, S. 177, hat also in
der oben S. 60, C, bereits angefürten Nachricht,
recht, daß ☉ = und ☽ Gruben den Zarischen Einkünften unter *Petr* I abgingen. — Von Olonetz s. WE-
BER Th. II, S. 11; und von 30 ausgesandten Bergs-
Leuten, die auf der NO Seite des kaspischen Meers
☉ suchen sollten, ebendas. S. 52.

Aber — Ebenderselbe Th. III, S. 169: "Im
October 1729 kam die angeneme Nachricht aus
Tobolsk, daß die dortigen Minen immer ergiebi-
ger würden, und 100 Pfd. Erz bis 40 Pfd. ♀ enthielten; imgleichen daß man aus den Bergwerken
zu Katharinenburg schon 15000 Pud ♀ und Eisen erbeutet hätte. Dergleichen Zeitungen erfreuten
den jungen Monarchen, so wol als alles, was die
Hoffnung der russischen Glückseligkeit vermeren konnte; weswegen er dann auch allen den dahin zielenden
con-

† [*i smaa fald redeviis*]

confiliis feiner Minifter, nicht allein mit fonderbarer *docilité* [er, das 14järige Kind!] Gehör gab; fonbern sie auch aufmunterte, das Beste und die Wolfart des Reichs allezeit je mer und mer befördern zu helfen".

Russisches MünzWesen

B. unter Katharina I, 1725 - 1727 und Petr II, 1727-1730, 29 Jan.

§. 41.

Eine uncultivirte Frau, die nie ihren Namen schreiben lernte, und ein sonst gutes, aber in unrechte Hände gefallenes Kind, figurirten in dieser 5järigen Periode als Vorsteher eines großen neugeschaffenen Reichs. Was konnte man von ihnen und ihren Vormündern für — wenn auch noch so nötige — MünzVerbesserungen erwarten?

Man münzte also fort, wie in *Petrs* I letzten Jaren: also Rubl, mit der Aufschrift, *moneta novaja* (oben S. 41, 53), d. i. die nur 431 As fein, statt der vormaligen 521, enthielten. — Auch die unseligen 5Kop.Stücke, 40 Rbl. aus dem Pud (oben S. 55), wurden unter beiden Regirungen, aber vorzüglich häufig unter *Petr* II, fortgemünzt, und stiegen bis zum J. 1731 auf 4 Mill. an (Beyl. S. 19, 43). Auch einzelne 2Kop., ein Quentchen schwer, erschienen 1728 (oben S. 81).

Die

Die *Menschikovschen* E ... ... J. 1726
(Beyl. S. 53) kenne ich nicht.

§. 42.

Das Göttingsche MünzCabinet besitzt

von Katharina I:

3 ganze Rbl: 2 vom J. 1726, aber von verschiedenem Gepräge, das auf beiden schlecht ist; und 1en von 1727, mit dem Portrait der Kaiserin rechts hin.

2 HalbRubl, von 1726 und 1727, dort das Gesicht links, hier rechts.

2 5Kop.Stücke von 1726, beide völlig so wie die von *Petr* I.

Eine viereckigte Platte ... 1726. acht und *, völlig nach der Form der schwedischen ½Dal. MMünz Platten, nur kleiner und leichter; denn diese wiegen 24½ Lt. Cöln., jene aber nur 10⅔ Lt. Sie ist nur auf der einen Seite geprägt: in den 4 Ecken steht der ReichsAdler, und in der Mitte, *Tzena Grivna* 1726 *Jekaterinburch*. Die Arbeiter an der neuen Festung Katharinenburg sollen damit bezahlt worden seyn.

1 1Kop.Stück, auch 4eckigt, 1 1/16 Lt. schwer; die Aufschrift nur auf der einen Seite: *Kopeika* über dem ReichsAdler, unten: *Jekaterinburch*, neben: 1726.

von Petr II:

1 **Dukaten**, von 1729.

2 **Rbl** 1728, einerlei Gepräge.

1 **HalbRbl** 1727, auch mit der Aufschrift, *moneta novaja.*

2 5Kop.Stücke von 9, völlig wie die obigen.

4 einzelne Kopejken 1728, nur ¼ Lt. schwer.

§. 43.

§. 43.

Aber hier fällt ein, der

Anfang der Kolywanschen Bergwerke,
aus *Haven* l. c. S. 284–299:

"Ein reicher russischer Kaufmann, Namens De-
midov, hatte ebenfalls schon lange Eisen- und Werke in Sibirien; aber zwischen den Jaren 1725 und
1730 entdeckte und errichtete derselbe noch merere.
Da nun diese letztern, die *Kolywansche* genannt, gerade da getrieben werden, wo die neuen SilberGänge,
von denen man, diese Jare her, in den öffentlichen
Zeitungen so viel geschrieben hat, gefunden worden:
so will ich eine sichere Nachricht davon geben.

Eine ser große Reihe streichender Berge, *Altaj*
oder Gold genannt, läuft von W nach O, scheidet
die Kalmückei und Mongolei von Sibirien, dreht
sich aber von N weit nach S herab, und macht hier
die Gränze zwischen Kalmücken und Mongolen. Gerade da, wo sich die Berge drehen, und ihr Streichen
verändern, liegen die *Kolywansche* Werke, nicht
weit vom JtyschFlusse: zur Verteidigung haben
sie ein Gebäude 135 Werste gen N, und 7 andre
Gebäude 200 Werste gen NO, welche letztern nur 7
Werste vom Flusse *Bjelaja* liegen. Der Sage nach
sind diese Werke auf folgende Art von *Demidov* entdeckt und angelegt worden.

Im J. 1725 kamen einige flüchtige Bauern, die
sich vorhin am ObFlusse aufgehalten hatten, dahin,
wo nun die Werke sind, und fanden da die Stellen
und Gänge, die von den Alten getrieben waren,
und die hier am Tage liegen. Sie brachten einige
Stücke davon zur Probe an *Demidov* auf seine *Nevi-*
rische

rische Werke; und dieser fand die Erze so gut, daß
er gleich zu Anfang des J. 1726, beim BergCollegio in Katharinenburg, um ein Privilegium, daselbst zu bauen, anhielt. Das BergCollegium lies
die Erze probiren, und fand, daß der Centner 21
bis 53 ℔ reines ♀ hielt; es gab ihm daher in eben
dem J. 1726, den 26 Febr., das verlangte Privilegium zum Bauen.

Nun schickte er einige Leute, Schmelzer, Schreiber, Soldaten, und andre, mit Einem von den
Bauern, die die Erze gefunden hatten, hin, um
die Sache genauer zu untersuchen. Wie sie dies voll-
bracht hatten, und eben wieder zurück wollten, kam
ihnen ein Bote von *Demidov* mit dem Befel entgegen,
sie sollten den Gang beim Flusse *Uba*, den man für
einen ☽Gang hielt, besehen und prüfen. Weil sie
aber dessen Gehalt nicht finden konnten, so ging der
Bote von *Demidov* zurück; die andern aber bauten
sich ein Haus, um hier bis auf weitere Ordres zu
überwintern: wegen des ausnemend strengen Winters
aber mußten sie sich doch nachher nach Haus verfügen.

Nun sandte *Demidov*, zu Anfang des J. 1727,
wieder Leute hin, mit 30 Arbeitern und 20 Mann
zu Pferde zu ihrem Schutz; auch lies er einen Berg-
und HüttenMeister von Katharinenburg kommen,
die alle einige der nötigsten Gebäude, 7 an der Zal,
30 Werste gen NW von den jetzigen Werken, auf-
fürten. Sie nannten die Berge die *Kolywan*sche, von
dem Flusse *Kolywanka* gleich über dem See, der,
weil er unaufhörlich in Bewegung ist, von uralten
Zeiten her den Namen *Kolywan* füret. Sie fingen
auch gleich zu schmelzen an, gingen sodann im Winter,

ter, zu Anfang des J. 1728, zurück, um Lebens
Mittel zu holen, kerten hierauf wieder zu ihrer Hütten Arbeit zurück, bemerkten aber, daß nicht viel
herauskomme, weil die zum Schmelzen nötigen Gänge
von Menschen in die Hütte gebracht werden mußten,
und der *Kolywanka* Fluß außerdem nicht Wasser genug
hatte, die Werke zu treiben. Dieserwegen suchten
sie eine andre Stelle auf, wo das Wasser aufgehalten werden konnte, und bauten da, wo nun die Werke sind, eine Burg und ein Haus. Uebrigens fielen
in diesem Jar 2 Dinge vor, welche die Leute in Furcht
setzten, und die Hütten Arbeit hinterten.

Erstlich fanden sich, beim Anfang des Früh-
Jars, einige *Usanische* Kalmücken ein, die sonst am
Flusse *Tzikarisk* wonen, und wollten den Hütten Bau
verhintern, weil das Land, wie sie sagten, ihnen
gehörte. Doch sie wurden mit guten Worten dahin
gebracht, daß sie umkerten, und von ihren Foderungen abstanden, bis sie nachher von einigen Kosaken-
Horden tiefer ins Land hinein getrieben wurden: doch
haben sie mit dieser Flucht ihrem Rechte nicht ent-
sagt. — In der Folge ward die Hütten Arbeit auch
dadurch gestört, daß die Kosaken einst in Einer
Nacht 350 Pferde stalen, die teils den Leuten gehörten, teils zur Arbeit gebraucht wurden. Wie später hin ein Räuber mit 107 Mann in die Werke ein-
fiel, und zum Gefangnen gemacht wurde: gestand
einer von denen, die beim ersteren Raub gewesen waren, daß ihrer zusammen nur 17 Mann gewesen,
die die 350 Pferde gestolen hatten. Diese beiden
Vorfälle machten, daß die meisten Leute umkerten;
und nur 5 blieben zur Wache zurück.

G

Aber

Aber im J. 1729 gingen sie wieder an die Werke, verfertigten Schanzen, und bauten 3 SchmelzOefen. Indeß schürften sie auch in andern Bergen, und fanden, daß die Alten auf allen Stellen nach Erz und Metall gegraben hatten. 8 Werste vom HüttenWerk gen SW, fanden sie einen Berg, der 2 Werste fortlief, und nannten ihn den AuferstehungsBerg, weil er am OsterTag gefunden war. 5 Werste davon gen W, fanden sie ein Werk, das sie, ebenfalls vom Tage der Erfindung, den OffenbarungsBerg nannten. 12 Werste von dar gen SW, fanden sie einen andern Berg mit Gruben, der von dem vorbeifließenden Bach den Namen *Loktovka* erhielt.

Den 20 Sept. dieses Jars, wurden die ersten Erze durch die neuerbauten Oefen gesetzt. Wie dies glücklich ablief, reiste der Berg= und HüttenMeister nach Katharinburg mit dem Bericht an das Collegium ab. Mittlerweile blieben *Demidovs* Leute bei der Gruben= und HüttenArbeit, bauten im J. 1730, außer den vorigen 3, noch 2 SchmelzOefen samt einem GarHeerd. Da auch Bretter zum Bauen nötig waren, so legten sie den Grund zu einer SägeMüle am UbaFlusse, 30 W. von den Werken an den Pichtovischen Bergen (so genannt von den vielen Fichten, die dort eine schwarzschattichte Einöde machen). Außer diesen fand man noch andre Gruben, als 91 W. von den Pichtovischen Bergen auf dem BärenBerg (*Medvěshaja gora*, von 3 dort erlegten Bären); dann 32 W. von dem Pichtovischen Berg, auf dem *Goltzovschen* Berg, allwo sich ein Schacht, 12 Lachter tief, fand, durch

den

den ein Gang mit LazurStein setzt; und endlich um 1e W. weiter auf einem Berg, der mit einer steinernen Mauer umgeben ist. — Spät im Herbst A. 1730 kam der Meister von Katharinburg zurück, und betrieb die Fortsetzung der Arbeit.

1731 sägte man bereits Bretter auf der Müle. Dagegen kam in demselben Jar, auf den Werken bei den Pichtovischen Gruben, Feuer aus, das alles, was von Holz war, verzerte.

1732 erholten sich die Werke wieder; und auch 83 W. darvon gen S, ward Erz auf einem Berge, Ploskaja genannt, geschürft. Aber in eben dem J. entstand wieder ein Brand; alle Gebäude wurden in die Asche gelegt, und mußten von neuem aufgebaut werden.

1733 kam ein erfarner Schmelzer von Katharinburg an, um die Erze und deren Art zu prüfen, und zu untersuchen, welche darunter dem Eigentümer den größten Vorteil bringen könnten. Dieser Mann richtete 2 Dinge aus: erstlich suchte er die besten Gruben aus, 10 an der Zal, 7 auf den Pichtovischen; und 3 auf den flachen Bergen; dann lerte er die Leute, mit der Arbeit anders zu verfaren, legte ein PochWerk an, verbesserte die nach Sibirischer Art niedrigen und breiten Öfen ꝛc.

Nun folgt S. 291 ein specielles Verzeichnis aller damals bei diesen Werken befindlichen Gebäude. S. 292-295, Verzeichnis aller 15 BergLeute bei den Hütten, samt was sie an Geld und Proviant järlich bekommen. — 1 Sergeant, 7 Soldaten, 100 Kosaken ꝛc., die zusammen in allem 1761 Rbl. kosten. — 176 TaglLöner, die täglich von 6 bis 15 Kop. erhalten. — Wie einzelne Arbeiten bezalt wer-

werden, z. E. 4 QSchmidte, die Gefäße ſchmieden, mit 2 Geſellen und 6 Knechten, 1 Rbl fürs Pud; 18 KolenFarer mit ihren Pferden, für die Laſt weit her 8 Kop., in der Nähe 6 Kop. ꝛc. — Alle Perſonen bei dieſen *Kolywaniſchen* Werken, beliefen ſich auf 419, und die ſämtlichen Unkoſten des Jars, auf 8000 Rbl.

S. 296 . . . "Hierbei iſt zu merken, daß die Waldung bei den Werken nicht länger als höchſtens noch auf 6 Jare zureicht; und daß die Erze von dem Auferſtehungs- u. OffenbarungsBerge nichts taugen".

S. 297. Im ganzen vorigen Jare kam von dieſen Werken 5841 Pud 36 Pfd. ♀. Das Pud ward für 7 Rbl verkauft. Alſo war der reine Ertrag des Bergwerks, nach Abzug obiger 8000 Rbl Koſten, 26930 Rbl.

Dies iſt eine Beſchreibung der reichen Bergwerke, von denen ſeit ein par Jaren, ſo wol in als außer Rußland, ſo viel geſprochen worden iſt. Denn wie *Demidov* merkte, daß die Erze nicht allein ♀, ſondern auch ☉ und ☽ hielten: ſo ward die Sache ſogleich genauer unterſucht, und es fand ſich, daß ſich dieſe ☉- ☽- und ♀Erze, 2 Werſte in die Breite, und 9 in die Länge, erſtreckten, Kreuzweis an den meiſten Stellen hoch oben am Tage lagen, und unbeſtändig waren. Die erſte große Probe wurde mit 22000 Pud Erz gemacht, und davon kam ein,

500 Pud Gar♀

44 Pud ☽

— 18 ℔ ☉.

Da nun die Erze ſo ausnemend reich ſind: ſo iſt man jetzo in Rußland darauf bedacht, ſie zum Vorteil des Reichs beſſer zu nützen. Vor einigen Jaren hatte man noch keine andre Nachricht davon, als dieſe, die von einem Profeſſor bei der Akademie der

Wiſ-

Wiſſenſchaften, der unter der Kſ. *Anna* mit einem andern Profeſſor überall herumreiſte, und ganz Sibirien beſchrieb [*Müller?*), herſtammen ſoll. Der zufolge wurde der Brigadier *Beyer* hin nach den Werken geſandt, der da die Proben machte, ſolche mit nach Petersburg zurückbrachte, und nun mit neuen Befelen wieder dahin abgeſchickt worden iſt.

Weil es bei den Werken an Hölzung felt, und ſolche noch überdas vor den Koſaken und Kalmücken nicht ſicher ſind: ſo heiſt es, es ſolle zu ihrer Verteidigung eine Feſtung angelegt, und einige Regimenter da unterhalten werden; dann ſollen die Erze, unter Bedeckung der Regimenter, zuerſt zu Lande an den IrtyſchFluß, und von dar zu Waſſer, den Fluß aufwärts, an die Stadt Tara, gebracht werden, wo Holz genug iſt, und wo ſie alſo, nach gehörig gemachten Anſtalten, verarbeitet werden können. Aber es gibt doch BergVerſtändige, die dafür halten, daß das ganze Werk entweder eingehen muß, oder wenigſtens ſobald noch nicht in Stand kommen kan: teils wegen der Unſicherheit vor den Nachbarn; teils der großen Koſten und Beſchwerden wegen, die das Werk erfodert; teils endlich, weil es an Bergleuten felt, die dieſes Erz zu tractiren wiſſen u. ſ. w. *

* So weit v. HAVEN. — Wie dieſe *Kolywanſche* Bergwerke 1745 an die Krone genommen, und auf eine Zeitlang ein Potoſi geworden ſind, und merere urkundliche Nachrichten von dem Glück und Unfall der *Demidove*, ſ. unten unter der Kſ. *Eliſabeth*.

Ruſ=

Ruffifches Münz Wefen

C. unter **Anna**, vom Febr. 1730 – $\frac{17}{28}$ Oct. 1740.

§. 44.

Diefe tätige Regirung fing fich mit — dem An-
fchein nach — großen und woltätigen Münz Veränderungen an. Schon im J. 1731 erfchien daher, ich
weiß nicht, ob in oder außer Rußland? eine Denk-
und Ehren Münze, die in *Köhlers* Münz Beluſti-
gung, Th. XVIII, vom 21 Sept. 1746, S. 297,
abgezeichnet ift. A. Bruſtbild der Kaiferin, das
Geficht rechts, mit der lateinifchen Umfchrift: *Anna
D. G. Ruſſorum Imperatrix*. R. die Kaiferin ſte-
hend, mit der Krone, in der rechten Hand den Zepter haltend, über dem ein Stern ſtralt, und mit
dem linken Arm auf das große Münz Werkzeug, An-
wurf oder *Balancier* genannt, gelehnt. Die Umfchrift oben: *Providentia Augufta*, und unten in 3
Zeilen: *Rei monetariae integri - tas reftituta —
1731*.

Aber in der Haupt Sache blieb es bei bloßen Projecten. Statt der großen, unter den vorherigen Regirungen begangenen Feler, beging man, freilich in
recht guter Meinung, andere entgegengefeßte. Und
wie zuleßt *Münnich* diefe Feler wieder gut machen
wollte, da ftarb *Anna*.

§. 45.

§. 45.

☉. Die Dukaten blieben, wie unter *Petr* I (oben S. 46). *Münnich* sagt (Beyl. S. 16), sie würden auf den Fus, wie die holländischen, gemünzt, und müßten für 2 Rbl 20 Kop. angenommen werden. Aber wirklich waren sie um 4 bis 5 Gr. schlechter, wie die schärfsten Proben auswiesen (Beyl. 74, 96). Russische Dukaten waren 118 Stück (*Schlatter* sagt gar, 121$\frac{7}{13}$ Stück, Beyl. 91) aus dem ℔, und Probe 93: holländische aber waren nur 117$\frac{1}{2}$ aus dem ℔, und Probe 94$\frac{2}{3}$ Zolotn. Vergl. mit Beyl. S. 87-90.

Die Proportion zwischen ☉ und ☽ nam man an, wie netto 1:14. Dadurch gewann die Krone bei jedem *Zolotn.* fein ☉, 9 Kop. weniger, als beim Ausmünzen (Beyl. S. 91, und 96, *Num.* 5).

Verordnungsmäßig sollten die Münz.Höfe das *Zolotn.* fein ☉ nicht höher als für 2 Rbl 52 Kop. einkaufen. Aber da für diesen Preis nur Wenige ☉ brachten: so erlaubte eine geheime Ukase vom 18 Nov. 1736, 2 Rbl 65 Kop. dafür zu geben. Aber auch dann noch fanden sich keine Lieferanten, denn auswärts kostete das *Zolotn.* 2 Rbl 76 Kop. Daher schlug *Münnich* 1741 vor, den inländischen Preis um 8 Kop. zu erhöhen, weil dennoch bei der Vermünzung, nach Abzug aller Unkosten, von jedem *Zolotn.* fein 14$\frac{13}{93}$ Kop. Profit bliebe. (Beyl. S. 74).

Münnich billigte es, daß die russischen Dukaten am 4 Gr. (2$\frac{1}{2}$ Stüv. holländ.) schlechter blieben, als die holländischen, damit sie im Lande blieben (Beyl. S. 4), und weil sonst die Krone, bei jedem

ℳ fein ☉, 6 Rbl 39¹¹⁄₂₃ Kop. Schaden hätte
(Beyl. S. 74, 91).

§. 46.

D, grobe Münze. 1731 erging eine Verordnung, daß künftig die Rubl und HalbRubl ausgemünzt werden sollten: zu 77 Zolotn. Probe (d. i.
zu 12 Lr. 15 Gr.); aus 1 ℳ, 15 Rbl 84 Kop.,
aus dem Pud, 633 Rbl 60 Kop.; jeder Rbl
schwer 6¹⁄₁₅ Zolotn. (Beyl. S. 10, 16, 39, 41,
97). Diese Rubl von *Anna* hielten also an
Schrot, 537,374 … ³⁷⁰⁄₁₀₀ As
Korn, 431,019 As fein.

Von diesen Rubln wurden, von 1731 bis 27
Nov. 1741, ausgemünzt, 21,134219½ Rbl
(Beyl. 96).

Sie waren folglich um kein As besser, als die
letzteren von *Petr* I (oben S. 41). Die ganze Veränderung bestand darinn, daß in jenen 54 As beige-
mischtes ♀ weniger waren, als in diesen. Natürlich
also curſirten beide bis 1740 [und noch 1762] im
Commerz, one daß solches Confusion machte (Beyl.
39).

Ein solcher Rubl war besser, als ein Spec.Thlr
nach dem Leipziger Fuß, um 79½ Kop. per ℳ.
fein (Beyl. 84, 96). Dies ging an, so lange das
Zolotn. fein D nur 18 Kop. galt (Beyl. 91). Wie
aber solches in der Folge auf 20 Kop. stieg, ungeachtet das Cabinet den 29 Aug. 1732 verboten hatte,
es höher als zu 19 bis 19½ Kop. anzunemen: so
wurden diese Rubl zu gut. Denn da solche zu 20⅞
Kop. per *Zol.* ausgemünzt wurden, wovon noch
das

das Münzerlon à ⅞ (außer den Besoldungen bei den
MünzHöfen) abzuziehen war: so war auf 100 Rbl
nur 2 Rbl 86 Kop. Profit (Beyl. 38, 85).
Oder nach allem Abzug, blieb nur ⅞⅞ auf das Zolotn., oder 1 Rbl 53 Kop. auf 100 Rbl (Beyl.
73), Profit. Ein, außer England, unerhört geringer SchlagSchatz!

§. 47.

Ɔ, kleine Münze. Sogar auch diese, nämlich
Griven oder 10 Kop. Stücke, sollten, der Verordnung von 1731 gemäß, nach der Probe 77, d. i.
dem Rubln gleichhaltig, ausgemünzt werden (Beyl.
36): und zwar bis auf 1 Mill. Rbl. (Beyl. 41).
Die Berechnung, wie viel Ɔ darauf gegangen, wie
gewiß der Profit der Krone dabei gewesen wäre 2c.,
f. Beyl. 93.

Aber man kam in allem damit nur auf 70000
Rbl. Und da solche mit den vorherigen schlechteren
Griven nach der Probe 70, im Aeußeren zu ser über-
einkamen; so rief man, zur Vermerung des Verlustes, jene gute neugeprägte, den 11 Jun. 1735,
zur Umprägung ein! Es kamen jedoch nur für
31619 Rbl zurück (Beyl. 32, 41 folg.). Neue
wurden gar nicht geschlagen, wenn gleich 1735 der
erstere Befel zu 1 Mill. wiederholt worden war.

§. 48.

Wo kam das Ɔ zu diesen veränderten, mer als
21 Mill. Rubln grober und kleiner ƆMünze, her?
Zwar stieg der Handel; aber so viel brachten doch
die Zoll Jestmki nicht ein: Nertschinsk war noch un-
　　　　　　Ɠ 5　　　　　　be-

bedeutend: und *Kolywan* errichtete, wenigstens für die Krone, noch nicht. —

Noch coursirten im Reiche große Summen von den alten kleinen unförmlichen DKopejken, wovon die ältesten wenigstens von der Probe 78 (13löti.), sonst aber überaus ungleich, ausgemünzt waren (Beyl. 54). Aus den MünzHöfen hatte man eine Rechnung, daß von 1664 bis 1703, über 26¼ Mill., und von 1703-1712, beinahe 4½ Mill., dergleichen gute DStückgen ausgegangen wären (Beyl. 95, 58, 54, 78, 11). — Auch hatte der Senat einen Bericht aus dem MünzComtoir, daß unter *Petrs* I erster MünzPeriode, vom 7 Maj 1701 bis 26 Jun. 1711, 12719 Pud, 37 ℔, 41 Zolotn. DGeld eingeschmolzen, und daraus klein Geld zu 7,237909 Rbl geprägt worden (TSCHULKOV *Tom.* VI, B. 4, S. 374).

Demnach ward durch Ukasen vom 23 März 1731, und 21 Apr. 1732, anbefolen, alles kleine DGeld und alte Griven, 5= und 3Kop.Stücke, in ganze und halbe Rbl nach der neuen Probe 77 umzuschmelzen. Im Jan. 1733 erging ein neuer Befel, daß auch Rubln von 1704, 1705, und 1707, auch HalbRbln von 1701, 1702, 1703, 1706, und 1707 (von welchen allen Zeichnungen beigefügt waren), vom Volke eingewechselt, und zur neuen Münze verbraucht werden sollten. PrivatPersonen, die solche zur Einwechslung brächten, ward eine Prämie von 5 Kop. auf jeden Rbl zugesagt (TSCHULKOV *loc. cit.*)

Die Einlösung fing im J. 1731 an. Man schloß einen Contract mit *Karichalov* und. Comp., die die

Ein

Einwechslung beforgen, auf ihre Roften die eingegang=
nen Ropejen zu Rubln und HalbRbln nach der
Pr. 77 vermünzen, und von jedem Pud kleiner D=
Rop. der Krone 1 Rbl 83 Rop. abgeben follten.
Vom Sept. 1731 bis 7 März 1733, wechfelten fie
für mer als 4½ Mill. Rbl ein, und profitirten da=
bei 82509 Rbl: die Krone aber genoß nur 13487
Rbl * (Beyl., 55, 58 folgg.).

Der Graf *Golovkin* empörte fich gegen diefen
WucherContrace, den einer von der Compagnie, *Duderov*, verraten hatte. *Karichalov* kam in Inquifi=
tion, und follte allen Profit herausgeben. Mit
dem Angeber ward den 28 Maj ein neuer Contrect
gefchloffen. Wärend deffen befal der Senat, den 8
Dec. 1736, abermals die Einbringung diefer Ropej=
fen, und fetzte einen Termin von 5 Jaren, nach wel=
chem folche nicht mer als CourantGeld, fondern das
Zolotn. fein nur für 12 Rop., argenommen werden
follten. — *Dudérov* und Conforten hatten, vom
25 Aug. 1733 bis 6 Sept. 1740, für 4,138714
Rbl eingewechfelt. Alfo waren in 10 Jaren (die
von *Karichalov* eingewechfelten mitgerechnet), für mer
als 8½ Mill. alter Ropejen in den Tigel gekom=
men, und meift zu ganzen Rubln umgefchmeltzt wor=
den (Beyl. 55, 56, 125).

Wunderlich wars, daß man auch nach der Zeit
noch auf 17½ Mill. hoffte (Beyl. 60, 78), weil nach
obiger Angabe, über 26½ Mill. von 1664 bis 1703
aus=

---

* Vergl. mit der ohnlängft gefchehenen QMünzung in
Holftein, die dem Entrepreneur 14775, der Krone
aber nur 13100 Rthl. eintrug. StatsAnzeig.
Heft 49, S. 122.

ausgeprägt worden waren. Hatte nicht *Petr* I Millionen der alten Kopejken, in ſeine neue, von Jar zu Jar immer mer verſchlechterte Münze verſchmolzen? Hatten nicht die Ausländer, denen des Despoten neues Geld nicht behagte, das alte gute, Pud: weiſe außerlands geſchickt (oben S. 37)? Und wie viel mag noch, nach *Petr* I, für die nachgemachten 25 Kop. Stücke aus dem Reiche gezogen worden ſeyn (Beyl. 117)?

§. 49.

2. Auch ſchon im 1ſten Jar ihrer Regirung, befal *Anna*, neue Denuſchken und Poluſchken, zu 10 Rbi aus dem Pud, auszumünzen (Beyl. 52, 99, *Num.* 21, 117, 123). Das war damals das ſolideſte kleine 2 Geld in Europa!

Aber eben damals war das Reich mit 5 Kop.: Stücken zu 40 Rbl aus dem Pud, überſchwemmt. — *Anna* befal daher den 31 Dec. 1730 dem Senat, "HilfsMittel zu entdecken, auf was für Art dieſe gefärliche Münze, unverzüglich auszuwechſeln und abzuſchaffen wäre, auch das Capital zu dieſer Einwechſelung anzuſchaffen" (Beyl. 43). Sogleich, den 25 Jan. 1731, gab der Senat ſein Gutachten ein, welches dahin ging, alle dieſe 5 Kop. Stücke einzurufen, und ſie ſodann, blos auf Koſten der Krone, zu 1 Kop. (alſo gar nur 8 Rbl aus dem Pud) umzuprägen (Ebendaſelbſt).

Unbegreiflich wars *, daß hierauf, auf dieſe

"gro:

* Noch unbegreiflicher, daß man auch noch nach der
Ula:

"große und nötige ReichsAngelegenheit", wie
die Kaiserin selbst sie nannte, nie ein Bescheid erfolgte. Freilich hätte die Krone dabei über 2½ Mill.
Rbl. Verlust gehabt, wenn auch, wie der Senat
annam, dieser Stücke nur für 3,172929 Rbl. im
Reiche gewesen wären. Später hin, den 18 Dec.
1735, erschien blos eine Ukase gegen das Nachmachen und Einbringen dieser bösen Münze aus fremden
Landen (Beyl. 48, 22, 98). Und vom J. 1737-
1740, wurden 6 Projecte über die Vertilgung derselben eingegeben, von denen aber nicht Eines ausführ-
bar befunden wurde (Beyl. 48).

§. 50.

Von 1734-1740 war der Senateur, Graf Golovkin, OberDirecteur des MünzWesens gewesen:
in den letzteren Jaren aber gab er sich nicht mer damit ab (Beyl. 14 folg.).

Christian Wilhelm von *Münnich*, der seit 1731
in Rußland war, seit 1734 das CadettenCorps diri-
girte, und 1737 an die Spitze der Bau= und PolizeiCommission und des BergWesens gekommen war,
warb den 22 Jun. 1740, jedoch one neuen Gehalt,
zum GeneralDirector des MünzWesens (einer
ihm vorhin ganz fremden Sache, wie er selbst
Beyl. 108 gesteht, vergl.106, V) ernannt (Beyl. 13).

Sein erstes war ein Plan, schon vom 25 Aug.
1740, die 25Kop.Stücke aus dem Commerz zu ziehen

Ukase vom 31 Dec. 1730, bis in den Aug. 1731,
dergleichen 5Kop.Stücke fortmünzte (Beyl. S. 19,
98, und oben S. 81).

hen (Beyl. 22·36). Er ——— in folgendem. Erſtlich ſollten alle dieſe Stücke eingefodert, die falſchen ausgeſchoſſen, die ächten geſtempelt, und dafür von 20 Stücken Eins inbehalten werden; nach dem Termin aber ſollten auch die ächten ungeſtempelten nichts weiter, als was ſie an S. wert ſind, d. i. 6¼ Rbl das Pud, gelten. Zweitens ſollten 3 Lotterien, hintereinander, von 1, 2, und ¼ Mill. errichtet werden: Einſaß bey der 1ſten 5 Rbl, bei der 2ten 10 Rbl. Bei der 1ſten würden die Stücke für voll angenommen, mit dem Bedeuten, daß die nicht eingebrachten künftig nur 4 Kop. gelten ſollten. Bei der 2ten würden ſie für 4 Kop. angenommen, und dabei publicirt, die nicht eingebrachten ſollten künftig nur 3 Kop. gelten u. ſ. w. Die großen Gewinne über 100 Rbl würden halb bar, und halb in Scheinen, "ſobald die neue ScheideMünze vollends ausgemünzt ſeyn würde", bezalt werden. Dieſe neue ScheideMünze ſollte teils in den zu 2 Kop. umgeprägten 5 Kop. Stücken, teils in ganzen und halben Griven, aber nach der Probe 72, nicht 77, beſtehen. — So hätte alſo Rußland ſein erſtes Papir-Geld, jedoch nur für 5 à 530 Rbl, und nur auf kurze beſtimmte Zeit, bekommen. Aber ſo wäre auch das Reich, one Schaden der Krone, und one allzumerklichen Verluſt des Publici, von der böſen Münze befreit worden.

Aber es erfolgte kein Beſcheid. Münnich wiederholte daher ſeinen Vorſchlag, den 10 Oct. mit Nachdruck (Beyl. 36 - 53); und drang darauf, daß, da man, wie es ſchien, ſeine Lotterien nicht goutirte, man wenigſtens mit dem Stempeln eilen ſollfollte, um fürs erste gewiß zu erfaren, wie viel der Dinger im Reiche wären (denn die Meinungen wankten zwischen 3 und 10 Millionen, Beyl. 98). Auch stellte er einleuchtend die Notwendigkeit vor, den MünzFuß der kleinen ℱMünze auf 72 Pr., und den der ℱMünze auf 16 Rbl per Pud, zu setzen. Aber *Anna* starb 7 Tage darauf, one die Ehre zu erleben, daß unter ihrer Regirung *rei monetariae integritas restituirt* würde.

§. 51.

Die Einrichtung der MünzHöfe, die dabei vorgefallenen Veränderungen, das MünzerLon ꝛc. unter *Anna*, f. Beyl. 14 folgg. (vergl. mit S. 92).

Zur BergwerksGeschichte unter dieser Regirung gehört folgendes.

Die schon im J. 1704 entdeckten *Nertschinskischen* ℱGruben wurden fortgebaut, waren aber lange noch nicht so reich, als sie nachher wurden. — A. 1739 wurden die ersten OErze in den Olonezer Gebirgen entdeckt, und hierauf die (nun wieder verlassene) *Woitzer* Grube abgesunken — Von denen seit 1725 gebauten *Kolywanschen* ℱGruben im *Altaischen* ErzGebirge, kam ein Gerüchte aus, daß die dortigen ℱErze auch ℱ enthielten. Hierauf veranstaltete das Katharinburgische BergCollegium, im J. 1732, durch den IngenieurCapitain (nachmals Grafen und General) *Fermor*, und den Affessor *Reifer*, eine Untersuchung an Ort und Stelle: diesmal aber behielten die *Demidove* das Bergwerk noch. HERMANNS

statis-

statistische Schilderung von Rußland (8; 1790),
S. 315-327.

"Unter *Anna* ward ein sächsischer BergDirector,
Namens *Schönberg*, mit verschiedenen andern Berg-
Männern herein verschrieben. Dieser reiste nachher,
mit Vollmacht der Kaiserin, in Sibirien und dem
ganzen Reiche herum, um die alten Olonezer und
Katharinburgschen Gruben zu verbessern, und neue
aufzusuchen und anzulegen. Wirklich baute er auch
ₓWerke in Lappland, und ein DWerk auf der Bä-
renInsel, welche beide nun wieder ruhen. Ich will
diese Geschichte nicht weiter ausfüren, weil sie für
manchen nicht behaglich zu lesen seyn dürfte. Denn
. . . . wie die Kaiserin *Elisabeth* zur Regirung kam,
ward *Schönbergs* Verwaltung untersucht, ward ihm
im Senat der Orden abgenommen, er selbst arretirt;
doch nach 2 Jaren bekam er den Orden wieder, und
verließ das Reich." HAVEN S. 283 folg.

Weit mer, und sonst unbekannte Bergwerks-
Nachrichten von dieser Regirung, liefert TSCHUL-
KOV Tom. VI, B. 2, S. 99-200, in wörtlichen
Abdrücken von Ukasen.

Die EisenBergwerke fingen an, reicher zu werden. Im J. 1731 lagen in St. Petersburg 363470
Pud, und aus Sibirien waren noch 180000 Pud
unterwegs. Letzteres kam mit allen Unkosten in
Petersburg auf 37 Kop. zu stehen, und war schon
in den vorigen Jaren zu 56 bis 74 Kop. ins Ausland verkauft worden. Auf das Gutachten der
MünzCommission ward nun der Preis desselben, um
dem schwedischen Eisen den Rang abzugewinnen, den
30 Jun. 1731 so festgesetzt: das Berkowez in f
Al-

AlbertsThlr. bar, und auf Credit zu 5⅓Thlr., samt Erlegung des Zolls; für russisches Geld aber das Pud zu 56 Kop. (Aus 5¼ vollwichtigen *Jesimki* wurden damals 6 Rbl 30 Kop., kam also das Pud auf 63 Kop.). Tschulk. S. 101.

Den 26 Maj 1733 ward eine eigne Commission niedergesetzt, bestehend aus dem Geh. Rat Grafen *Golovkin*, dem StatsRat *Maslov*, und dem ArtillerieObristen *Garber*, die alle, sowol Kron= als Privat= Eisen= und Bergwerke im ganzen Reich untersuchen, und genaue Nachrichten von ihrem Ertrage, den Kosten der Ausbeuten ꝛc., einsammlen sollte. Tschulk. S. 106.

1734, 4 Jun. ward der HüttenVerwalter *Mimokov (Milukov)* auf die Bären= und andre Inseln am Weißen Meer abgefertigt, um daselbst D= und BleiBergwerke anzulegen. Tschulk. S. 111. Die Erze hatte ein Kaufmann in Archangel, *Prädunov*, um das J. 1732 entdeckt. Die Ukase ward erneuert den 8 Nov. 1734. Ebendas. S. 126.

1735, 25 Jun. Ein Preuße, Namens *Stürmer*, ward auf 5 Jare nach den sibirischen Berg=Werken geschickt, um daselbst, mit dem Titel als Rector der deutschen Sprache, und für ein JarGehalt von 400 Rbl, die jungen Leute allda täglich 6 Stunden im Deutschen zu unterrichten. Auch ein Schreiber, *Heinsch*, ward ihm als Gehilfe, mit 200 Rbl järlich, zugegeben. Tschulk. 127-130.

1736 fingen große Revolutionen an. Das von *Petr* I im J. 1719 errichtete BergCollegium ward aufgehoben, und dafür ein GeneralBergDirectorium erschaffen. Präsident desselben ward ein

H　　　　　　　Aus=

Ausländer, der sächsische OberBergHauptmann und
polnische Kammerherr Baron *Schemberg* (so heißt er
in der Ukase vom 4 Sept.): er stand blos unter der
Kaiserin, und bekam eine Allgewalt, die das Glück
des russischen BergWesens, und sein Unglück, ver-
ursachen mußte. Tschulk. 135. Der wirkliche
StatsRat *Tatiszev*, bisheriger OberAufseher aller
sowol Kron- als PrivatBergwerke in Sibirien, ward
ihm subordinirt. Aber den 5 März 1739 ward,
auf *Schönbergs* Vorschlag, die sibirische **Berg-
Canzlei** ganz aufgehoben, und *Tatiszev* aller Teil-
nemung daran entschlagen. **Ebendas.** 171.

Unter *Katharina* I, 1725, war befolen worden,
im sibirischen Gouvernement, statt der Rekruten,
junge Leute, die auf den Katharinburgschen Werken
den BergBau lernen, zugleich zur Beschützung derselben und der Nachbarschaft anzuziehen, Tschulk.
50. — Unter *Anna* fiel man darauf, **Bergwerks-
Lehen** zu erschaffen. Im J. 1737, 25 Apr., wurde
jedem, der auf den KronBergwerken arbeitete, außer
seiner Besoldung, 10 KronHöfe, wenn er adlich
war, und dem Unablichen 5, jeden Hof zu 4 Seelen gerechnet, für ihn und seine ganze Nachkommen-
schaft, so lange nämlich diese beim BergDienste bleiben würde, geschenkt. Selbst eine Tochter durfte
das Gut behalten, wenn sie einen Bergmann heiratete. Tsch. 149.

Aber wichtiger als alles war, die ganz neue
Einrichtung, die, zweifelsone auf *Schönbergs* Betrieb, mit den sämtlichen KronBergwerken im Reich
sollte vorgenommen werden, und das dem zufolge
publicirte neue

§. 52.

§. 52.

BergReglement der Kaiſ. Anna,
vom 3 März 1739.

Doch um dieſes völlig zu verſtehen, müſſen ältere BergReglements, und andre Bergwerks Nachrichten aus den vorigen Regirungen, nachgeholt werden.

Im J. 1716 hatte *Petr* I durch ein Manifeſt, ſeinen Untertanen die erſte Aufmunterung zum BergBau gegeben. Tsch. 158.

Durch ſeine Ukaſe vom 10 Dec. 1719, errichtete er ſein BergCollegium, deſſen erſter Präſident der GeneralFeldZeugmeiſter Graf *Bruce* warb: ſeitdem durfte ſich kein Wojewode mer in ſolche Sachen miſchen. Zugleich fand er nötig, da "ſein Reich voller unterirdiſchen Schäße ſei, bisher aber dieſe reiche NärungsQuelle verſäumt worden, weil entweder ſeine Ruſſen den BergBau nicht verſtanden, oder gefürchtet hätten, die Werke, wenn ſie ergiebig würden, würden ihnen weggenommen werden", folgende BergPrivilegien in 17 Art. auszubieten. 1. Jeder ſuche Erze (namentlich auch ☉ und ☽), auf eignem ſowol als fremdem Grunde, auf. 2. Wer etwas gefunden hat, melde ſich mit eingeſandten Proben beim BergCollegio. 5. Nach Befinden wird ihm der Ort, 250 Faden in die Länge, und eben ſo viel in die Breite, zuerkannt. — Die Eigentümer des Striches haben die Vorhand, wenn ſie ſelbſt bauen können und wollen: wo nicht, ſo bekommen ſie von den Entrepreneurs $\frac{1}{32}$ des reinen Gewinſtes, außer einer billigen Bezalung für Holz und dergl. Fodern ſie dafür unmäßig viel, ſo wendet man ſich an das BergCollegium. 8. Dieſes Collegium

kan

kan auch, nach Befinden, Vorschuß geben. 9.
Der Finder erhält für jedes ℔ ♀ aus einem Probe-
Pud Erz, 4 Rbl: und eben so viel für jedes Zolotn. ☽ aus einem Pud Erz; doch muß ein Pud
nicht weniger als 10 Zolotn. geben. 10. Befreiun-
gen der Meister bei den neuerrichteten Bergwerken.
11. Der Souverain behält sich $\frac{1}{10}$ vom Profit, zur
Zalung an das BergCollegium, vor: doch wird dieser Zehende auch in manchen Fällen, wo sich Schaden zeigt, erlassen. 12. Auch bedingt er sich den
Vorkauf von ☉, ☽, ♀, und Salpeter. Den
billigen Preis bestimmt das BergCollegium: ha-
aber die LandesStelle kein Geld, das angebotene in
MonatsFrist zu bezalen; so können auch bemeldte
4 Arten verkauft werden, wo der BergwerksHerr
will: — nur Salpeter nicht ins Ausland, one
besondre Erlaubnis des Collegii. — Der Verkauf
von Eisen, Zinn und Blei aber, ist völlig frei.
16. Nie sollen diese Bergwerke ihren Besitzern und
Erben genommen werden, so lange solche die gehörige Anzal Arbeiter dabei anstellen können, und Verordnungsmäßig verfaren. 17. Denen, die gefundene
Erze verschweigen, wird Leibs- und LebensStrafe
gedroht. TSCHULK. 9-15.

1720, 19 Febr. Niemand soll unter 4 bis 5
℔ Erz zur Probe bringen: auch sollen die Orte ge-
nau angezeigt werden, wo solches gefunden worden.
TSCHULK. 26.

1720, 14 Maj, wird der Befel wiederholt,
Nachrichten von der Ausbeute vom J. 1719, und
so auch künftig, einzuschicken, und den Zehenden zu
entrichten; unter Androhung von Confiscation und
LeibesStrafen. Auch alle BergLeute sollen bei Strafe

fe darauf acht geben: wer etwas benunciirt, erhält ⅓ der Strafe. Auch die Gouverneurs und Wojewoden sollen dafür haften. TSCHULK. 27.

1720, 30 Jul. werden obige BergPrivilegien auch auf alle Ausländer one Unterscheid ausgedent. TSCH. 29. — 1720, 21 Sept. ward der BergHerr (*gornyj Zawodczik*, schwed. *Bruks Patron*), Nikita *Demidov*, durch einen SpecialBefel, "wegen seines Fleißes, und Auffuchung von Erzen und Anlegung von Bergwerken", in den AdelStand erhoben. (Bestätigt nachher durch 2 andre SpecialBefele von 1726, 24 März, und 1727, 30 Jan.). TSCH. 30.

1722, 19 Apr. wird dem Gen. Requetenmeister besondre Rücksicht auf diejenige empfolen, welche klagen, daß ihnen bei Auffuchung von Erzen, und Errichtung von Bergwerken und Manufacturen, Hinternisse in den Weg gelegt, daß sie gar geprügelt werden. Die Verbrecher sollen ans BergCollegium geschickt werden. Ebendaf. 37. — In der WaldmeisterOrdnung vom 3 Dec. 1723, ward für die Erhaltung der Hölzungen bei den Werken gesorgt, Ebendaf. 44. — Und den 16 Febr. 1724 ward, auf *Hennings* Vorschlag, befolen, zur Sicherheit der Bergwerke Festungen an den Gränzen anzulegen, Ebendaf. 47.

Unter *Petr* II, den 26 Sept. 1727, sagt der Obere Geheime Rat: seit *Petrs* I BergPrivilegien seien zu den alten EisenBergwerken, viele neue, und besonders auch ⏄Bergwerke, nicht blos die Kron⏄Bergwerke in Sibirien bei Katharinburg, sondern auch viele in dortigen Gegenden von Particuliers angelegte, hinzugekommen. Nun werden jene Berg⏄

H 3 Pri⏄

Privilegien, auf Vorſchlag der Commerz-Commiſſion, erneuert, und in Anſehung der Bergwerke, die jenſeits Tobolſk angelegt werden würden, folgendergeſtalt erweitert. In den 10 erſten Jaren wird kein Zehende bezalt. Alle gewonnene Metalle, ſelbſt ☉ und ☽, werden, damit die Unternemer immer bares Geld haben, frei verkauft, und bloß der Zoll entrichtet: nur über die Gränze darf ☉ und ☽ nicht verſandt werden. Wer es freiwillig an eine Kron-Caſſe bringt, dem wird es nach dem Markt-Preiſe bar bezalt. Man kan anfangen zu bauen, one Anfrage (vorhin mußte erſt im BergCollegio in Petersburg, oder doch im Ober-Berg-Amt in Katharinburg, das noch 500 Werſte von Tobolſk liegt, angefragt werden); nur 2 oder 3 Monate nachher muß beim nächſten Wojewoden die Anzeige davon geſchehen, auch 5 bis 10 ℔ Prob-Erz eingeſandt, auch berichtet werden, wie viel der Zentner reines ☉, ☽, oder ♀, halte ꝛc. Alles das ſchickt der Wojewode, jedoch nur gelegenheitlich, an das BergCollegium: und findet dieſes bei der Probe, daß aus dem Erz aus Ungeſchicklichkeit zu wenig geſchmelzen worden; ſo ſchickt es dem Unternemer Bergverſtändigere Leute, auch Inſtrumente, zu. Auch kan dieſer um ſolche, beim BergCollegio unmittelbar, oder durch das Katharinburger OberBergAmt, anhalten. Art. 8, neue kaiſerl. Verſicherung, daß ſolche Bergwerke den Eigentümern und ihren Erben nie weggenommen werden, oder ihnen irgend Eintrag dabei geſchehen ſoll, ſo lange ſie im Stande bleiben, ſolche ſelbſt zu unterhalten. — Jeder kan auch, außer dieſem allgemeinen, ein SpecialPrivilegium für

für sein Bergwerk unentgeldlich erhalten. Tschulk.
62 - 67.

Aber gegen das Ende der Regirung der Kais.
Anna, hatte man eine totale Veränderung mit dem
BergWesen vor; alle KronBergwerke sollten an
Compagnien von PrivatPersonen, die darüber Contracte mit dem GeneralBergDirectorio abschließen
sollten, abgegeben werden. Ein neues BergReglement erschien deshalb in 21 Artikeln, den 3 März,
1739 (Tschulk. 158-170). Hier ist ein kurzer
Auszug daraus. 1-4. Das BergPrivilegium von
1720 wird abermals, in Ansehung aller Ausländer,
sie mögen in russischen Diensten seyn, oder nicht, erneuert. Wer Erze findet, erhält für jedes ℔ ℥
aus dem ProbePud 4 Rbl, und eben so viel für jedes *Zolotn.* ℈ aus dem Pud. Ist große Hoffnung
da, so gibt die Krone zum Anbau Vorschuß. Nie
wird ein solches Bergwerk dem Besitzer oder seinen
Erben genommen, außer wenn er nicht in gehöriger
Ordnung dabei zu Werke geht, und Nachläßigkeit
zu Schulden kommen läßt. Selbst in dem Falle von
Confiscationen, Concursen, und wenn der Besitzer ein
Untertan einer mit Rußland im Kriege befangenen
auswärtigen Macht ist, bleibt das BergEigentum
sicher. 5 - 14. Die vordem bestimmte Länge und
Breite der Oberfläche von 250 Faden, kan nach Befinden vermert werden. Der GrundHerr bekommt,
statt des vorigen $\frac{1}{32}$, nun 2 proC. von allem geför-
derten Erz, der BergHerr mag Vorteil oder Scha-
den dabei haben. Wer einen District gar nicht, oder
nicht mit gehöriger Macht, benutzet, muß solchen,
nach dem Ermessen des Gen.BergDirectorii, einem

　　an-

andern, der ihn beſſer benutzen will, abtreten. Frei-
Jare werden nach den Umſtänden verſchieden, jedoch
nie mer als 3 oder 4 hintereinander, erteilt. Die,
ſo HauptStollen anlegen müſſen, erhalten Vorſchuß.
Alle Victualien und Materialien, wenn ſie aus dem
Reiche dahin geliefert werden, ſind zollfrei. Nötige Bergverſtändige Ausländer will die Krone auf
ihre Koſten einverſchreiben. Dieſen Ausländern ſollen die Befelshaber alle Handreichung tun, und ſie
beſonders auch in freier Uebung ihrer Religion nicht
kränken. 14-21. Diesmal ſoll noch ⅔ alles ♃,
weil dieſes Metall eben jetzo nötig iſt, an die Krone
eingeliefert, und nach dem MarktPreis bezalt, künftig aber alles frei, in und außerlands, verkauft
werden. Nur bei ☉, ☽, Blei, und Salpeter, behält die Krone den Vorkauf (es wäre denn, daß ſolches nicht in MonatsFriſt bezalt werden könnte;
Salpeter aber darf in keinem Fall, one Erlaubnis
des Gen.BergDirectorii, außerlandes gehen). —
Statt des Zehenden und aller inneren Zölle, wird
für das *Zolotn.* feines ☉ 2 Rbl 30 Kop., und
für das *Zolotn.* reines ☽ 14 Kop., bezalt. ♀, Zinn,
Blei, Edelſteine, ErdArten ꝛc., zalen fernerhin den
Zehenden, die BergHerren mögen Vorteil oder
Schaden dabei haben. — Von einem hohen Ofen,
auf welchem järlich bis 100000 Pud GußEiſen verſchmolzen wird, zalt *Demidov* 3392 Rbl: und eben
ſo zalen verhältnismäßig die andern EiſenWerke,
jedoch mit Unterſcheid zwiſchen den armen und reichen
Gruben; alles nach dem Ermeſſen des Gen.Berg-
Directorii. Mit dieſem Directorio werden auch
alle Contracte, ſowol bei Aufname neuer, als bei

Ueber-

Uebername der schon im Gange seienden KronBergs
werke, und wie viel für die Gebäude, vorrätige Materialien 2c., bezalt werden will, gemacht. — Denen, die gefundene Erze verschweigen, werden
schreckliche Leibes- und LebensStrafen angebrohet. —
Diese Ukase soll auch deutsch publicirt werden.

Diesem neuen BergReglement zufolge, über-
nam der mächtige *Schönberg* die in Lappland am
Bache *Rusenicha,* auf den 3 Inseln, am Eis- und
Weißen Meer entdeckten und noch künftig zu entdek-
kenden BergWerke; so wie auch in Sibirien den
Berg *Blagodat* in Werchoturien, samt allen dazu
gehörigen EisenWerken, und allen Zubehörden. Beiden Bergwerken, als den ersten, die unter eine Pri-
vatBergCompagnie kamen, versprach die Kaiserin den 5 Apr. 1739 ihren besondern Schutz, und
wiederholte den vorigen Befel, alle KronBergwerke
an Particuliers abzugeben. Tschulkov S. 170.

§. 53.

Das Göttingsche MünzCabinet besitzt an Münzen von
der Kaif. *Anna:*

☉. 1 Dukat von 1738.

☽. 4 Rubl, von 1730, 1737, 1738, 1740.
Aufschrift auf allen: *Moneta Rubl.*

4 HalbRubl, 2 von 1733, und 2 von 1738.
Aufschrift: *Moneta Poltina.*

2 Griven von 1733 und 1735. Aufschrift:
Griwennik, mit 10 Puncten.

♀. 6 Dengi von 1731, 32, 35 und 37, meist
aus *Petrs* I Kopejken so elend umgeprägt, daß auf

H 5

eini-

einigen bie erſte Umſchrift: *Tzar i velikij Knäz Petr Alexejewicz*, noch ganz leſerlich iſt.

♀. 2 *Poluſchken* von 1735, etwas über ⅘ Qu. ſchwer.

1 Kop., 1⅛ Lt. ſchwer (alſo im Gewichte, wie bie unſeligen 5Kop.Stücke), ſogar geründert. A. NamensZug der Kaiſerin, drüber eine Krone; Umſchrift: *novaja roſſiſkaja Kopejka*. R. Der Ritter St. *Georg*, Umſchrift, *v'Moſkvẽ* 1735. Das Gepräge iſt Wunderſchön: *Britannia* auf den engliſchen Halfpences iſt nicht ſchärfer ausgedruckt, als hier ber Ritter. Aber — es iſt nur ein ProbStück von bem Vorſchlage, ♀ zu 8 Rbl aus bem Pud auszumünzen; nie haben ſolche, im Inneren und Aeußeren ſo herrliche Kopejken, im Reiche curſirt.

Noch ein ♀Stück — A. *pät' Kopẽjek* (5Kop.) 1740, R. der ReichsAdler, kleiner und bünner wie eine obbemelbte *Poluſchka*, und nicht völlig ½ Qu. ſchwer, — iſt mir ein Rätſel: falls es nicht blos das GeprägeModell zu DHalbGriven vorſtellen ſoll.

D. unter *Iwan* III,

vom 17/28 Oct. 1740 — 25 Nov./6 Dec. 1741.

§. 54.

Wer konnte in dieſem unerhört ſtürmiſchen Jar, an nötige MünzVerbeſſerungen benken? — Doch *Münnich* bachte daran; ſo verliebt war der tätige Mann in ſein neues Fach.

Schon

Schon 4 Tage nach dem Ableben der Kaiserin (den 21 Oct.), übergab er dem HerzogRegenten, unter andern, auch einen Bericht über das damalige MünzWesen, worinn er nachdrücklich auf eine Resolution auf seine beide an *Anna* eingereichte Dokladen drang. Der Regent goutirte seine Vorschläge, und befal auch über solche im Cabinet zu deliberiren (Beyl. 3, 113). — Mittlerweile (den 1 Nov.) erinnerte er den Senat, daß der Termin zur Einbringung der DKopejken in Einem Jar zu Ende ginge, und schlug eine Verlängerung von 14 Monaten vor (oben S. 107, Beyl. 57, 61, 78). — Wegen der ⊙Münze ließ er eine DukatenProbe von Danzig kommen (Beyl. 87). Und den 6 Nov. nam er selbst, auf der St. Petersburgischen Münze, eine feierliche DukatenProbe vor (Beyl. 89). Aber — den 9 Nov. fiel der Herzog.

Der neuen Regentin, Prinzessin *Anna*, reichte er den 22 Jan. 1741, seinen e r s t e n Bericht (Beyl. 54-61) ein. Er tadelte darinn, daß man die eingerufenen DKopejken zu Rubln, und nicht vielmer zu kleiner DMünze, umgeschmolzen habe; sprach von den mit *Karichalov* und *Duderov* geschlossenen EinwechslungsContracten; und bat um endliche Resolutionen wegen Einrichtung eines beständigen MünzFußes. In seinem z w e i t e n Bericht an Ebendieselbe vom 26 Jan. (Beyl. 62-70), war die Rede hauptsächlich von den Quen 5 Kop. Stücken, auf deren Einrufung, Stempelung, und Umprägung, er noch immer bestand, und hierüber einen Entwurf zu einer Publication beilegte. Auch den

Se-

Senat ging er an, die Sache beim Cabinet zu betreiben (Beyl. 70); auch dem Prinzen *Anton Ulrich* stellte er eine Abschrift zu (Beyl. 114). Aber alles umsonst: keine Resolution erfolgte.

Den 14 März kam er gegen den neuvorgeschlagenen MünzFus in ☉ ein, und behauptete, die russischen Dukaten müßten bleiben, wie sie bis dahin gewesen waren, nämlich etwas schlechter als die holländischen (Beyl. 73 folg.). Dagegen wagte er zum erstenmal den Vorschlag, *Peters* I AndreasDukaten, 341148 Stück an der Zal, einzurufen, und sie nach dem damaligen Preise des ☉es umzumünzen, weil dabei Profit von 28144 Rbl seyn würde (Beyl. 74 folg., 93, 97, 114). Und den 8 Maj verglich *Schlatter* den russischen RblFus mit dem deutschen Spec.Thlr.Fus (Beyl. 82, vergl. 91).

Aber alles war umsonst. Nur die einzige Freude hatte *Münnich*, daß den 10 Jun. die Approbation erfolgte, daß die ☽Griven im RublGewicht, aber nur nach der Probe 72, verfertigt werden sollten: wobei die Krone, auf 1 Mill. Rbl solcher Griven, 59974 Rbl mer gewann, als bei der vorigen Probe 77, und überhaupt 135000 Rbl auf die Million, wenn das Zolotn. fein ☽ für 19 Kop. zu haben ist (Beyl. 4, 126). Wirklich waren deren schon für 29000 Rbl völlig, und für 58000 Rbl GrivenPlatten, fertig: aber erstere wurden umgemünzt, weil sie *Iwans* III Portrait fürten (Beyl. 115).

Alle übrige Sorten wurden, bis zum 27 Nov., nach dem bisherigen Fuße, fortgemünzt. — Noch den 12 Nov. erinnerte der MünzDirector den Senat aber abermals an die Jnen 5 Kop. Stücke, weil Nachricht eingelaufen war, daß nachgemachte aus Georgien nach Sibirien eingebracht worden (Beyl. 4, wiederholt den 14 Apr., Beyl. 115).

Die Prinzeſſin *Anna* fiel den 6 Dec., da vielleicht ſchon an Stempeln zu neuen Dukaten und Rbln in der Stille gearbeitet ward, auf denen ſie Kaiſerin *Anna* II heißen ſollte.

§. 55.

Das Göttingſche MünzCabinet beſitzt von Iwans III Münzen (die bekanntlich alle ausnemend ſelten ſind, weil *Elisabeth* ſie ſämtlich, bei Strafe der Knute und Verweiſung nach Sibirien, einziehen ließ), folgende, alle mit der JarZal 1741.

D. 3 Rbl, Aufſchrift: *Moneta Rubl.*

1 HalbRubl, Aufſchrift: *Moneta Poltina.*

2 Griven, mit dem Bilde des armen Kindes, und der Aufſchrift: *Griwennik*, mit Lorbern umwunden, und darüber eine Krone.

E. unter Elisabeth,

vom 6 Dec. 1741 — $\frac{25 \text{Dec. } 1761.}{5 \text{ Jan. } 1762.}$

§. 56.

Münnich, der arme Fremdling (Beyl. 116), huldigte noch am Tage der Revolution. Gleichwol ward er ſchon den $\frac{12}{23}$ Dec. vom Collegio der auswärtigen Affairen ausgeſchloſſen; und den 18 Febr. 1742 ward die BauCommiſſion aufgehoben. Noch ſchien ihm die GeneralDirection des MünzWeſens zu bleibt

über 200000 Pud. Nun hielt *Schuwalov* um neue
Vorteile an, wogegen er sich anheischig machte, die
Ausbeute gar auf 400000 Pud zu bringen. Er
erhielt alles; aber nach seinem Tode 1762 kamen die
Bergwerke an die Krone zurück. Tschulk. 424-
439, auch 672 folg.

§. 58.

Die neuen MünzAuffeher ließen noch einige Jare
lang die gefärlichen 5 Kop.Stücke cursiren, über deren Hinwegschaffung schon seit 10 Jaren vergeblich
deltberirt worden war.   Endlich griffen sie das Werk
an, aber nicht nach *Münnichs* Plan. Man rief sie
ein, und devalvirte sie blos, zu 3 verschiedenen
malen. A. 1744 wurden sie von 5 auf 4. — im J.
1745 vom 1 Oct. an, von 4 zu 3, — vom 28 Aug.
1745 an (Tschulk. S. 375), von 3 zu 2 Kopejken, herabgesetzt, und vom 1 Sept. 1756 an, ganz
verrufen. So wurden das 1temal 20, das 2temal
25, und das 3temal gar 33⅓ proCent, verloren.
(Beyl. 8, 119).

Hieraus entstand erstlich große Not im Lande,
weil es nun an ScheideMünze felte. Durch jene
Devalvationen waren etwa 4 Mill. auf 1⅔ Mill.
rebucirt, 2⅖ Mill. felten nun im kleinen Verkehr.
Auch hatte zu gleicher Zeit eine andre Ukase befolen,
daß vom 1 Jun. 1744 an, die noch cursirenden 3-
Kopejken nur noch 2 Jare lang in den Hebungen
angenommen, nachher aber nicht weiter gäng und
gebe seyn sollten (Beyl. 125). In Sibirien konnte
daher der letztere Befel nicht befolgt werden (Beyl.
11). Und auf eingelaufene Klagen aus der Jaro-
slaver Canzlei, daß der Mangel an kleinem ?Geld

das

das Abtragen der KopfSteuer erschwere, befal der
Senat den 16 Febr. 1747, daß die Caſſen grobes
♁Geld, "one Agio, bei Strafe", gegen ihr vorräti-
ges kleines ♀Geld einwechſeln ſollten, weil auf die
Art die Krone auch bei dem leichteren Transport von
entfernten Orten her gewänne, TSCHULKOV S. 375
folg.

Hiezu kam noch eine andre Not. Das Publi-
kum war auch bei denen auf 2 Kop. herabgeſetzten
5 Kop. Stücken ſcheu, und fürchtete eine 4te Devalvation auf 1 Kop. Dies war bereits unter *Anna*
im Werke geweſen (Beyl. 46): und jetzo riet der
Senat (Beyl. 99) abermals dazu. — Der Rat
war Reichsverderblich; dem zufolge wäre das ♀Geld
zu 8 Rbl aus dem Pud ausgemünzt worden, und
der Preis des rohen Kupfers war doch damals ſchon
auf 8 Rbl geſtiegen (Beyl. 122).

Hier erwachte warer Patriotismus des ſeit 5 Jaren zur Ruhe verdammten GeneralMünzDirectors.
Ungerufen gab er bei der Kaiſerin, den 11 Sept.
1746, die Vorſtellung Beyl. 117-128 ein, worinn
er unwiderſtehlich bewies, daß der MünzFuß in ♀
auf 16 Rbl bleiben könne und müſſe. Alle Gefar
des Nachmünzens werde durch ſchönes engliſches
Gepräge abgewandt. Die Engländer ſelbſt münz-
ten ihr ♀Geld zu 16 Rbl 60$\frac{2}{4}$ Kop. aus: die Schweden zwar ihre Platen zu 7 Rbl 57 Kop. nur, aber
die ScheideMünze — bis dahin — zu 13 bis 13$\frac{1}{4}$
Rbl. Noch ſucht er ſeine Vermutung, daß außer
den 4 Mill. ächter 5 Kop. Stücke, noch 6 Mill.
nachgemachte curſirten (welches man ihm, wie es
ſcheint, abgeläugnet hatte), durch merere Gründe

S   war-

warſcheinlich zu machen. Und rät zuletzt, auch 2 Mill. einfacher Kopejken nach dem 16 RblFus, und DGriven nach der Probe 72, HalbGriven aber zu 66, auszumünzen.

Nichts von allem dem geſchah: nur die 4te Devalvation unterblieb; dagegen wurden, 10 Jar nachher, dieſe bis dahinGroſchen oder 2Kop.Stücke ſämtlich eingerufen, und auf kurze Zeit mit einem neuen Stempel zu 1 Kop. herabgeſchlagen (ſ. unter S. 137).

§. 59.

Die ruſſiſche BergwerksGeſchichte wird unter dieſer Regirung ausnemend intereſſant.

I. Die 1704 entdeckten *Nertſchinſ*kiſchen Os und Dhältige BleiBergwerke gingen fort. Vom J.1704-1751 ward jedoch noch nicht mer in allem, als 587 Pud 7 ℔ 54 *Zolotn.* D, woraus das C nicht geſchieden war, ausgebracht. Hermann ſtatiſt.Schilderung S.324. Seit dem J. 1756 ſtiegen ſie, und gaben in dem einzigen J. 1759 beinahe 173½ Pud: Tschulk. VI, 2, S.618.

II. Die *Woitzer* OGrube in den Olonezer Gebirgen, ließ ſich gut an, und gab von 1744-1770, 57 ℔ C. Hermann S 317.

III. Hiezu kamen die *Berezov*ſchen OGruben bei Katharinburg im Uralſchen ErzGebirge, am Bache *Berezov.* Man fing 1754 ſie zu bearbeiten an; ſie wurden aber erſt unter der jetzigen Regirung bedeutend.

IV. In

IV. In Sibirien, auf dem in der mongoliſchen Geſchichte ſo berümten ErzGebirge *Altaj*, tat ſich, für die Krone, ein *Potoſi* auf: für Rußland fing ein ſilbernes ZeitAlter an. Hier ein Auszug aus Hrn. HERMANNS ſtatiſt. Schild. S. 318, mit Zuſätzen: vergl. mit den *Havenſchen* Nachrichten oben S. 95-101.

§. 60.

Kolywanſche BergWerke.

"Die wichtigſten und reichſten ruſſiſchen Bergwerke ſind die *Kolywano - Woskreſeniſchen* im Altajſchen ErzGebirge. Sie fingen zuerſt an, im J. 1725 von dem Vater des Uralſchen BergBaues, dem StatsRat Akinſj *Demidov* [1], als Bergwerke ge-

1. Von dieſer berümten Bergmänniſchen Familie finde ich in TSCHULKOV noch folgende Nachrichten. Der Commiſſar *Nikita* Demidov erhielt im J. 1700, das im J. vorher auf Koſten der Krone angelegte EiſenWerk *Newjanſk*, am Flüßchen *Nejwa*, 88 Werſte von Katharinburg. Von ihm erbte das Werk ſein Son *Akinſj*, und legte noch mer Eiſen- und QWerke dort herum an: einer von den Enkeln *Prokofſj* aber, verkaufte ſeinen Anteil an Sawa *Jakowlev*. TSCH. VI, 2, 656. — Der StammVater, obbemeldter *Nikita*, ward durch einen SpecialBefel Peträ I vom 21 Febr. 1720, in den AdelStand erhoben (oben S. 117, und bekam Fäuſtel und WünſchelRute in ſein Wapen). — Sein Son *Akinſj* erhielt neue vorteilhafte Reglemens über ſein Eiſen, den 12 Nov. 1738; und ſeine Abgaben wurden im BergReglement der Kaiſerin *Anna* beſtimmt. TSCH. 154. — Gegen das J. 1732 kam ein Ge-

rücht-

gebauet zu werden. Dieſer hatte von den **Tſchudi-**
ſchen-Schürfen im *Kolywanſchen* Gebirge, im J.
1725 Nachricht erhalten; und lies die Sache durch
deutſche Bergleute, die er bei ſeinen Werken auf
dem Ural hatte, unterſuchen, welche reiche Erz-
Anbrüche fanden. Er legte daher 1727 am See
Kolywan ein HüttenWerk an.

Bei ſeinen Leuten fand ſich viel verlaufenes Ge-
ſindel ein, welches er nach einem FreiBrief annemen,
und den Herrſchaften und Obrigkeiten nicht zurückge-
ben durfte. Ihm wurden auch ſogleich viele Kron-
Bauern zu Abarbeitung ihres KopfGeldes zuge-
ſchrieben.

Die erſten Gruben waren die *Kolywan-*, *Pichtow-*,
Woſkreſenſk-, und *Bogojawlenſkiſchen* Gruben. Ihre Erze hielten 7 bis 8 proC. Dhältiges Sarz im
Durchſchnitt. — Im J. 1732 erfolgte die Unterſuchung (oben S. 111). — Aber 1743 ward
ein Demidovſcher Steiger, *Träger* genannt, der
ſich für beleidiget hielt, mit reichen Stufen unſicht-
bar.

rückt aus, daß die *Kolywanſchen* Bergwerke auch
D enthielten; doch diesmal blieben ſie noch den *De-*
midoven (oben S. 111). — Sogar wurde 1740,
15 Aug., "der Edelmann *Akinfij* Demidov, Stats-
Rat, weil er ſeine Bergwerke erweitert hatte",
Tschulk. 200.

2. d. i. von Bergwerken, die nach der Ausſage der
dortigen eingebornen Wilden, ſchon vor undenkli-
cher Zeit, von Fremden (die ſie mit dem allgemeinen Namen **Tſchuden** benennen, vermutlich von
Mongolen) angelegt, und nachher wieder verlaſſen worden waren.

bar.   *Demidov* fürchtete mit Grund, daß folcher
die DErze in Petersburg anzeigen würde; und tat
es alfo lieber felbft. — Alfo fchickte im J. 1745
das Cabinet eine Commiffion dahin, die aus dem
Brigadier *Beyer*, dem HüttenVerwalter *Ulich* u. a.,
beftand: diefe namen die Gruben für die Krone in Be-
fiß, "weil damals kein PrivatMann ⊙- und
DBergWerke befizen durfte" [3].   Nun wurden
viele deutfche Steiger und OberSteiger nachgefchickt,
und *Beyer* ward OberBefelshaber.   1748 fing der
eigentliche DBau im SchlangenBerg an.   Nach
und nach wurden eine Menge Gruben und Schürfe
eröffnet und bearbeitet; doch keine hat fich fo edel,
wie der SchlangenBerg, angelaffen". — So weit
Hr. *Hermann*: die Rechnungen von der Ausbeute
kommen unten in Einem, unter der jeßigen Regirung, vor.

    Tschulk. VI, 2, S. 253, hat die HauptUkafe
über diefe Eroberung, vom 12 Maj 1747. "Auf
SpecialBefel wird der Brigadier Andrej *Beer*, auf
die *Kolywan- Woskrefensk- Barnaul-* und *Szulbin-
skifche* Bergwerke des verftorbenen wirklichen Stats-
                                            Rats

---

3. Unmöglich kan dies die Urfache der Wegname
    feyn.   Hatten nicht *Petr* I, *Petr* II, und *Anna*, ihr
    kaiferliches Wort aufs feierlichfte gegeben (oben
    S. 116, 118, 119), daß alle Bergwerke one Ausna-
    me, felbft namentlich auch ⊙- und DBergwerke,
    ihren erften Anbauern und Befizern bleiben follten?
    Hat *Elifabeth* diefes EhrenWort zurückgenommen;
    und konnte fie es?

Rats *Akinfij* Demidov, geschickt, um die BergArbei-
ten zu besorgen. Ihm habe Ihre Majr. diese Bergwerke, und andre, die an dem Jrtysch und Ob und
zwischen diesen Flüssen liegen, wie auch alle von Demidov aufgefürte Gebäude, so viel sich deren nur vor-
finden, mit allen dazu genommenen Ländereien, samt
allen vorhandenen Erzen und Instrumenten, samt
Canonen und kleinem Gewehr, den Meistern, Demidovs eignen Leuten, und den zugeschriebnen Bauern, für Ihre Majr. zu nemen (*vzăt' na Jeja
Weliczeßtwo*), zu befelen geruhet. Auch sollen diesen Bergwerken noch merere Bauern zugeschrieben,
und in den dortigen fruchtbaren Strecken Leute an-
gesiedelt werden.

1748, 31 Jan. Da dem Gen. Major *Beyer*
anbefolen war, ein Inventarium über alles zu machen, damit man erfüre, was den Erben heraus-
zuzalen sei, aber auch nachzufragen, was der Ver-
storbne etwa der Krone schuldig sei: so erkundigt sich
derselbe, wo er letzteres zu erfragen habe; und wird
deshalb an die LandesStellen gewiesen. Tsch. 257.

§. 61.

Ich fare in der MünzGeschichte unter *Elisabeth* fort, und finde in Tschulkov Tom. VI, B. 4,
folgende dahin einschlagende Verordnungen.

1744, 27 Aug. foderte der Senat der Münz-
Canzlei einen Bericht ab, wie hoch in dem neuabge-
tretenen Finnland, das dort noch immer cursirende
kleine schwedische D- und PGeld gegen russisches
anzunemen sei. Das CommerzCollegium erneuerte
die Anfrage 1749, 4 Jul. Die Münzmeister *Zai-
zov*

tzov und *Kozmin* wärdirten alle ihnen eingereichte Sorten scharf und umständlich; und der Senat beſtätigte ihre Wärdirung 1750, 27 Oct. Tschulk. S. 377-383.

1749 war beſolen worden, ruſſiſche einfache und doppelte Dukaten, den holländiſchen gleich, 118 Stück aus dem ℔, zu prägen. Wie hoch ſie curſiren ſollten, ward nicht beſtimmt. Aber — 1754, 6 Maj, wurde der Preis ſo wol von den neuen vom J. 1749, als allen vorherigen von 1701 an (nur mit Ausname der AndreasDukaten *Petrs* I, die auf 2 Rbl blieben), und künftig noch auszumünzenden ruſſiſchen Dukaten, auf 2 Rbl 30 Kop. geſetzt; bei Strafe der Conſiscation, wer ſie höher ausbringen wollte. Auch ſolle das *Zolotn.* fein ☉, das damals 2 Rbl 52 Kop. galt, in den MünzHöfen, zur Vermerung des Einbringens, für 2 Rbl 60 Kop. angenommen werden. Tsch. 383.

1744, 11 Maj. Das kleine alte DGeld ſoll vom 1 Jun. 1744 an, nur noch 2 Jare lang curſiren, und indeß in die MünzHöfe und Canzleien, zur Verwechslung one Abzug, Kopejke für Kopejke, eingebracht, die beſchnittenen und zerſchlitzten nach dem Gewichte, das *Zolotn.* zu 15 Kop. bezalt, aber bei ſchwerer ſchon ehemals gebroheten Strafe keine eingeſchmolzen werden. Nach Verlauf der 2 Jare ſind ſie außer Curs, und gelten in den MünzHöfen nur den gewönlichen DPreis. Zehen Jare nachher,

1754, 6 Maj, berechnete man, es müßten noch für 11,635000 Rbl, 20240 Pud D ſchwer, ſolcher kleinen DStücke unter dem Volke ſeyn. Der Senat ſetzt alſo abermals einen Termin von 2 Jgren

zur

zur Einbringung an. Was nicht unter 100 Rbl
ist, wird geschmolzen, und für das *Zolotn.* D fein
18½ Kop. (also ½ Kop. mer, als die Münz Höfe
damals für das inländische D zalten) gegeben; in
den Gouvernements aber, und bis die Probe der
Feinheit genauer auf den Münz Höfen angestellt werden kan, werden 13* Rbl fürs ℔, und nach der
Probe noch eine Zulage von 24½ Kop aufs ℔,
bezalt. Wer dergleichen unter 100 Rbl in den Gouvernements einbringt, erhält dafür in natura und
one Schmelzen, 14½ Kop. für das *Zolotn.*, und
13* Rbl 92 Kop. fürs ℔, weil die Schmelz- und
Transport Kosten nach Moskau abzuziehen sind. In
Sibirien wird, nach der Ukase von 1752, 13 Maj,
wie anderswo, für das *Zolotn.* ungeschmolzen 14½
Kop. bezalt. Die falschen Stücke von ♀, Blei und
Stal, werden ausgeschossen und zerbrochen. Nach
Ablauf der 2 Jare werden diese D Stücke, wo man
sie findet, confiscirt: doch mit Ausname, wenn jemand nur wenige aus Curiosität, oder als Antiqui-
täten, aufhebt, oder die die heidnischen Völker zum
Schmuck brauchen. TSCHULK. 384-388. Aber
es kam nur wenig ein, vermutlich weil nichts mer da
war (oben S. 107): aber man blieb dabei, es müßten noch Millionen dieser Münzen, aus Furcht vor
der Confiscation, todt beim Volke liegen. Also ward
1757, 3 Jul., eine neue Einrufung, one gewissen
Termin, publicirt, und für das *Zolotn.* fein, diesmal 19 Kop.; und in Städten, wo keine Probirer
sind, ungeschmolzen 15 Kop., oder für das ℔ 14
Rbl

---

* Beide male steht hier, durch einen Druck Feler, *tri-
tzati*, 30, für *trinatzati*, 13.

Rbl 40 Rop., geboten. Selbst die nach obigem Termin bereits confiscirten, sollen nach dem alten Preise bezalt werden. Tsch. 410-412.

1755 wurden neue HalbGriven zu 77 Pr. ausgemünzt, die der Senat den 4 Jul. in Curs zu setzen befal. Tschulk. 388.

1755, 18 Aug. Der Senateur, Graf Petr *Schuwalov*, tritt von der Zeit als MünzReformator auf. Auf seinen Vorschlag soll die MünzCanzlei, aus neuem Kupfer, Kopejk. zu 8 Rbl aus dem Pud münzen, und die damaligen 2Groschen ebenfalls zu Kopejken umprägen lassen: letztere sollen überall (nur keine falsche, oder zum Umprägen untaugliche) für 2 Rop. gegen neugeprägte ausgewechselt werden. "Durch dieses nützlichste Mittel werden unsre getreue Untertanen von diesen Groschen, bei der jetzigen letzten Einwechslung derselben, nicht Schaden oder Bedrückung haben". Nachgemachte Groschen werden confiscirt, und auf die Ausgeber inquirirt. Die neuen Kopejken darf jeder nicht nur in Geschirr umschmelzen, sondern auch gegen Erlegung des Zolls über die Gränze versenden. Tsch. 388-390. — 1756, den 19 Jun., werden, auf *Schuwalovs* Rat, diese Groschen vom 1 Sept. desselben Jares an verrufen, und nach der Zeit ein Pud derselben nur mit 5 Rbl, als so viel für das beste ungemünzte 2 von der Krone bezalt wird, ausgewechselt. Tsch. 392. — Zum Prägen der neuen Kopejken, war 1756 den 31 Jan. befolen, daß von allen Privat Bergwerken die Hälfte des 2s für den gesetzten Preis zu 5 Rbl eingeliefert werden sollte: die andre Hälfte durfte frei im Lande verkauft, nur nicht auswärts

J 5

ver

verſchifft werden. TSCHULK. *Tom.* VI, B. 2, S. 384.

1755, 12 Nov. "Da in unſerm Reiche bie currenten D- und ℞Münzen, nun durch unſre gnädigſte Vorſorge, glücklich zur Sicherheit und zum Nußen unſrer getreuen Untertanen eingerichtet, und alle unſrem Reiche ſchädliche Münzen vertilgt worden ſind: ſo ſind wir geſonnen, unſre mütterliche Vorſorge noch weiter auszubeuen, und Gnade über unſre getreue Untertanen auszugieſten, damit auch unſre currente ☉Münzen, mit eben ſo guter Ordnung, zum Nußen des Commerzes, und zu weiterer Verbreitung unſrer Ehre und Magnificenz, eingerichtet werden, und nicht nur gegen unſre ℞Münzen, ſondern auch gegen dergleichen ausländiſche Münzen, das ware Verhältnis haben mögen, und in größerer Menge gemacht werden können". Alſo ſollen geprägt werden,

I. Imperialen, ganze und halbe, zu 10 und 5 Rbl, Probe 88, der ganze $3\frac{84}{96}$, der halbe $1\frac{90}{96}$ Zolotn. ſchwer. [Alſo, nach unſrer BeſtimmungsArt,

　　Schrot, 348,256 .. $(\frac{1}{4})$ As.
　　Korn, 321,596 .. $(\frac{3}{4})$ As.

Alſo gingen 24,441 ... Stück auf 1 ℔.

Verhältnis des Imperials

　　zum holländ. Dukaten, 1 : 4,510
　　zum ruſſiſchen Dukaten, 1 : 4,6002

Galt der ruſſiſche Duk. 2 Rbl 25 Kop., ſo war der Imperial wert, 10,350 Rbl.

Und galt er 10 damalige Rbl, ſo war das Verhältnis zwiſchen ☉ und D, 1 : 13,402.]

II. Al-

II. Alle ruſſiſche Dukaten von 1701 bis 1754, ſollen 2 Rbl 25 Kop. (alſo 5 Kop. weniger, als das Jar vorher beſtimmt worden) gelten.

III. Die vom J. 1718 bis zum 26 Sept. 1730 zu 2 Rbl ausgeprägten AndreasDukaten, werden von nun an außer Curs geſetzt. Die in den Caſſen vorrätige werden, zur Umprägung in Imperiale, eingeliefert; das Publicum aber wird zur Auswechslung nicht beſeliget. Tsch. 390 (und noch einmal eben dieſelbe Ukaſe, nur durch einen DruckFeler, unter dem J. 1756, S. 394).

§. 62.

Man ſiehet aus allem bisher Erzälten, daß man faſt durchgängig, *Münnichs* Vorſchlägen entgegen handelte. Dieſer hatte ſich wärender Zeit nochmals zugedrengt, und der Kaiſerin 1753, 5 Sept., alle die Acten in Einem Bande überreicht, die die Beylagen dieſer Schrift ausmachen. Er hatte dieſem Bande eine eigene Zuſchrift an die Kaiſerin (Beyl. 1-13) vorgeſetzt, und darinn ſeine bereits bekannte Jdeen vom ☉= ☽= und ♀MünzFus, von einer Lotterie (biesmal gar einer ZwangsLotterie, Beyl. 12) ꝛc., wiederholt. Aber man hörte den verhaßten Ausländer nicht. Man ſetzte den Preis der ruſſiſchen Dukaten nicht auf 220, ſondern auf 230, jedoch nachher auf 225 Kop. Man münzte ☽Halb-Griven nicht zu 66, ſondern 77 Pr, wie die Rubl. Man münzte ♀ gar zu 8 Rbl aus dem Pud aus. Nur zur Einſchmelzung der AndreasDukaten, gegen die man die Kaiſerin einzunemen gewußt, als

wenn

wenn ſolche das Andenken ihres Vaters ſchmähete, verſtand man ſich zuletzt aus Not.

Aber — welcher Triumph für den armen Fremdling! — der preußiſche Krieg fing an; nun ſuchte *Schuwalov* *Münnichs* lang verkannte Projecte, wenigſtens in Anſehung der ♀Münze, hervor: man wollte, man mußte, wieder ummünzen.

§. 63.

1756, 10 Oct. Dieſes UmprägungsGeſchäfte war dem Gen. FeldZeugmeiſter und Senator Petr *Schuwalov*, durch einen eigenen Schluß der Conferenz, aufgetragen worden. Die Anſtalt dazu hieß MünzExpedition, wobei *Schuwalov* Präſident, und der StatsRat und OberRichter der MünzCanzlei, *Schlatter*, OberAufſeher war. Das Münzen ſollte auf den Syſterbäckſchen Fabriken geſchehen, allwo das Comtoir der GewehrCanzlei künftig MünzExpedition, und die GewehrCanzlei (die wieder, wie unter *Petr* I, unter den Gen.FeldZeugmeiſter zu ſtehen kam, S. 490) Comtoir heißen ſollte. Tsch. 396.

Um ♀ zu bekommen, griff man zu folgenden auſſerordentlichen und harten Mitteln.

"Zu Errichtung eines neuen Obſervations - [zapaſnoj] Corps von 30000 Mann, war dem Gen. FeldZeugmeiſter *Schuwalov*, aus der Conferenz, den 26 Sept. 1756, anbefolen worden, zu beſorgen, daß alles bei der Artillerie in allerhand Waffen (nur die denkwürdigen nicht) vorrätige ♀, zu Gelde vermünzt, und damit die in die ArtillerieCanzlei ſchuldige Summe bezalt werde". — Alles auf den Kron ſowol als

als PrivatBergwerken vorhandene fertige ♀, soll
nach Katharinburg, Moskau, Systerbäck, geliefert,
das Pud mit 5 Rbl bezalt, und Kopejken daraus
gemünzt werden. In Katharinburg wird nur das
Privat♀ vermünzt, das Kron♀ aber zu Wasser nach
Moskau und St. Petersburg versandt. — Auch
die andre Hälfte von Privat♀, darf weder außerlands noch im Lande selbst, weiter verkauft, sondern
alles muß an die Münze geliefert werden. Aber zu
Kopejken vermünztes ♀ darf frei auswärts verfürt
werden, sogar one alle Hafen- und inländische Zölle
(gegen die Verordnung vom 18 Aug. 1755). —
Diejenigen Fabricanten, die Grünspan und ♀Geräte
verfertigen, und rohes ♀ in Vorrat haben, das ihnen höher als 5 Rbl zu stehen kam, behalten solches,
müssen es aber in Beiseyn eines Mitgliebs vomMünz-
Hof, wiegen, und sich reversiren, daß sie außer
ihrem vorrätigen, nicht mer einkaufen, sondern bei
Verlust ihres FabrikenRechts, künftig blos ♀Ko-
pejken verarbeiten wollen. Dem zufolge wird auch
die Einfur aller ausländischen ♀- und MessingsFa-
bricate (nur mathematische, Apotheker-, und andre
KunstInstrumente ausgenommen) verboten, weil solche, bei dem MarktPreise des ♀s von 8 Rbl, wolfeiler als die inländischen wären. — Alles *Kolywansche* ☽hältige ♀ wird nicht zur ♀Vermünzung,
sondern blos zur Legatur der ☽Münzen, gebraucht.
Ist von jenem keines mer vorrätig; so werden blos
alte eingerufene, aber keine von den neugeprägten
Kopejken, auch kein rohes ♀, zur Legatur genommen. — Alle LandesStellen endlich leisten ihre Zalungen in ♀, falls nicht ausdrücklich ☉ oder ☽ befo-

len

len wird. Tsch. 397–400. Letztere Verordnung
ward 1757, 3 Febr., erneuert. Keine Stelle ſoll
☉ und ☽ ausgeben, ſondern ♀ in Umlauf bringen:
die Stellen wechſeln darüber jenes gegen dieſes aus;
denn die Zalungen ſelbſt ſollen dadurch nicht gehemmt
werden. Nur das SalzComtoir ſoll ferner ſeine an
den kaiſerl. Hof gehörige Summe, in ☽ ſchicken.
Tsch. 400.

Noch wußte das Publicum von der inneren großen Revolution nichts, die der ♀Münze bevorſtand,
daß ſie, ſtatt der bisherigen 8 Rbl, nun zu 16
Rbl aus dem Pud, vermünzet werden ſollte. Es
erfur ſolche erſt, wie ſich eben die Armee nach Preußen in Bewegung ſetzte, unter folgender Verkleidung
und Verzierung, durch die Ukaſe von 1757, 8 Apr.
Tsch. 402-409.

"Als vom J. 1700 an, 3,346538 Rbl an ♀
Kopejken, Denuſchken und Poluſchken, zu 20 Rbl
aus dem Pud, gemünzet wurden: ſo mußte man
ſchon damals befürchten, daß weil das ♀ weit wohl-
ler war [nur 5 Rbl], ſolche Münzen nachgemacht
werden würden. Noch weit größer und warſcheinlicher wurde die Gefar, wie von 1724 an wiederum
349,299 Rbl 50 Kop. *, gar zu 40 Rbl aus dem
Pud, in Umlauf kamen. Der bloße Verdacht konnte den Credit und Handel zerſtören. Man brachte
läſti-

* Entweder iſt hier ein DruckFeler, und 3 Mill. ſind
ausgelaſſen; oder *Schuwalov* erlaubte ſich ein Un-
factum. Denn daß von dieſen 5Kop Stücken bis
gegen 4 Mill. ausgeprägt worden waren, hatte *Münnich* aus beſcheinigten Angaben der MünzHöfe ſelbſt,
bewieſen.

lästige Mittel dagegen. Durch successive 3malige Herabsetzung derselben, verlor die Krone auf 5 Rbl 3: durch eine 4te Herabsetzung würde sie noch 1en Rbl daran verlieren. Indeß dauerte die Furcht vor den vielen nachgemachten noch immerfort; denn man verspürte, der 3maligen Reductionen ungeachtet, immer noch keine Abname dieser Münze unter dem Volke. Also wurden, auf *Schuwalovs* Rat, zum 4tenmal, alle diese auf 2 Kop. gesetzte Stücke eingerufen, und gegen 2 neue Kopejken umgesetzt: auf die Art litt das Publicum nicht nur nicht den geringsten Schaden; sondern was weit wichtiger war, man erfur, daß die Furcht vor den nachgemachten ungegründet gewesen: denn es kamen 205723 Rbl weniger ein, als gemünzt worden waren; und niemand konnte doch ein Interesse haben, sie zu verheimlichen. Seit der Zeit erholte sich Credit und Handel sichtbar."

"Nur 2, zwar nicht gefärliche, aber doch wichtige Schwierigkeiten, blieben über. I. Diese Herabsetzungen und Einwechslungen haben die Masse der ScheideMünze gar ser verringert, so daß solche in den entfernten Gegenden schweres Aufgeld gegen Rubl gab. II. Die zur Ausfüllung dieser Lücke neugeprägte kleine Münze, konnte nicht so geschwind gemacht werden, als nötig war. Und da man sie, bei der Furcht vor den vielen nachgemachten, auf 8 Rbl aus dem Pub gesetzt hat: so erschwerte selbst ihre Schwere den Transport, und folglich den ganzen Handel.

Demnach schlug *Schuwalov* vor, I. neue Groschen, Kopejken, Denuschken, und Poluschken, zu 16 Rbl

aus

aus dem Pud, mit neuen Stempeln zu machen: ſo
würde der Transport in ferne Gegenden um die Hälf‐
te erleichtert, und doch wäre keine Gefar des Nach‐
machens dabei, wie vorhin bei der 40RblMünze.
II. Für den großen Profit, den die Krone hievon
zöge, ſoll an der KopfSteuer 1e Mill. Rbl in
2 Terminen erlaſſen werden.

Nun ward beſchloſſen, wie folget. 1. *Schuwa‐
lovs* 1ſter Vorſchlag ſoll wörtlich vollzogen werden.
2. Die aus 5 Kop. zu 1em umgeprägte und be‐
reits curſirende Kopejken, ſollen abermals mit ei‐
nem neuen Stempel zu Groſchen (oder 2 Kop.)
umgeprägt werden, damit ſie auch auf den 16Rbl
Fus kommen. In Zeit von 1½ Jaren müſſen alle
zur Verwechſlung eingebracht werden. 3. Die noch
curſirenden Denuſchken und Poluſchken zu 10 Rbl,
behalten ihren Curs. 4. Auf die Art wird die Schei‐
deMünze vermert, und im Preiſe verdoppelt; denn
aus 8 Rbl werden 16. "Da aber auch die Summe
der bisher neugemachten groben und DMünze ſer
groß iſt, und auf 50 Mill. Rbl, die ⊙Münze un‐
gerechnet, ſteigt; folglich auch die Vermerung der
ScheideMünze für ein ſo großes Reich unumgänglich
nötig, deren Erhöhung aber doch nicht ſo groß iſt,
daß ein Nachmachen zu befürchten wäre: ſo ſcheint
der Fall nie einzutreten, wo die Summe dieſer klei‐
nen ℓMünze verringert, oder ihr Preis herabgeſetzt
werden müßte. Zwar ſind die obgenannten aus 20
Rbl ausgemünzten ganze, ½, und ¼ Kopejken nicht
um vieles leichter, als die jetzt beſtimmten, und ſind
doch eingerufen worden. Allein hierbei iſt zu bemer‐
ken, daß dieſe Einrufung damals hauptſächlich des‐

we‐

wegen geschah, weil man solcher nicht nötig hatte: denn damals cursirten blos an 𝔇Ropesk. 30,723399 Rbl (wie unrichtig! s. oben S. 107), außer den 10s, 3s, und runden 𝔇nen 1Kop.Stücken, wiewol damals der groben 𝔇Münze, in Vergleich gegen jetzo, ser wenig war. Denn nun, da die grobe so ser vermert, und dagegen die kleine 𝔇Münze eingewechselt, die 𝔔ne aber herabgesetzt, worden, ist es weit nötiger, letztere dermalen zu vermeren, als es damals nötig war, solche wegzuschaffen. Sollte aber auch in der Folge, nach Vermerung der kleinen 𝔇Münze, woran ebenfalls gedacht wird, es nicht mer nötig seyn, der 𝔔Münze ihren Lauf zu lassen; oder sollte es, dieser oder andrer nicht vorherzusehender wichtiger Ursachen wegen, für nötig erachtet werden, eine neue 𝔔Münze einzufüren, oder deren Preis herabzusetzen: so soll ein solches doch nicht anders, als im J. 1754 mit den damaligen Groschen, d. i. one den geringsten Verlust des Publici, geschehen. "Wir befelen daher von nun an, und setzen es hiedurch als eine unwandelbare Regel fest, daß falls es ja die unumgängliche Not oder der Nutzen des Reichs erheischte, obbemeldte neue kleine 𝔔Münze zu verrufen oder herabzusetzen, solches nicht anders als wie im J. 1754, das ist, one daß irgend jemand dabei Einbuße hätte, geschehen solle. 5. Da diese neue, wann gleich niemanden schadende, vielmer den inneren Handel ser erleichternde Einrichtung, der KronCasse augenscheinlich großen Vorteil bringt: so sollen sie doch auch die Untertanen genießen. Daher soll zwar alles jetzo auf den 𝔔Hütten und bei den Fabricanten vorrätige 𝔔 an die MünzHöfe zum Vermünzen abgeliefert, jedoch fürs

K Pud

Pud 1 Rbl mer, als 1754 bestimmt worden, bezalt werden. Von neuem ♀ wird für diesen Preis mit der Zulage, so lange das Vermünzen dauert, nur ¾ an die Krone geliefert, ¼ aber frei verkauft. Alle vorige Verbote, kein ♀ zu verschiffen, auch nicht zu ♀Fabricaten zu verbrauchen, auch keine fremde ♀Fabricate einzufüren, hören von nun an auf. Die Verschiffung ist frei: nur muß durchaus die Bezalung dafür nicht in russischem Gelde, auch nicht in ausländischen Waren, sondern in *Jesimki* und ausländischem ☽ geschehen, welches in die MünzHöfe, für 19½ Kop. das *Zolotn.* sein, gebracht werden muß: bei Strafe der Confiscation des dafür eingenommenen russischen Geldes oder fremder Waren.   6. So glücklich das Volk auch schon dadurch wird, daß die ♀ScheideMünze häufiger und leichter wird: so sollen doch über das, in der KopfSteuer, jeder Seele 8 Kop. in der 2ten Hälfte dieses J. 1757, und wiederum in der 2ten Hälfte des J. 1758, erlassen seyn: wofür in beiden Hälften, jedesmal eine halbe Mill. Rbl, in dem neuen ♀Gelde, an das OberCommissariat eingeschickt werden soll.

1757, 30 Apr. befal der Senat auf Vorstellung der MünzExpedition, daß nach Ablauf des Termins die Kopejken nicht weiter Curs haben, und die in die KronCassen eingegangne, nicht wieder ausgegeben werden sollen.   Tsch. 409.

1758, 14 Jan. Damit es mit dem ♀Münzen geschwinder gehe, ward befolen, auch wieder 5Kop. Stücke, den übrigen ♀Münzen gleich, d. i. 16 Rbl aus dem Pud, zu münzen.   Tsch. 418.

§. 64.

§. 64.

Sobald ♄ nicht mer blos als Scheide Münze zur Ausgleichung, sondern als Handels Münze, gebraucht werden soll, sind, nach der Natur der Sache, Niederlagen dieses schwerfälligen Metalls, oder Banken, notwendig. Petr *Schuwalov* schlug dergleichen vor, und erhielt darüber in der Ukase von 1757, 8 Nov., die größten Lobsprüche. 2 Mill. Rbl in ♄ zu 16 Rbl, sollten auf Kosten der Krone, ins Innere des Landes, in 50 hier namhaft gemachte Städte, verfürt, und an die Magistrats Personen, die die Salz Gefälle verwalten, abgeliefert werden: diese können davon auf Wechsel, zalbar in Petersburg nach höchstens 8 Monaten, mit ½ proCent monatlich zur Vergütung des Transports, ausgeben. Wer in Petersburg gegen Bürgschaft ♄ nimmt, und im Innren des Landes ♢ wieder zalt, gibt keine Zinsen. Die Auszalung soll aufs prompteste geschehen. Aber Kaufleute, Fabrikanten, und Berg Herren, die weder Waren noch Victualien nach Petersburg versenden, erhalten keine solche Wechsel. An Orte, wo die assignirte Summe (die zu nichts anderm verwandt werden darf) nicht zureicht, soll auf Erfodern mer geschickt werden u. s. w. Tsch. 413-418.

1754, 23 Jun., waren Reichs Banken für den Adel errichtet werden. 1757 ward auf *Schuwa-lovs* Vorschlag der 3järige Termin zur Rück Zalung, noch auf 1 Jar verlängert. 1759, 9 Jul. ward, auf eben desselben Vorstellung, der Termin nochmals denen, die aus der Petersburger und Moskauer Bank Gelder hatten, unbestimmt bis aufs Weitere,

ver-

verlängert, "zum Vorteil der Krone, und zur Er⸗
haltung der Güter bei den Familien". Die bereits
deswegen confiſcirten Güter, wurden den Beſitzern,
gegen Entrichtung der Zinſen, zurückgegeben. Tsch.
418.

§. 65.

Dies waren alle Veränderungen mit der ruſſiſchen
Münze unter dieſer Regirung. Sie betrafen haupt⸗
ſächlich das ♀Geld. — Dukaten blieben völlig wie
vorhin: nur kam eine neue ☉Münze, Imperialen
genannt, auf, oben S. 138.

Auch in der groben und kleinen ☽Münze blieb
man bei dem alten Fuße, Probe 77. Den Rubl der
Eliſabeth beſtimmt *Haven* S. 320 völlig ſo, wie
oben S. 104 der der *Anna*; nur daß er das Ge⸗
wicht deſſelben noch ſchärfer zu $6\frac{2}{3}$ Zolotn., ſtatt
$6\frac{1}{16}$, angibt. Aber irrig iſt S. 321, daß die Gri⸗
ven nur zu 72 Pr. ausgemünzt worden; ſiehe oben
S. 137: und noch irriger, daß auch unter dieſer Re⸗
girung ♀ zu 40 Rbl geprägt worden. Kruse II,
S. 32, irret auf eine andre Art, wenn er die Rubl
Probe zu $77\frac{1}{2}$ Zol. ſtatt 77 (12 Lt. 16 Gr., ſtatt
15 Gr.) angibt.

Aber in den letzten Jaren der Kaiſerin kamen
neue ruſſiſche Münz⸗Sorten von ganz andern Füße,
die aber beide nur noch als Seltenheiten exiſtiren, zum
Vorſchein: livländiſche und preußiſche.

§. 66.

I. 1757, 19 März erging die Ukaſe wegen der
Livoneſen (Büschings Magazin, III, S. 242).
"Wir

"Wir nemen mit dem äußersten Vergnügen Teil daran, wenn wir Gelegenheit finden, unsre getreue in Liv- und Estland wonende Untertanen in die blühendsten Umstände zu versetzen. ... Aus diesem Beweggrunde haben wir auch anjetzo, zu mererer Aufname des Commerzes, und besserer Einrichtung aller Abgaben in Liv- und Estland, verordnet, damit die in Liv- und Estland unterschiedene u. viele ausländische Münzsorten schlechten Gehaltes, so zum Schaden des Publici daselbst rouliren, gänzlich abgeschafft werden, eine neue Münze mit unserm Portrait, unserm Reichs- und den Est- und livländischen Wapen [die Ukase enthält die Zeichnungen von allen], prägen zu laffen, nach bemeldten Provinzen zu benennen, und dieselben mit einer lateinischen Umschrift zu versehen, damit selbige in bemeldten Est- und Livländischen Provinzen füglicher, und im Commerz und unter den Ausländern gäng und gebe seyn könne".

Auf den ganzen, halben, und Viertel Livonesen (die alle gerändert sind), A. Bild der Kaiserin, mit der Umschrift: *Elisabetha. I. D. G. Imp. tot. Roff.* R. der 2köpfigte Adler, mit den 2 Wapen von Liv- und Estland auf der Brust. Umschrift: *Moneta Livo-Efthonica* 1757. Unten zwischen 2 Sternen die Zalen 96, oder 48, oder 24 (nämlich Kopejken).

Ein 4 Kop. Stück, A. der 2köpfigte Adler; Umschrift, *Moneta.* R. die beiden Wapen von Liv- und Estland zusammengebunden; Umschrift, *Livo Efthö-nica* 1757, unten die Zal 4.

Ein 2 Kop. Stück, A. blos der 2köpfigte Adler,

K 3 one

one Umſchrift.　R. die beiden Wapen, neben herum
die JarZal 1757, unten 2.

Münz Fus.　Alle 4 erſte Sorten, Probe 72:
aus 1 Pud D von dieſer Probe, 621 ganze, 1242
halbe, 2493 ViertelLivoneſen, 15059 4Kop. Stüt-
te.　Alſo einer ganzen Livoneſe

Schrot, 548,276 As hollänb.

Korn, 4 1,207 As.

Aber die 2Kop. Stücke, Probe 36: aus 1
Pud ſolchen Ds, 15609 2Kop. Stücke.

Dieſe Münzen ſollten einzig und allein in Eſt-
und Livland bis Narva, nebſt den ruſſiſchen nen
ganzen, halben, und ViertelKopejken, gangbar ſeyn.
Bis dieſe Provinzen tamit genugſam verſehen ſint,
bleiben nicht nur alle ruſſiſche ☉ = und DSorten im
Gange, ſondern es dürfen auch noch die ausländiſchen geringhaltigen MünzSorten angenommen werden; aber nur nach ihrem inneren Wert, ſo wie ſolcher in beigelegter ValvationsTabelle angegeben
iſt (z. E. eine ſchwediſche Caroline zu 62 Kop., pom-
merſche 2Gr. Stücke zu 5 Kop., mecklenburgſche
dito zu 5½, alte preußiſche und lüneburgſche dito zu
6¼, neue polniſche und ſchwediſche Tymſe zu 13 Kop.
die alten zu 15, polniſche Schillinge das Pud zu 5
Rbl ꝛc.).　Doch werden dieſe eingehende Sor-
Sorten nicht wieder ausgegeben, ſondern in die
Münze nach Moſkau geliefert.

Da nach dem RublFus unter der jetzigen Regierung, eine Livoneſe nicht 96, ſondern 72¾ Kopej-
ten werth iſt: ſo ſind alle dieſe Münzen eingerufen
und umgeſchmolzen worden. BÜSCHING VIII, S. 382.

§. 67.

§. 67.

II. In dem preußischen Kriege ließ die Kaiserin, als damalige Besitzerin von Preußen, in den Jaren 1759–1761, fünferlei Münzen, alle ser kupferigt, und vermutlich alle nach damaligem schlechtem preußischem MünzFus, mit folgenden Aufschriften ausprägen:

a. 1 Gulden. A. das Bild der Kaiserin; Umschrift: *Elisab. I. D. G. Imp. tot. Ruß.* R. der preußische 1köpfigte Adler: unten 1761, — 3. ein. *Rth. Cour.*

b. ½er *dito*, eben so, nur unten — 6. ein. *Rth. Cour.*

c. Ein 18Gr.Stück. A. eben so. R. der preußische Adler, mit der Zal 18 auf der Brust: oben herum, *Moneta: regni: Prussiae;* unten 1759.

d. Ein 6Gr.Stück, von 1759 und 1761, A. und R. wie *Num.* c; nur die Zal VI auf der Brust.

e. Ein 2Gr.Stück, von 1759 und 1761, A. und R. wie *Num.* c; nur die Zal 2 auf der Brust. Vom J. 1761 habe ich 2 Stücke vor mir, deren eines plump ausgeprägt, das andre gestempelt ist.

f. Ein Gr.Stück, 1759 und 1760. A. 1 *Grossus reg. Pruß.* R. der preußische Adler; neben herum, *Moneta argentea* (vielleicht Probe 12?).

§. 68.

Das Göttingsche MünzCabinet hat von Münzen unter *Elisabeth* folgende.

1. 1 Imperial. A. Bild der Kaiserin: Umschrift: *B. M. Jelisabet. I. Imp. i Samod. useros*

R 4   (Von

(Von Gottes Gnaden *Elisabeth I,* Kaiserin und Selbstherrscherin von ganz Rußland). Unten, S. P. B. (St. Petersburg). R. Ein kleiner Schild in der Mitte mit dem ReichsAdler; neben herum 4 etwas größere mit SpecialWapen einzelner Provinzen: zwischen den Schilden die JarZal 1756. Umschrift: *Imprskaja rossijs mon. tzena desat. rub.* (Kaiserl. russische Münze am Wert 10 Rbl).

1 HalbImperial. A und R. wie auf dem vorigen ganzen; nur die JarZal 1757, und pät (5 Rbl).

1 DoppelDukat. A. Bild der Kaiserin; und Umschrift: *B. M. Jelisabet. I. Imperatritza.* R. Bloß der 2köpfigte ReichsAdler; und Umschrift: *i Samodershitza. vserosiskaja. 1751 Aprel.* (d. i. im April geprägt).

1 Dukat. A. und R. völlig dem vorigen gleich; auch *1751 Aprel* *.

2 2RblStücke. Beide A. um das Bild der Kaiserin, *B. M. Jelisabet. i. Samod. vseros.* Unten S. P. B. R der ReichsAdler: herum, *Mon. tzena. dwa. rubli. 1756.*

1 1RblStück. Wie das vorige, von gleichem Jar; nur, *mon. tzena. rubl.*

1 HalbRbl. A. um das Bild der Kaiserin, *Jelisabet. Imp.* R. Ihr NamensZug EP. Herum, *Poltina 1756.*

(Dies

---

* In meiner Sammlung findet sich noch ein Dukat one Angabe des Monats, nur mit dem J. 1748: und ein AndreasDukat vom J. 1753, mit dem Monat unter dem Heiligen, *Fevr. 5.* Letzterer ist eben so schwer, wie die andern Dukaten.

(Diese 3 letzte Sorten kamen meines Wissens nie in Curs, sondern waren für die Kaiserin nur als SpielMünzen geprägt worden).

D. 4 Rubl, alle einander gleich. A. Bild mit gewönlicher Umschrift, und unten *S. P. B.* R. um den ReichsAdler, *moneta. Rubl'.* 1742 (1743, 1757, und 1761). Auf dem Rande, Moskauer oder Petersburger MünzHof.

2 HalbRubl, eben so, nur: *moneta. polti-na.* 1742 (und 1756) *.

2 QuartRubl, eben so, nur unter dem Bilde, *M. M. D.* (Moskauer MünzHof), und *Polupoltinnik* 1746 (und 1754).

4 Griven. A. Bild, mit gewönlicher Umschrift. R. *Griwennik* 1744 (doppelt, und von 1746, und 1756), mit einer blumigten Einfassung, und der Krone darüber.

7 HalbGriven. A. NamensZug EP auf dem Adler, und die Krone drüber: unten 5 Sterne. R. *5 Kop.*, auch auf dem Adler, mit der Krone darüber. Oben die JarZal 1756, (1757 doppelt, 1758, 1761 dreifach). — Einer in meiner Sammlung vom J. 1755, scheint besser wie alle folgende zu seyn.

2. 3 1Kop.Stücke; 2 schwer, zu 8 Rbl aus dem Pud, von 1755 und 1756, A. und R. wie auf den DHalbGriven, nur *Kopejka* auf der Brust des Adlers, umgeprägt von Petrs I 5Kop.Stücken,

wo-

* Es existiren auch, laut der Unterschrift, in Mo-skau geprägte HalbRbl von 1744.

R 5

wovon noch das Kreuz ſichtbar iſt: und res halb ſo
ſchwer, von 1760, wo der Ritter S. *Georg* wieder
erſcheint.

4 2 Kop. Stücke, von 1757 und 1758 (beis
de doppelt), gar erbärmlich zum 2tenmal umgeprägt
aus erſtbemeldten ſchweren 1 Kop.-, weiland 5 Kop.-
Stücken. Unterſchrift unter dem Ritter: *dwe Ko-
pejki.*

5 Halb Kopejken: 4 von 1746, 48, 49,
50; A. *Denga*, mit der JarZal, R. der Reichs-
Adler; alle ſer ſchwer, elend geprägt, vermutlich
wie die älteren zu 10 Rbl aus dem Pud. — Eine
neue, weit leichter wie die vorige, aber mit ſchös
nerem Gepräge: A. umwundner NamensZug der
Kaiſerin, mit der JarZal 1757; R. der Ritter, und
unten, *Denga.*

[Noch habe ich vor mir

1 5 Kop. Stück von 1759, zu 16 Rbl aus
dem Pud (ſ. oben S. 143). A. umwundner Nas
mensZug der Kaiſerin, mit der JarZal. R. der
Reichs Adler, auf der Bruſt der Ritter; unten hers
um, *pāt' kopējek.* Und

1e ſer leichte, aber ungewönlich (jedoch juſt
nach *Münnichs* Plan) niedlich geprägte ViertelKos
pejke von 1757. A. wie bei den neuen 5 Kop. Stüs
ken. R. der Ritter, und unten, *Poluſchka.*]

Die preußiſchen und livländiſchen Münzen
(oben S. 151 und 149) ſind beinahe in vollſtändiger
Suite in unſerm MünzCabinet vorhanden.

F. uns

F. unter Peter III,

vom $\frac{25 \text{ Dec. } 1761.}{5 \text{ Jan. } 1762.}$ bis 9 Jul. 1762.

§. 69.

Um Dänemark, oder wenigſtens Hoiſtein, zu
erobern, meinte dieſer unglückliche Mann, neue
MünzOperationen machen zu müſſen und zu dürfen. Es ſollte ſowol die D= als PMünze treffen.
Zur Umprägung der letztern ward den 22 Febr.
1762, der Brigadier *Jakowlev* verordnet, und eine
ſogenannte "beim dirigirenden Senat zur Umprägung der PMünze errichtete HauptExpedition" angeſetzt, unter der ſowol die MünzExpedition, als
die zu gleichem UmprägungsGeſchäfte errichtete Commiſſariate in Moſkau, Jaroſlav, NiederNovgorod, Katharinburg, und Syſterbäck, ſtehen ſollten.
TSCHULK. Tom. VI, 4, S. 420.

1762, den 2 Apr., ergingen folgende Befele.
Alle PMünze, nur Denuſchken und Poluſchken ausgenommen, ſollen umgeprägt, und mit neuen Stempeln belegt werden: doch behält die alte bisherige P-
Münze noch Ein Jar lang ihren ungeſtörten Lauf. —
Wer ☉ oder ☽ in die MünzHöfe bringt, erhält ſein
☉ zum vollen Wert, nur mit Abzug der MünzKo-
ſten und des Abgangs, gemünzt zurück; und für ☽
erhält er, außer den 19½ Kop. fürs *Zolotnik*, noch
10 proC. auf jeden Rubl. TSCH. 422.

1762, 9 Maj, ward auf Vorſtellung der Haupt-
Expedition befolen, die bereits eingegangne und
künftig eingehende Spec.Thlr. nicht in PrivatHän-
de kommen zu laſſen, ſondern ſie in die Münze zu
ſchicken, damit die Kaufleute gezwungen würden, zur
Vermerung des Ds im Reich, dergleichen neue alljärlich einzuverſchreiben. Tsch. 421.

1762, 21 Maj, ergingen, auf Vorſtellung bemeldter HauptExpedition, Befele aus dem Senat an
alle LandesStellen, zuerſt alle zu 16 Rbl ausgepräg-
te 5-und 2 Kop.Stücke, Säckeweis ſortirt, einzu-
ſchicken, indes aber die 1-½ und ¼Rop. zu ihren
laufenden Ausgaben bei ſich zu behalten, bis ſie für
jene, neue Münze erhalten haben. Eben ſo ſollen
auch die Particuliers verfaren. Tsch. 421.

Seit der Zeit wurden Que 5-, 2-, und 1Kop.-
Stücke, in großer Menge zu 10-, 4-, und 2 Kop.,
aber überaus ſchlecht, umgeprägt.

Auch an der D- und ☉Münze vergriff ſich *Petr*
III, und offenbarte es, meines Wiſſens, dem Publico nicht einmal! Nach Hrn. *Büſchings* Verſicherung (Magaz. VIII, S. 383), waren ſie doch noch
etwas beſſer, als ſie unter der jetzigen Regirung
geworden ſind.

§. 70.

Das Göttingſche MünzCabinet enthält von allen
dieſen Sorten folgende.

☉. 1 Imperial, und 2 HalbImperiale, bei-
be im Aeußeren denen ſeiner Vorweſerin völlig gleich.

D. 2

D. 2 ganze Rubl, denen der Elisabeth im Aeuſ ſeren gleich, nur etwas leichter; auch Auffſchrift: *Moneta Rubl*, und gerändert.

1 *dito*, aber R. im Quadrat der ruſſiſche Buchs ſtabe П, und in den 4 Ecken die Zalen III, völlig wie auf *Petrs* I Sonnen Rubln (oben S. 52). Aufs ſchrift: *moneta nowaja tzena Rubl*. Sie ſind nie in Curs gekommen, und ſollen deren nur 30 kurz vor ſeinem Fall geſchlagen ſeyn.

1 Halb Rbl, den vorigen gleich. Auffſchrift: *moneta Poltina.*

Q. 1 zu 10 Kop. umgeprägtes 5 Kop. Stück. A. 10 *deſat' kopejek* 1762: unten Armaturen nach preus ſiſcher Art. R. der Reichs Adler, auf der Bruſt der Ritter, neben herum 10 Sterne; gerändert, wie auch die folgenden.

1 zu 4 Kop. umgeſchaffenes 2 Kop. Stück. A. 4 *tſchetyre kopeiki* 1762, unten Armaturen. R. der Ritter, oben herum 4 Sterne.

1 2 Kop. Stück (vordem 1 Kop.). A. 2 *dwe Kopeiki* 1762. R. wie auf dem vorigen.

G. unter Katharina II,.

vom 9 Jul. 1762 — 1789.

§. 71.

1763, 27 Jan. Beſel: es ſollen künftig keine 32 Rbl mer aus dem Pud ♀ gemacht werden; die alten zu 16 Rbl ſollen nicht weiter umgeprägt wers den,

den, und alle Commiſſariate hören auf. Die
leichte ℔Münze zu 32 Rbl wird von der Krone eingewechſelt; doch hat ſie, bis die Einwechſlung geſchehen, freien Gang. — D wird mit 19½ Kop.
das *Zolotn.* bezalt, aber keine 10 proC. mer gegeben.
Tsch. 423. — Die Einlieferung geſchah weder von
den LandesStellen noch von PrivatLeuten: alſo ward
der Befel, den 17 Maj darauf, erneuert, auch
deutlich gemeldet, daß die Auswechſlung bar, one
Abzug, Kopejke für Kopejke, geſchehen ſolle. Tsch.
423. Auch *Petro* III DGeld ward in die Münz-
Höfe eingerufen. Tsch. 424.

Viele ℔Münzen wurden umgeprägt: einige
Stücke, wie die 10 Kop., erlitten dieſe Veränderung
zum 3tenmal, einige, wie die 4 Kop., gar zum 5tenmal;
mal; und die Umprägung geſchah ſer eilig und un-
fein: daher die Spöttereien der Ausländer über den
häßlichen Anblick dieſes KaiſerGeldes. "Man ſieht
darauf — ein animal mirabile dictu — etwas vom
Kreuz des allererſten (*Petrö* I) Stempels, einen Flü-
gel der erſten Eliſabethſchen Zeiten, die HinterFüße
des Pferdes der ſpäteren Zeiten, eine halbe Trom-
mel preußiſcher Armatur, und über das alles den
halbkenntlichen NamensZug der jetzigen Kaiſerin, auf
dem 1¼ Lt. 9, das mer Verwandlungen ausgeſtan-
den hat, als je eine Seele nach dem Syſtem des
Pythagoras", Schmidt Beiträge S. 55.

§. 72.

Der ℔MünzFus ward demnach wieder auf 15
Rbl aus dem Pud feſtgeſetzt; und dabei blieb es bis
auf den heutigenTag: alle 5, 2, 1, ½ und ¼tel Ko-
pej-

pejken, find nach diesem Fus. Nimmt man nun
den Preis des ♀s, zu 6 Spec.x℥ schweb. per Pud
(oben S. 27) an: so ist ein solcher russischer ♀Rbl
werth

18 fl. schweb.

19,₇₈₁ Stüver holländ.

17,₈₁₅ Mgr. Leipziger 18Fl.Fus.

Nimmt man ihn aber, nach einem MittelPreise zwi-
schen dem Rammelsberger und Lauterberger
Preise (oben S. 26), zu 24 x℥ (18Fl.Fus) den
Centner an: so ist ein russischer ♀Rbl werth, nur

16,₂₀₉ Mgr. Leipziger Fus.

Aber noch in eben dem Jar erschien eine sogenannte sibirische ♀Münze zu 25 Rbl aus dem Pud
von ganz eigner Art:

1763,5 Dec. Befehl: "da das in Sibirien auf
unsern eigenen *Kolywani Woskresenischen* Bergwerken befindliche, teils itzo schon vorrätige, teils künftig von der alljährlichen Ausschmelzung der Erze zu
erwartende D- und Ohältige ♀, in Betracht der großen Unbequemlichkeiten, Beschwerden und Unkosten,
die sein Transport hieher verursacht, noch mer aber
wegen der Abscheidung des in solchem enthaltenen Ds
und ℞es, ganz unnütz und verloren liegen bleiben
muß: so haben wir für ser nützlich erachtet, und Befel erteilt, alles dieses ♀ dort an Ort und Stelle, zu
einer eignen ♀Münze in 10-, 5-, 2-, 1-, ½-, und ¼-
Kopejken, auszuprägen. ..

Aus-

° Die ganze Ukase steht in extenso (auch mit Zeichnungen der 6 neuen Münzen) im Neuveränd. Rußland Th. II, S. 235. — Auch im *Büschingschen*
Magazin, VIII, S. 384.

Aeußeres: A. auf allen ein unforbertes E * mit
durchgeſteckter Zal II.   R. 2 Füchſe (das ſibiriſche
Wapen), die einen Schild halten, auf dem *deſät*
kopĕjek (*pät kopĕjek, dwe kopeiki, kopejka, den-*
ga, poluſchka), und drunter jedesmal die JarZal
1764, neben herum aber *ſibirſkaja moneta* ſteht.

MünzFus: aus jedem Pud dieſes 2s, das
nach den Proben, 1 $\frac{1}{12}$ Zolotn. reines ⊙, und 31 $\frac{3}{96}$
Zol. reines ☽ enthält, ſollen nach der Proportion,
die "auch Wir ſchon dieſen 3 Metallen bei der
Ausmünzung beſtimmt haben", 25 Rbl geprägt
werden.

Blos in dem ſibiriſchen Gouvernement nach ſeinen jeßigen Gränzen, ſoll dieſe neue ♀Münze Curs
haben, in allen übrigen Gouvernemens aber außer
Curs ſeyn.

"Gewiß, der einzige MünzFall dieſer Art, daß
die in 40 ruſſiſche ℔ ♀ ſo unmerklich verteilte, und
zur Scheidung für unwürdig geachtete, beide edle
Metalle, in Münze, dem Volke zugleich in Anſchlag
gebracht worden ſind": meint *Klotzſch* in der *Prau-*
ſchen Nachricht vom MünzWeſen S. 407. Unmerklich? Aber das Ausſehen verrät doch ſchon ein
reicheres Metall.

Von dieſer neuen ♀Münze warb, von 1764-
1781 (ſeitdem nicht mer), meiſt auf dem im J. 1766
in Suſun auf den *Kolywanſchen* Hütten angelegten
MünzHofe, ausgeprägt
für 3,799661 Rbl, 93 $\frac{1}{2}$ Kop., worinn

⊙

* nemlich *Ekaterina*, wird geleſen *Jekaterina*.

☉. 14 Pud 17 ℔ 19 *Zolotn.*

   werth 197016 Rbl 88¼ Kop.

☽. 1228 Pud 8 ℔ 42 *Zolotn.*

   werth 1,117944 Rbl 89 Kop.

  ☉ und ☽ 2,484700 Rbl 15¼ Kop.

Man hat gefragt, wie hoch sich die Kosten belaus
fen würden, wenn man sie einwechselte, und die beis
den edlen Metalle daraus seigerte. Man hat bes
rechnet, daß, nach Abzug des FeuerAbgangs,

  ☉. 7 Pud 8 ℔ 57½ *Zolotn.*

   werth 98508 Rbl 44 Kop.

☽. 1149 Pud 2 ℔ 5 *Zolotn.*

   werth 1,115892 Rbl 2¼ Kop.

   1,214400 Rbl 46¼ Kop.

erhalten werden könnten. Die SeigerungsKosten
würden, nebst dem MetallVerlust, 147034 Rbl
betragen. Folglich würden, mit einem Aufwand
von ⅓ Mill. ☽ = oder PapirGeld, über 1,200000
Rbl an ☉ und ☽ gewonnen werden, und die Opes
ration also wol der Mühe werth seyn. HERMANN
S. 472.

§. 73.

Die HauptUkase über den MünzFus von ☉
und ☽, erschien

1763, den 18/29 Dec. * I. Die ☉Münze betref=
fend, heißt es: "da wir in Erwägung gezogen, daß
         die

---

* Sie steht deutsch, im Neuveränd. Rußland II,
S. 233, wo auch richtige Zeichnungen von allen in
der Ukase benannten neuen Münzen (den 2 ☉nen,

die Onen Imperiale und HalbImperiale bisher nicht in derjenigen Proportion gegen die DMünze ausgepräget worden, die in ganz Europa gewönlich iſt: ſo haben Wir aus dem Grunde, und nach bereits gemachten Verſuchen, anbefolen, ihnen eine ſolche Proportion zu beſtimmen, daß ihr innerer Werth ſich genau gegen das gemünzte D wie 1 5 verhalte. . . . . Demnach

MünzFus in ☉: die Probe von 88 bleibt. Aber aus jedem nach dieſer Probe 88 legirten ℔ ☉ ſollen geſchlagen werden,

31 Stück Imperiale und 2 Rbl 88⅔ Kop.; jeder Imperial oder 10RblStück alſo 3$\frac{7}{24}$ Zolotn. ſchwer.

62 Stück HalbImperiale und 2 Rbl 88⅔Kop.; jeder HalbImperial oder 5RblStück alſo 1$\frac{47}{48}$ Zolotn. ſchwer.

Alſo, nach unſrer BeſtimmungsArt,

Feine , 22 Karat

Schrot, 272,045 As

Korn, 249,374 As

ſchlechter, wie die von *Eliſabeth* (oben S. 138) um 28,958 proCent.

Wenn der holländ. Dukat, Korn 71,3 . . . . 5 Fl. 5 Stüver gilt: ſo iſt ein neuer Imperial werth 18 Fl. 7$\frac{2}{5}$ St. (ein alter, 23 Fl. 13$\frac{58}{100}$ St.)

Wenn

und 6 Dnen, ganzen, Halb= und QuartRubeln, 20=, 15=, und 10Kop.Stücken) zu ſehen ſind. Die bloſe Ukaſe iſt auch deutſch im *Büſchingſchen* Magazin, VIII, 383: und ruſſiſch bei Tschulk. VI, 4, S. 427, aber hier unter dem Dato 1764, 30 März.

Wenn der Friedrichdor, Korn 125/90 . . .
5 ꝛℂ. gilt: so ist ein neuer Imperial werth
9 ꝛℂ. 21 ggℓ. 5 $\frac{37}{100}$ ℒ (ein alter 12 ꝛℂ 18½ ggℓ).

Kath. II. Elis.

Auf d. Cöln. feine Mk gehen Stücke 19,505 15,124
— rauhe — — — 18,288 13,876

Von Dukaten wird in der Ukase nichts gesagt:
es sind dergleichen aber unter der jetzigen Regirung
fortgeschlagen worden; ich vermute, nach dem von
je her in Rußland gewönlichen Fus.

§. 74.

II. Mit der DMünze ging die Veränterung vor,
daß, "zum bequemern Umlaufe unter dem Publico,
die kleine DMünze vertiert, oder alles DGeld, grobes und kleines beinahe ohne allen Unterscheid, nach
folgendem

Münz Fus ausgeprägt werden sollte. Probe 72. Aus jedem nach dieser Probe legirten ℔ D,
kommen

17 Rbl 6⅘ Kop. Rubl und HalbRubl,
17 Rbl 15⁴⁰⁄₇₀ Kop. QuartRubl und Doppel-
    Griven (20Kop.Stücke)
17 Rbl 25⁴⁸⁄₉₈ Kop. 5 Altynen (15 Kop.Stücke)
    und Griven.

Also, nach unsrer BestimmungsArt, verhält
sich der jetzige DRubl, die russische HauptMünze,
folgender gestalt:

Feine, 12 Lt.
Korn 374,067
Schrot 498,756

L 2

schlech-

schlechter, wie alle vorige von *Anna* bis mit *Eli-*
sabeth, 15,225 proC.

Auf die feine Cöln. Mk gehen 13 Rbl ⅓ Kop.
  rauhe Cöln. Mk — 9 Rbl 62⅓ Kop.

Im Conventions = oder 20Fl.Fus ist der Rubl
  werth, 1 ℳ 7³⁄₁₀ ₰

Im Leipziger oder 18Fl.Fus ist er werth,
  22 g℥ 1⅐ ₰

In Hamburger Courant oder 17Fl.Fus —
  2 ℳ 9 ßl. 9⁷⁄₁₀ ₰

In Hamburger BankGeld — — —
  2 ℳ 1 ßl. 11⁷⁄₁₀ ₰

In Amsterdamer CassaGeld — — —
  37,688 Stüver.

Hierbei ist es geblieben bis jetzo (1791): die D.
Rubl sind noch wie 1763. Inzwischen ward in der
Neuen Hamburger Zeitung vom 19 Jun. 1789,
folgende Nachricht publicirt:

St. Petersburg, 2 Jun. Das fälschliche Gerücht, welches sich seit kurzem in auswärtigen Ländern
verbreitet hat, als wenn der innere **Werth** unsrer
Rubl herabgesetzt worden wäre, bedarf zwar keiner
förmlichen Widerlegung, indem der Ungrund desselben durch die Tat selbst, und durch die mit unsrer
Münze leicht anzustellende Probe, hinlänglich bewiesen werden kan. Allein da man viele Beispiele hat,
daß der leichtgläubige Teil des Publici durch dergleichen vorsätzliche Erdichtungen irre gefürt und hinter-
gangen worden ist: so haben wir nicht für ganz
überflüssig gehalten, den Folgen dieses leichtfertigen
Betrugs vorzubeugen, und hiemit öffentlich bekannt
zu machen, daß wir seine Entstehung blos allein den
gehässigen Absichten übelgesinnter Leute zuschreiben,
die durch solche unverschämte Vorspigelungen,
Rußlands Credit zu untergraben, und ihm dadurch
          einen

einen empfindlichen Schaden und Nachteil zuzufügen,
gesonnen sind.

Das kündige Publicum staunte über diese Ans
kündigung, die das Ansehen hatte, als wenn sie aus
einer höheren Quelle käme. Wer in der Welt hatte denn damals ausgebreitet, daß die (D)Rubl keine
374 As fein mer hielten? Aber was damals ehrliche,
wolgesinnte Leute taten, war dieses: einem jungen
Deutschen, der z. E. mit 300 Rbl nach Livland ge-
rufen ward, sagten sie: "irrt Euch in dem Worte
Rubl nicht; es gibt jetzo 2erlei Rubl in Rußland,
D- und PRbl, wie es vordem in Schweden D- und
PDaler, und noch jetzo in Spanien D- und PRealen,
gibt; Ihr erhaltet eure accordirte Rubl nicht in D,
sondern in Papir, oder welches fast einerlei ist, in
P; eines solchen PRubls innerer Werth aber ist
keine 37⅓, sondern kaum 20 Hollsat. Stüver: zwar
im Wechsel gilt er noch (im Maj 1789) 28 Stüver
(nicht mer, wie 1776, 46 St.): aber es wäre möglich, daß er auf seinen inneren Werth auch im
Wechsel herabsänke; und dann hätet Ihr statt 300
Rubl nur etwa 150 rℳ Hannover. CassenGeld, oder
56 Dukaten". Wer das vertuschen will, begeht einen leichtfertigen Betrug, und versündigt sich am
Publico durch unverschämte Vorspiegelungen.

Eine andere Publication erschien gleich darauf im
Hamburg. Correspondenten vom 24 Jun. 1789,
Num. 100, in folgenden Worten:

Hamburg, 23 Jun. Von einem berümten Münz-
Verständigen ist nachstehende Berechnung der ruffisch-
kaiserl. Münzen aufs genauste gemacht worden, die
wir unsern Lesern mitteilen wollen. Von den Rubln

der

der Kaiserin *Katharina* II von 175. .   , gehen
9½ Stück auf die Cölnische Mark.   .   . en 12
Lt. fein. Ein Stück ist gegen hiesige Co aut ib
2 Mk. 10 ßl., und nach dem Fus der ha . erfä
⅞tel, 22 gal 6⅞ Pfn. Von russischen Im alen
von 1768, gehen 18 Stück auf die Cölnische Mark D
se halten 22 Karat fein. Ein Stück ist werth in Pe e
24 Mk. 9½ ßl.; in hiesigem Courant mit 20 p: E
Avanz, 29 Mk. 8 ßl.; nach dem gewönlichen Cou
der ⅞Stücke à 30 proC. Avanz, 31 Mk. 15 ßl., oder
10 Rthlr. 15½ ggl.

Wie wenig genau, wie zum Teil ganz unrichtig
auch diese Angaben sind, leret die Vergleichung m
oben S. 1 2 und 163. Und nach allem bei ist auch
hier, nur von ☉ ₅ und ♂Rbln, nicht von ♀Rbln,
die Rede.

§. 75.

BergWerksGeschichte.

Die Verbesserung der BergWerke im ganzen Rei
che seit 1762, und die durch Anstellung geschätzte
rer und ehrlicherer Leute, und Abstellung des vorhin
begangnen groben Unterschleifs, bewirkte, zum Er
staunen der Welt hochgetriebene Ausbeute derselben,
gehört unter die glorreichsten Begebenheiten, die die
Reglrung *Katharinæ* II verewigen. Hier eine sum
marische Uebersicht derselben, meist aus Hrn. HER-
MANNS statist. Schild.

☉. I. Die *Berezovschen* Gruben auf dem Ural,
in denen täglich 1200 Menschen arbeiten, gaben noch
nicht reines ☉, was in der Münze zu 2 Rbl
60 Kop. der *Zolotn.* angenommen wird, in den
Jaren

1754-1786   110 Pud 32 ℔ 24 Zol.
     1787   8 Pud und einige ℔
     1788 etwas über 7 Pud.

Also in 34 Jaren gegen 120 Pud: im Wert auf 1,198080 Rbl berechnet, die, nach Abzug aller Kosten, über 480000 Rbl (oder vielmer 800000, den SchlagSchaß, und den Umstand, daß alles mit P. Geld ꝛ ꝛ ꝛ berechnet) reinen Ueberschuß gaben. Von anfänglich 2, 4, 5, 6 Pud, stiegen sie also in den leztern Jaren bis auf 7 und 8 Pud ☉. Järlich werden etwa 400000 Pud Erze gewonnen: 1000 Pud Erz geben 40, 50, 60 (im J. 1786 gar 89) Zol. Bergfeines ☉. HERM. 317. Hingegen

II. die *Woitzer* Grube in der Olonezer Gebirgen, die, nach *Coxe's* Angabe, von 1744-1770, 57 ℔ ☉ lieferte, ist nun verlassen. *Ebendas.*

§. 76.

D. Unendlich wichtiger wurden die *Kolywan*- und *Nertschinskischen* Werke, vorzüglich aber die ersten.

I. Die *Kolywanschen* hatte die Krone im J. 1745 (oben S. 133) zu sich genommen, und behielt sie auch in der Folge. Die HauptGrube wurde der Schlangenberg, eine der reichsten, die die WeltGeschichte kennt: hier wurden järlich 1½, jetzo wol 2 Mill. Pud Erze, gewonnen. Nach ihr ist die beste Grube *Semenovskoj.* Außer diesen beiden werden noch andre minder wichtige, ab und zu, auch wol beständig, bearbeitet: und von einem neuen Schurf an der Ulba, *Filipovskoj,* wo große ser reiche alte

L 4   Hal-

Halben anzutreffen sind, hofft man, er werde einst
vielleicht dem SchlangenBerge gleich kommen.

Die Ausbeute war bisher im Steigen begriffen:

von 1748 – 1751, unter *Bayer*, järlich 200 bis 366
Pud.

von 1752 – 1769, unter dem Gen. Lieut. *Poroschin*,
222 bis 809 Pud, und zwar von 1765 – 1769, je
des Jar 6 bis 800 Pud.

von 1770 – 1780, unter dem Gen. Lieut. *Irman* — 800
bis 1277 Pud (dies ist das größte, was diese Gruben je in einem Jar geliefert haben).

von 1780 – 1785, unter dem Gen. Lieut. *von Müller* —
400 bis 730 P.

1786 und 1787, unter dem StatsRat *von Kutschka* —
750 bis 780 P.

1788 — 870 Pud.

1789 hofft man bis 1000 P. auszubringen.

Demnach wurde in allem von den *Kolywanschen*
HüttenWerken geliefert, von 1746 - 1783, 21570
Pud 30 ff. 81 Zol. Chältiges D.

Deraus ward in Petersburg geschieden

feines D, 19740 Pud 37 ff. 67 Zol. } Beide betragen
feines ☉, 730 Pud 18 ff. 57 Zol. } nach dem Aus-
münzungsFus,

das D — 17,571769 Rbl 96½ Kop.
das ☉ — 9,597459 Rbl 94¼ Kop.
───────────────────────
27,169229 Rbl 90¾ Kop.

Nach dem J. 1783 ward Bergfeines D geliefert,

1784 730 Pud,

1785 etwas über 600 P.,

1786 und 1787, in jedem J. gegen 780 Pud,
die ungefär 100 Pud ☉ enthielten.

Also

Also in 42 Jaren, von 1746-1787, haben diese BergWerke geliefert

24460 Pud Bergfeines ☽,
über 830 Pud feines ☉,
zusammen im Werth, über 30 Millionen Rubl.

Die Kosten machen für diese ganze Zeit (selbst die Scheidungskosten in Petersburg mit eingerechnet), nicht über 7 Mill. aus. Also

reiner Gewinn, 23 Mill. Rbl; der noch ser dadurch vermert wird, daß die Kosten mit ♀ bestritten werden, das selbst hier gewonnen und vermünzt wird (von 1766-1787, über 5 Mill. Rbl.), und wovon die Kosten schon unter obigen Ausgaben mit einbegriffen sind.

Dermalen betragen die sämtlichen Ausgaben järlich 400000 Rbl, die halb mit erstgenannten dortigen ♀Geld, und halb mit Banco Assignationen, bestritten werden. Und der Werth an ☉ und ☽, wenn 750 bis 800 Pud geliefert werden, beträgt järlich über 1 Mill. bis 1100000 Rbl. Der Gewinn ist also ser groß; doch nicht 280 proC., wie in den Nord. Miscellan. St. 1, S. 169, und St. 4, S. 284, angegeben ist *. Auch Hr. v. *Boltin* hat einen RechnungsFeler begangen, wenn er solchen zu 2,862070 anschlägt.

Das

---

* So sagt Hr. Hofr. *Hermann.* Wenn nun aber das järlich zu Tag gebrachte ☉ und ☽ auch nur 1 Mill. Rbl werth ist, und die Kosten dieses zu TageBringens nur 400000 Rbl ausmachen, 16 Rbl aber von der Art, in der diese Zalung geschieht, die Krone

L 5　　　　　　　　　　ne

Das HauptCommando iſt in *Barnaul*. Zum Verſchmelzen ſind 5 HüttenWerke. Im J. 1786 waren bei allen Gruben und Hütten 5401 Hütten- und Bergleute, 56 Stabs- und OberOfficiere, 116 CanzleiBediente, 1 Bataill. Truppen, und 54000 zum HolzFällen ꝛc. zugeſchriebne Bauern.

Der Gehalt der Erze iſt in den neueren Zeiten um mer als die Hälfte ärmer geworden. Anfangs waren im Pud 5 bis 6 Zol. Ohältiges ☽; unter *Irman* immer noch 4 Zol.: nachher, und ſonderlich ſeit 1785, hält ein Pud nur 2½ Zolotn. Folglich iſt nun mer Verſtand, Kunſt, und Oekonomie nötig, um ſo viel ☽ wie vorhin zu ſchaffen, da noch über-dies die Preiſe der Dinge geſtiegen, und der Leute verhältnismäſſig nur wenige mer angeſetzt worden ſind *.

§. 77.

ne nur 5 Rbl 69½ Kop. koſten: ſo gewinne doch die Krone dabei offenbar 602,₃₇₇ proC. — In den Nord. Miſcell. an beiden angefürten Stellen, wird behauptet, Rußland bekomme aus Sibirien ſein ☽ um 50 proC., und ſein ☉ um 80 proC., wol-feiler, als die Spanier das ihrige aus Amerika, weil man hier, ſtatt des Bleies, Queck☽ gebrauche.

* Vor 40 Jaren übertrieb das Gerücht den Reichtum der *Kolywanſchen* neuentdeckten Bergwerke: jetzo (ſeit 1790) laufen gegenſeitige Gerüchte. Aus Man-gel an Holz ſollen ſie meiſt ſtille ſtehen, ſoll ſelbſt der SchlangenBerg verlaſſen, und in Menſchen-Altern keine Hoffnung zum WiederAnfange ſeyn. Hr. *Hermann* hingegen berichtet S. 329: "nach einem gemachten Ueberſchlag ſollen künftig von den *Koly-wanſchen* Bergwerken järlich 1000 Pud, und von den *Nertſchinſkiſchen* 400 P., alſo zuſammen 1400 Pud Ohältiges ☽ geliefert werden".

§. 77.

II. Die 1704 entdeckten *Nertschinskischen* ☽, oder eigentlich, ☉- und ☽hältige BleiBergwerke, im *Nertschinskischen* ErzGebirge, in der Gegend des Flusses Argun, an der Gränze von Sina, liefern jetzo järlich gegen 2 Mill. Pud Erz, aus verschie-denen mer ... reichen Gruben.

Von 1704-1751 ward in allem ausgebracht, nur 587 Pud 7 Pfd. 54 Zol. ☽, woraus das ☉ nicht ge-schieden war. Aber
von 1752-1783, kamen 9740 Pud 7 Pfd. 49 Zol. Bergfeines ☽. das in Petersburg in die Scheidung gekommen; und enthielt ☉ 28 Pud 8 Pfd. 34 Zol. Das ☽ beträgt im Werth 7,985920 Rbl 42½ Kop. das ☉ — — 335147 Rbl 9¾ Kop.
8,372067 — ...
Von 1783-1787 war die Lieferung an ☽, zwischen 380 und 400 Pud.

Also in 83 Jaren, von 1704-1787, haben die-se Bergwerke ausgebracht
11644 Pud 17 ℔ 35 Zol. ☽.
Daraus ist seit 1752 geschieden worden, gegen
32 Pud ☉.
Beträgt beides zusammen an Werth gegen
10 Mill. Rbl.
Die järlichen Ausgaben bei diesen BergWerken betragen gegen 200000 Rbl an PGeld und Assigna-tionen. Folglich, wenn gegen 500 Pud ☽ abgelie-fert wird, ist der reine Gewinn mer wie noch ein-mal so viel, als die Kosten, oder über 50 proC.: obgleich die Erze jetzt ser arm sind, und im Durch-schnitt kaum 1 oder 1½ Zolotn. ☽ im Pud halten.

Zur

Zur Verschmelzung der Erze sind ..... HüttenWer=
ke: Die HauptHütte ist *Staraja Nertschinskaja* (Alt=
Nertschinsk). Das Blei wird nach *Barnaul* ge=
schickt. Berg = und HüttenLeute sind hier etwa 2000:
zum HolzFällen sind 13000 Bauern zugeschrieben.
So weit HERMANN.

TSCHULK. VI, 2, 620, gibt folgende Nachrich=
ten. In 59 Jaren, vom Anfang der *Nertschinski*=
schen BergWerke 1704 bis 1768, ward D. verschmol=
zen 2006 Pud 35 ℔ 38¼ *Zolotn.* — In 11 Ja=
ren, von 1763, da der Gen.Maj. *Suworov* ankam,
bis 1774, 4353 Pud 19 ℔ 18½ *Zolotn.* — Also
in allem, 6360 Pud 14 ℔ 56¼ *Zolotn.* — Au=
ßerdem wurde noch nach Petersburg geliefert, was
1774 verschmolzen war, 619 Pud 2 ℔ ½ *Zolotn.*
Also alles, seit der Ankunft des Gen.Maj. *Suworovs*
verschmolzene, macht 4978 Pud 18 ℔ 76 *Zolotn.*:
am Werth, das *Zolotn.* zu 19½ Kop., 3,727878
Rbl 18 Kop. Und vom Anfang der Werke,
6985 Pud 14 ℔ 18¼ *Zolotn.*: am Werth, 5,230633
Rbl 95 Kop. Nach der Zeit wurden alle diese
Werke, durch eben diesen *Suworov*, noch ser erwei=
tert und verbessert.

Die Stufenmäßige Zu= und Abname derselben,
unter den verschiedenen Ober= und UeberAufsehern
(die hier alle namhaft gemacht werden), zeigt fol=
gende Tabelle (TSCHULK. 618, folg).

	Pud	Pf.	Zol.		Pud	Pf.	Zol.		Pud	Pf.	Zol.
1704	-	1	24	1728	—	23	15	1752	54	7	69
1705	1	22	36	1729	1	21	81	1753	10	25	29
1706	3	19	17½	1730	—	35	—	1754	51	35	86
1707	5	7	37	1731	0	0	0	1755	39	16	86
1708	5	26	—	1732	0	0	0	1756	126	16	4
1709	2	3	—	1733	0	0	0	1757	100	2	9¼
1710	8	3	62	1734	—	28	48	1758	143	34	21
1711	8	14	71	1735	1	14	70	1759	173	18	21
1712	11	4	4	1736	2	24	—	1760	161	9	57
1713	11	26	14	1737	4	4	38	1761	151	27	17
1714	11	30	54	1738	3	19	59	1762	184	36	46
1715	2	16	39	1739	7	24	78	1763	322	26	3
1716	12	3	45	1740	13	17	79	1764	408	25	21
1717	15	13	72	1741	12	20	11	1765	302	19	28
1718	10	9	3	1742	9	32	90	1766	150	33	12
1719	5	6	4	1743	16	12	7	1767	164	—	21
1720	4	1	82	1744	15	39	48		435	35	92
1721	5	32	84	1745	18	37	24	1768	345	35	53
1722	10	4	72	1746	20	19	3	1769	313	30	36½
1723	7	17	82	1747	37	24	20	1770	414	26	21
1724	6	10	31	1748	81	26	7	1771	470	6	87
1725	3	9	61	1749	88	22	14	1772	503	34	60
1726	1	15	48	1750	89	23	13	1773	523	29	24
1727	—	4	38½	1751	41	31	8	1774	619	2	¼½

§. 78.

So sind also, bei allen vorgedachten ☉- und ☽-BergWerken ausgebracht

von 1704 - 1788,

gegen 1000 Pud ☉ [70000 Mk. Cöln.]
über 35000 Pud ☽ [2,450000 Mk. Cöln.]

betragen zusammen an Werth,

über 45 Mill. Rbl;

an Kosten ist darauf verwandt,

nicht über 15 Mill. Rbl.

Die=

Diese ausnemende Vermerung der edleren Metalle im Reiche aus BergWerken, fing erst nach dem J. 1746 an. Denn "von 1719-1746 ward allerlei DMünze für 35½ Mill. Rbl ausgeprägt. Dazu ist D verbraucht 57027 Pud. Hievon kamen nur 160 Pud aus den sibirischen BergWerken, von ihrer ersten Errichtung bis 1746 [ist zu wenig], ein. Die übrigen 56867 Pud sind alle in die Münze eingeliefert, teils von dem alten eingewechselten DGelde; teils vom Zoll in Riga, Reval, Narva, Petersburg, Wiborg und Archangel, wo solcher in Spec. xℭ. erlegt wird; teils in den letzten Jaren Peters I von ausländischen Kaufleuten in Petersburg, die järlich frembes D in die Münze einliefern, wo ihnen solches gut bezalt wurde". v. HAVEN S. 323.

§. 79.

Aber nächstdem stieg auch der Handel, unter *Katharina* II, durch *Münnichs* weise Anschläge, ausnemend empor. Man vergleiche die Im- und ExportenListen von St. Petersburg vom J. 1742-1757 (in meinem Briefwechsel, Heft 5, S. 268), mit dergleichen neueren Listen vom ganzen Reich *:

---

* Alle nun folgende Tabellen sind aus TSCHULKOV Tom. VII, *Lib.* I, ausgezogen, welchem Band: solche am Ende, meist auf FolioBogen, in größter Confusion, wie alles im ganzen Werke, und one weitere Anzeige oder Erklärung, beigebunden sind.

	Einfur.		Ausfur.	
1758 – 1768 (11 J.)	14,364661	37¾	23,658217	91¼
1762 – 1772 (11 J. *)	10,498033	97½	13,460526	8
1762 – 1775 (14 J.)	55,115064	57¼	202,368705	97½
1773	13,308801	87½	17,653428	60
1774	13,595944	88½	17,603963	91
1775	12,469372	87	18,557279	30½!
1777	14,644420	34¼	20,486358	31¼

Folglich ruſſiſches Handels Uebergewicht,

1762 – 1772 *	2,962492	10¼	
1774	4,008019	2½	* Mittelzal von
1775	6,087906	43½	11 Jaren.
1777	5,841937	96¾	

Da aber bekanntlich, bloſe WarenAngaben nach den ZollRegiſtern trüglich ſind: ſo hat der ſeel. *Färber* einen Verſuch gemacht, ſie zu rectificiren, und ſie zur Beſtimmung der wahren HandelsBalance dadurch geſchickter zu machen, daß er für die Contrebande, den zu niedrig angegebenen WarenPreis ꝛc., eine Summe muthmaßlich ab=, und dagegen die KronZölle, den Verdienſt des ruſſiſchen Kaufmanns ꝛc., hinzurechnete. So entſtanden folgende Angaben vom wahren ruſſiſchen HandelsUebergewicht, oder um wie viel in Einem Jar die GeldMaſſe im Reich durch ausländiſche edle Metalle vermeret worden:

	Rbl	Kop.
1761	3,077744	21½
1764	2,907351	98
1773	5,127682	6

Eine andre Tabelle gibt an, im J. 1764 hätte das Ausland 3,764416 Rbl 38 Kop. herausbezalen müſſen: nach den ZollRegiſtern habe es wirklich 3,145528½ Rbl in ☉ und ☽ bezalt; die noch felenden 618887,88 Kop. wären in dem zu ſuchen, was

für

für auswärtige Minister und reisende Russen aus dem Lande ginge, und was Ausländer, die wieder in ihre Heimat kehren, mit sich nemen.

Was dem zufolge alljärlich bar in ☉ und ☽, teils in ausländischen Münzen, teils unvermünzt, ins Reich kam, war blos nach den ZollAngaben in benannten Jaren folgendes:

	Rbl	Kop.
1758 – 1768 (11 J.)	19,219566	85 1/4
1773	1,256406	94
1774	1,082533	23
1775	1,805395	3 1/4
1777	1,822749	53 3/4

Und hierunter waren blos Spec.Rthlr. (in denen noch immer ein Teil des Zolls bezalt werden mußte, oben S. 66), von folgendem Gewicht, mit nebenbei stehendem Werthe in russischem Gelde, den Spec.Rthlr. zu 1 Rbl 25 Kop. gerechnet:

	Rthlr.		Kop.	*Rbl*	*Kop.*
1761	332500		40	415625	50
	Pud	*Pf.*	*Zol.*		
1773	1313	32	50 1/4	919669	16 1/4
1774	1302	1	74 13/16	911431	39 1/2
1775	1304	14	26 11/16	913049	89
1777	1090	26	24 1/4	763459	42 1/4
In 11 Jaren, von 1758-1768,					
Ganze Summe	14729	3	5 1/8	10,310353	43 3/4
In 11 Jaren, von 1762-1772,					
Ganze Summe	12623	12	93 1/8	8,836326	97 1/4
MittelZal	1147	22	95 3/4	803302	45 1/4
In 14 Jaren, von 1762-1775,					
Ganze Summe	16549	35	68	11,584924,	90

§. 80.

Kupfer Geld.

Alle diese ungeheuren Zuflüsse von ☉ und ☽, von innen und von außen, reichten gleichwol zu den noch ungeheureren Unternemungen der jetzigen Regierung nicht hin. Man fand daher gegen das J. 1768 für gut, eine 3te Quelle zu eröffnen, ein 3tes Metall zu Hilfe zu nemen, und ♀ nicht mer blos als Scheide Münze auszuprägen, sondern es, wie weiland in Schweden, jedoch nicht in großen Platten, sondern nur 3¾ Lot Weise (in runden 5 Kop. Stücken), und dabei weit unter dem inneren oder Handels Werthe dieses Metalls, zur Würde einer Handels- oder auch im großen Verkehr currenten Münze, zu erhöhen. Der Urheber dieses Projects ist noch zur Zeit im Publico unbekannt; und den Werth oder Unwerth desselben wird die Nachwelt beurteilen.

Die russischen ♀ Bergwerke vermerten sich nämlich in beinahe noch größerem Verhältnisse, als die ☉- und ☽ Werke. Die im Uralschen Erz Gebirge, 300 Werste von Katharinburg Nordwärts, wurden die allerwichtigsten: alle zusammen brachten im J. 1782 Gar ♀ aus, 190752 Pud 6 ℔. Aus denen im Altaischen Erz Gebirge kamen noch järlich gegen 15000 Pud hinzu; die in den Olonezer Gebirgen liefern er nur einige 100 Pud. So war also die järliche gesammte ♀ Ausbeute über 200000 Pud *; an Werth, das Pud zu 10 Rbl gerechnet, 2 Mill. Rbl.

Mich

*) Alle diese Angaben sind aus HERMANN S. 327; der aber hinzufügt, das Ausbringen des ♀s habe seit

M

ein

Mich dünkt, die Krone habe kaum ⅓ von dieſen ℞HüttenWerken; dann eine genaue Angabe darüber finde ich nirgends. Aber ſie, die Krone, 1. vermünzt alles ihr eigenes ℞; 2. bekömmt von den PrivatEigentümern den Zehenden, und 3. von dem, was nach Abzug des Zehenden überbleibt, die Hälfte (vor dem ¾, oben S. 28) für 5½ Rbl das Pud, ſeit dem J. 1780. 4. Die andre Hälfte kan frei verkauft, oder gegen die geſetzten geringen ZollGebüren auswärts verſchifft werden; die Krone ſelbſt aber bezalt 10 Rbl fürs Pud.

Nun aber wird das Pud ℞, welches, ſelbſt das zu 5½ Rbl angekaufte, ſamt den Vermünzungs- und TransportKoſten, auf nicht mer als 5 Rbl 69½ Kop. zu ſtehen kömmt, zu 16 Rbl per Pud (völlig nach Münnichs altem Plan, der aber nur ScheideMünze verſtand) ausgemünzt: ſ. oben S. 30. Blos zu Katharinburg ſollten alljärlich für 3,271520 Rbl dieſer 16 Rbl ℞Münze ausgeprägt werden (oben ebendaſ. aus LEPECHIN, vergl. mit TICH. Ten. VI, 2, S. 64). Aber erzwingen ließ ſich dieſe järliche ſtarke Ausmünzung nicht: doch im J. 1789 wurde etwas über 2 Mill. Rbl wirklich geprägt (oben S. 30).

§. 81.

PapirGeld.

Eins folgte aus dem andern, PapirGeld aus KupferGeld. Um eine Zalung in dieſer neuen Mün=

ein par Jaren merklich abgenommen, daher jetzo keine 200000 Pud (23719¾ SchiffPfund ſchweb.) mer järlich gewonnen würden, auch deswegen bereits der HandelsPreis des ℞s geſtiegen ſei.

Münze von 500 Rbl zu leisten, mußte man anspan-
nen laffen; Ein Pferd konnte die Valuta nicht schlep-
pen. Und vollends vom Kymmene zum Anadyr
(1200 deutsche Meilen in gerader Linie) käme die
Fracht für eine solche Rimessa schrecklich hoch. Also — Ukase vom Jar

1768, 29 Dec. * In einem so weitläuftigen Reiche,
als Rußland ist, können, wie es scheint, zum Rouliren des Geldes nicht genugsame Mittel ausgemacht
werden, weil das Wol der Völker und der Flor der
Handlung davon abhängt. Zwar verursacht auch der
weite Umfang der Länder unsers Reichs, schon allein
einige Hinterungen in dem Rouliren des Geldes; gleichwol ist eine jede vernünftige StatsVerwaltung in diesem Falle verbunden, den natürlichen Beschwerden
hierinn so viel möglich abzuhelfen, und zum allgemeinen Besten HilfsMittel ausfindig zu machen. Dem
zufolge I. sind Wir überzeugt worden, daß die
Schwere derjenigen Münze, die den innern Werth
hat, auch das Rouliren derselben erschwert: II. daß
der weite Transport einer jeden Münze vielen Unbequemlichkeiten ausgesetzt ist: und III. haben Wir dieses als einen großen Mangel bemerkt, daß es noch
zur Zeit in Rußland, nach dem Beispiel verschiedener
europäischen Mächte, an dergleichen Anstalten felt,
durch welche das Geld umgesetzt, und die Capitalien
eines jeden PrivatManns, one den geringsten Verzug,
mit einem jeden Nutzen, roulirend gemacht werden
können.

Die tägliche Erfarung leret, was für Früchte viele
Reiche von dergleichen Einrichtungen, welche größten-
teils Banken genannt werden, eingesammlet haben.
Denn außer den gemeldeten Bequemlichkeiten, bringen
selbige noch den Vorteil, daß die aus solchen Anstalten, auf verschiedene Summen, dem Publico unter
mancherlei Namen zu erteilende, unterschriebne, gedruckte

* Zu Schmidts Beiträgen S. 69.

M 2

druckte Versicherungen, durch derselben Credit. eben
so wie das bare Geld, freiwillig unter dem Volke, one
die mit dem baren Gelde beim Transport und Ver-
war desselben verknüpfte Beschwerden, rouliren, und
den Umsatz des Geldes in der Tat-ser erleichtern. In
Betracht aller dieser Umstände . . . . sind wir mit vielem Vergnügen dazu geschritten, in unserm Reiche
WechselBanken zu errichten. . .

Also, vom 1 Jan. 1769 an, werden hier in St.
Petersburg und in Moskau, unter unsrer Protec-
tion, 2 Banken zu Einwechslung der ReichsAssignationen errichtet seyn, die aus verschiedenen von
uns dazu bestimmten LandesStellen und KronCassen,
auf so viel Capitalien, als diese Banken an barem Gelde halten, ausgestellt werden. Diese
ReichsAssignationen sollen im ganzen Reiche gleich
dem baren Gelde rouliren: und zu dem Ende müssen
alle LandesStellen und KronCassen solche Assignationen,
bei allen KronAbgiften, statt baren Geldes one allen
Widerspruch promt annemen. Ueberdem müssen noch
alle, die künftig, sowol in St. Petersburg als in Moskau, GeldAbgiften an die Krone abzutragen haben,
jedesmal unter 500 Rbl eine KronAssignation auf
25 Rbl mit einliefern.

Auch kan jeder, wenn er will, seine in Händen ha-
bende ReichsAssignationen in bares Geld verwan-
deln, wenn er die Moskauischen Assignationen in die
Moskauische, und die St Petersburgschen in die hiesige
Bank, einliefert. Und diesen Banken haben Wir solche Regeln vorgeschrieben, nach welchen sie verbunden
sind, one den geringsten Aufenthalt und ZeitVerlust die Auszalung zu leisten.

"Wir erteilen danächst, durch unser Kaiserl. Wort
die feierlichste Versicherung für uns und unsre Thron-
folger, daß auf diese ReichsAssignationen die prompteste und gewisseste Auszalung denjenigen, die es for-
dern, aus den Banken erfolgen soll. Die Pflichten
und Verhältnisse dieser Banken sind in der besonders
hier beigefügten Verordnung umständlich angefüllt,
und enthalten hauptsächlich dieses, 1. daß an aller.

LandesStellen so viel ReichsAssignationen verabfolgt
werden sollen, als sie verlangen werden, jedoch gegen
bares Geld; 2. daß an diejenige, welche dergleichen
Assignationen präsentiren, das dafür gebührende Geld
unverzüglich ausgezalt werden soll; und 3. diese ein-
gelöste Assignationen hinwiederum aus den Banken an
die LandesStellen ausgesandt werden sollen.

"Zum Beschluß ist noch zu sagen, daß aus der hier
beigefügten Verordnung zugleich mit zu ersehen ist,
daß Wir diese Banken zur Auswechslung der Reichs-
Assignationen, mit gehörigen Vorrechten versehen haben, damit das gemeine Wesen desto mer Zutrauen und
Sicherheit haben möge.

St. Petersburg, 29 Dec. 1768. Gedruckt 1769,
1 Febr.

Nun folgt S. 72 - 83, die "Verordnung
für die S. Petersburgsche und Moskauische Banken
zur Einwechslung der ReichsAssignationen", in 44
Artikeln. Hier ein Auszug daraus.

1-4. Beide Banken, welche VerwarungsPläße
des Geldes überhaupt aus dem ganzen Reiche sind,
und nicht allein des der Krone gehörigen Geldes, machen eigentlich nur Einen Körper aus, und stehen
beide unter der in St. Petersburg angeordneten
BankDirection, die aus 1 OberDirecteur, und 2
Räten besteht, blos unter der Kaiserin eigener Aufsicht sieht, und zmal in der Woche in dem Hause
der Petersburger Bank Sißungen hält.

5-13. Diese Direction nimmt aus dem Senat,
die auf expres dazu verfertigtes Papir gedruckte
ReichsAssignationen, mit der Unterschrift 2er Senateurs, in Empfang, läßt sie durch den OberDirecteur ebenfalls unterschreiben, und sendet sodann
eine gehörige Anzal derselben an jede Bank zum Ge-

M 3   brauch

brauch ab. Die wöchentlichen Raporte von beiden Banken unterlegt sie durch den OberDirecteur der Kaiserin. Bei Ablauf des Jars revidirt sie die Comtoir-Bücher der Banken, legt die järliche Balance der Kaiserin vor, und schickt zugleich eine Abschrift davon an den Senat zur Nachricht. Geht ein Mitglied ab, so ernennt die Kaiserin spätestens in 4 Wochen ein andres. Bei der Direction werden keine Verfügungen abgefaßt, auch die CanzleiOrdnung wird allda nicht eingefürt; sondern es wird nur nach kurzen Einzeichnungen in das SessionsJournal verfaren.

17. Keine LandesStelle darf das in den Banken befindliche Geld, oder auch nur den geringsten Teil desselben, verlangen, oder sich dessen Vorschußweise bedienen. 18. Die Banken haben ihr besondres Sigel. 19. Bei jeder ist eine SoldatenWache mit Ablösung, von 12 Mann mit einem UnterOfficier und Corporal.

20-23. Der älteste von den Mitgliedern der Bank heißt BankDirector. Außer Sonn- und FestTagen müssen die Banken das ganze Jar durch offen seyn, alle Tage des Morgens von 8 bis 11 und Nachmittags von 3-6 Uhr; blos am Mittwoch und Sonnabend nur bis Mittag. Alle Tage muß bei Eröffnung der Bank einer von den Gliedern zugegen seyn. Alle Glieder müssen ordentlich einmal der Woche in der Bank versammlet seyn.

24. Unter dem Namen (Charakter, Tauf- und Zunamen) des OberDirectors muß eben so der Name des BankDirectors stehen. Folglich ist jede ReichsAssignation von 4en unterschrieben, 2 Senateurs, dem Ober-, und dem BankDirector. Von

jeder Assignation werden 2 so unterschriebene Exem=
plare gemacht, und an den Senat gesandt.

27. Sobald von einer LandesStelle, eine von
den Gliedern unterschriebene Notification eingeht,
daß die Bank N. auf eine gewisse Summe Reichs=
Assignationen ausgeben solle, wofür das Geld in
natura präsentirt wird: so läßt die Bank nach Em=
pfang des Geldes die Assignationen dafür unverzüg=
lich verabfolgen, und schreibt die Sache in ihre Com=
toirBücher ein. Laufen diese Assignationen durch
Privatleute wieder nach der Bank zurück, und wird
Geld dafür verlangt: so darf der, so solche präsen=
tirt, im geringsten nicht aufgehalten, sondern es
muß so viel Geld, als solche enthält, sogleich ausge=
zahlt werden. Keine Quittung darf darüber verlangt,
noch weniger der Präsentant gefragt werden, wer er
sei, und woher er die Assignation bekommen habe:
bloß die eingegangne Assignation und das dafür be=
zahlte Geld wird zu Buch gebracht. Auch wer eine As=
signation, z. E. auf 100 Rbl. bringt, kan solche gegen
andere kleinere verwechseln. Auch jedem, der zur
Verschickung Assignationen gegen Geld verlangt, muß
sie solche gezahlt werden.

32. Wer Assignationen verlangt, und statt des
Geldes dafür G und S, verarbeitetes und unverar=
beitetes, auch allerlei ausländische Münzen, einlie=
fert; dem nimmt die Bank solches zu dem Preis ab,
zu welchem es in der Münze angenommen wird. Doch
werden die Sachen nie wiedergegeben, weil alle As=
signationen mit barem Geld in die Bank bezalt wer=
den. — Jede Bank wechselt blos die auf sie gestellten
Assignationen ein.

34. 42. Die ComtoirBücher der Bank werden eben ſo, wie die KaufmannsBücher, geſürt,
und müſſen in allen Vorfällen der Banken, die Stelle
der GerichtsVerfaſſungen erſetzen. Dieſer Comtoir-
Bücher müſſen in jeder Bank 5 ſeyn: 1. Memorial,
2. Journal, 3. HauptBuch, 4. CaſſaBuch, 5.
AſſignationsBuch. Die 3 letzten Bücher müſſen
geſchnürt ſeyn, und werden aus dem Senat erteilt:
ſie müſſen auch völlig nach der Form und von ſolchem
Papir gemacht, mit Einem Wort, ſo eingerichtet
ſeyn, wie die Bücher in anſenlichen KaufmannsCom-
toiren.

35-37. Jede Bank verwart ihre Aſſignationen
in einem beſonders dazu verfertigten eiſernen Kaſten,
der immer in dem Zimmer, wo die Sitzung gehalten
wird, ſtehen muß. Dieſer Kaſten wird unter 2
Schlüſſeln gehalten, und noch dazu verſigelt. Das äl-
teſte Mitglied hat dazu ein beſonderes Sigel; und das
nach ihm folgende Mitglied und der Caſſier verwaren
ein jeder einen Schlüſſel. Dieſer Kaſten kan nie anders eröffnet werden, als in Gegenwart ſämtlicher
Glieder der Bank, des Buchhalters, und des Caſ-
ſiers. Doch wird der Kaſten auch, im Fall jeman-
dens Krankheit, one deſſen Gegenwart eröffnet; nur
muß ſobann der Umſtand eingeſchrieben werden, und
die übrigen bemeldten Perſonen müſſen zugegen ſeyn.
Trifft dieſes den, der das Sigel oder einen Schlüſſel bei ſich hat: ſo muß, zu Vermeidung des Ver-
zugs in der Ausgabe der Aſſignationen, das Sigel
oder der Schlüſſel in die Bank geſandt werden, welche ſolche ad interim einem andern anzuvertrauen hat.
Die nach geſchloſſener Sitzung einkommende Aſſigna-
tio-

tionen, werden bis zur nächsten Sitzung beym Caſſier verwart.

38. 39. Die Mitglieder der Banken müſſen mit
den dahin kommenden Leuten, ſie mögen ſeyn wer
ſie wollen, höflich umgehen, und nie jemanden mit
Verachtung oder Grobheit begegnen: weil die Aufname der Banken viel von dem guten Betragen der
Mitglieder derſelben abhängt. Auch müſſen ſie auf
die Officianten acht haben, daß 1. ein jeder ſein Amt
ordentlich verwalte, 2. daß ſie, nach dem Beiſpiel
ihrer Vorgeſetzten, ausnemend höflich mit allen
nach der Bank kommenden Leuten umgehen, und 3.
niemand von ihnen die dahin Kommende aufhalte,
oder ſonſt ihnen einiges Misvergnügen erwecke.

40. 41. Straf Rechte der Banken über ihre
Ober- und Unter-Bediente.

44. "Zuletzt, da Wir uns dieſe Banken beſonders angelegen ſeyn laſſen, ſo ſind wir auch verſichert,
daß alle von uns in dieſe Anſtalten verordnete Perſonen, ſich in allen Stücken ſo betragen werden, als
es unſern getreuen Untertanen, und redlichen Söhnen
des Vaterlandes, eignet und gebürt; und daß ſie
dieſe 2 Haupt Stücke allezeit zum Augenmerk behalten
werden, nämlich die Erhaltung des Credits der
Krone, und den Nutzen aller und eines jeden von
unſern getreuen Untertanen. 29 Dec. 1768.
                                                Catharina.

§. 82.

Alle Realiſation dieſes Papir Geldes iſt nur
auf Gelb, zu 16 Rbl aus dem Pud, geſtellt:
folglich iſt auch ein realiſirter Papir Rubl, nach ſei-

nem

nem innern Werth, kaum 20 Stür holländ. (oben S. 159), oder nicht viel über die Hälfte eines neuen DRubls werth. Die Krone koſtet er nur 35 $\frac{7}{15}$ Kop.

Die Unbehilflichkeit des Ꝝs in natura, die ſchweren Koſten beim Transport, die NebenKoſten mit den LinnenSäcken, die leicht zerreißen, das mühjame Zälen, und das unvermeidliche Verzälen bei großen Summen, machte dieſes PapirGeld ſo angenem, daß es in manchen Gegenden ein Agio von 1 bis 5 proC. gegen Ꝝ gewann. HERMANN S. 437. Selbſt ꝝGeld konnte man, noch im erſten TürkenKrieg, für Papir, wie für ꝝGeld, gegen ein Aufgeld von 1½ bis 2, und ☉ gegen 3 bis 4 proC., bekommen. LE CLERC, Tom. I, p. 534.

Die verſchiedene Größe dieſer Reichs Aſſignationen, iſt in der Ukaſe nicht angezeigt: ich finde aber, daß ſie anfänglich von 100, 75, 50, und 25 Rbl geweſen ſind.

Kaum aber waren dieſe BankNoten ein Jahr im Umlauf; ſo fanden ſich ſchon Seules, die ſie nachmachten. In die Petersburger Bank wurden einige eingeliefert, die auf 25 Rbl lauteten, und auf 75 corrigirt waren, "ſo daß (Worte der Ukaſe) die Zifer 2 und die mit Buchſtaben ausgeſchriebene Zal Zwanzig ausradirt, und dafür 7 und Siebenzig hineingeſchrieben war: alles ſo ſubtil gemacht, daß man beim erſten Blick, und wenn man deſſen nicht bereits unterrichtet war, Mühe haben mußte, das Falſche zu bemerken". Beide Böſewichter wurden entdeckt, wie ſie nur erſt wenige noch in Umlauf gebracht hatten. Gleichwol befal die Kaiſerin den 22 Jul. 1770, "jeder, der eine 75 Rbl Aſſignation von einer

einer oder der andern Bank in Händen hätte, solle
sie sogleich untersuchen, und falls sich falsche darunter
fänden, solche höchstens in 7 Tagen, von der Publication in jedem Orte an gerechnet, in Petersburg und
Moßkau in die Banken, in den andern Städten in
die obersten Landes-Stellen einliefern, wo ihm jede,
selbst wenn sie falsch wäre, mit 75 Rbl bezalt werden
solle. Nach Verfließung dieser 7tägigen Frist aber,
wird keine dergleichen rabirte Assignation mer ausgewechselt. Auch keine zu merklich und zu grob rabirte,
die jeder beim ersten Blick für falsch hätte erkennen
können, wird angenommen. Auch die richtigen 75
Rbl-Assignationen, sollen innerhalb 4 Monaten nach
der Publication eingeliefert, und gegen Geld oder
andre Assignationen, one alle Difficultäten völlig
ausgetauscht werden. Senffens Beiträge S. 84.

Noch liefen von verschiedenen Städten und As-
signations-Renº-Comtoiren, Klagen ein wegen der
häufigen unwichtigen Münze. Im J. 1775 befal der Senat, dergleichen unwichtige Münze
nach den nächsten Bank-Comtoiren abzufüren, sie in
den Assignations-Banken zu dem daselbst liegenden
Capital zu schlagen, und die Transport-Kosten aus
den Einkünften zu bestreiten, durch welche bemeldte
unwichtige Münze eingeflossen ist. St. Petersburg. Journal 1777, Febr. S. 152. Im J.
1778 meldete das Moßkauer Stats-Comtoir dem Senat, unter der leichtwichtigen Münze, die es in
Bezalung an die Assignations-Bank abgeliefert, hätten sich 1225 Rbl mit nicht völlig oder undeutlich
ausgedrucktem Stempel gefunden, die die Bank nicht
angenommen. Dies veranlaßte einen Senats-Befel,
daß

daß künftig alle LandesStellen, alle ſolche einfließen-
de leichtwichtige Gelder, den AſſignationsBanken in
Bezalung der ihnen für erhaltene Aſſignationen ſchul-
bigen Gelder abliefern, wenn ſie aber ſolchen nicht
mer zu bezalen hätten, bergleichen Münzen bei ſich
behalten, und barüber dem Senat Bericht erſtatten
ſollten. Ebendaſ. 1778, April, S. 300.

§. 83.

Ausländer (als *Raynal*, *Le Clerc*, *Coxe* ꝛc.)
erſchöpften ſich in Mutmaßungen, ſowol über die
ganze Summe des ſeitdem in Papir coulirenden
Geldes, als über die Maſſe des in den Banken,
zur Hypothek des erſteren, niedergelegten gemünzten
93. Erſtere gaben ſie für 36, 40, 50, Le clerc
gar für mer als 50 Mill. Rbl, und leßtere nur zu
20 Mill. Rbl, an: alles bloß nach dem Gerüchte.

Aber im 25ſten Jar der Regirung Katharinæ II,
ba ſich das allgewaltige Kaiſertum auf dem Gipfel
einer noch nie erſtiegenen Macht befand; ba nach
dem Frieden von KleinKajnardſchi, noch in der
Folge das Königreich Taurien und anbre groſſe Provinzen erworben worden, und die Zare von Karta-
linien, Kachet, und anbre, ſich zur Abhängigkeit
verſtanden hatten; alle dieſe Siege und Erwerbun-
gen aber das Reich an Barſchaft ſo erſchöpft hatten,
daß ungeachtet der verſtärkten Zuflüſſe edler Metalle
von innen aus Kolywan und Nertſchinſk, und von
außen durch den erweiterten Handel, mer Silber,
und folglich auch mer PapirGeld, in Umlauf gebracht werden mußte: ba wagte es die ſich ihrer
Größe bewußte ruſſiſche Regirung — was wenige

in dergleichen Fällen gewagt haben —, mit ihren
GeldOperationen offen hervorzutreten; und das Manifest vom 28 Jun. 1786 erschien.

Von diesem Manifeste, das voll von philosophi-
schen Ideen, und von unendlich wichtigen Angaben
auch von andrer Art, ist, habe ich schon in meinen
StatsAnz. Heft 49, S. 111-120, einen vollständi-
gen Auszug geliefert: hier wiederhole ich also blos
einige HauptFacta, meist mit den eigenen Worten
des Manifestes, nach der authentischen deutschen Uebersetzung desselben.

"Die Papire der 1sten Bank vom J. 1768, haben den vollkommensten allgemeinen Credit gewonnen, und verbreitet die gewünschten Vorteile unter dem Volke: aber die Summe der bisher ausgegebenen Assignationen, hat die Bedürfnisse und das
allgemeine Verlangen der Einwohner des großen Reichs
nach einer größern Anzal derselben, keineswegs
hinlänglich befriedigen können. Handel, Manufacturen, Handwerke, und Ackerbau leiden noch, blos
wegen des felenden Umlaufs des alles dieses beleben-
den Geldes. — Von den neuen ReichsSchulden, wozu der letztere Krieg, die Vermerung der
See- und LandMacht, die starke Vergrößerung des
ReichsStaats, die Gründung neuer Städte, und so
viele andre allgemein bekannte, zur Vervollkommnung
der innern Beschaffenheit, und zum unendlichen Nutzen unsers Reichs abzweckende Unternemungen, Gelegenheit gegeben haben, sind gegenwärtig, nach Bestimmung der Abbezalung derselben, und nach Nie-
derlegung einer Summe von 15 Mill. für unvorher-
gese-

gesehene Bedürfnisse, welcher Vorrat durch einen järlichen Zuschuß vermert werden soll, nur noch 6,600000 Rbl Reichs-Schulden zu bezalen übrig, zu deren Tilgung auch schon bestimmte Summen angewiesen sind, so daß vom J. 1789 an, järlich 1 Mill. Rbl bezalt, und folglich diese ganze Schuld, in der Mitte des J. 1795, völlig getilgt seyn wird.

"Es ist zwar gewiß, daß die Vermerung des Geldes, und die wärend unsrer Regirung geschehene ansehnliche Vergrößerung der Reichs Einkünfte, wie auch die vergrößerten Capitalien und Nützungen der Banken selbst seit ihrer Errichtung, die Summe der ausgegebenen Assignationen übersteigen. Damit aber die hiemit errichtete so wichtige und nützliche Anstalt, auf einen festen Grund gegründet werde, so daß allgemeines Zutrauen die Seele derselben, und Publicität ihre Vorschrift, sei; damit endlich unsre Banken, auf zuverläßige und unverbrüchliche Grundsätze gestützt, hiedurch offen nachteiligen Schlüssen und eiteln Beurteilungen zuvorkommen, sich bei allen übrigen europäischen Nationen vollkomne Achtung und Credit erwerben, und das daher entstandne Gute, nicht blos zum Vorteil der Krone, sondern vielmer zum Besten aller Stände des Volks, angewandt werden möge: so .... verordnen Wir, kraft unsrer uns von Gott verliehenen monarchischen Gewalt, und "versprechen auf Unser „heiliges kaiserliches Wort *, für uns und unsre

Nach

* Dieses heil. kaiserliche Wort, das gleich nachher in diesem Manifeste nochmals gegeben wird, und in einer Ukase vom 28 Jan. 1789 abermals wieder-

ho-

„Nachfolger auf dem ruſſiſchkaiſerl. Throne, daß
„die Summe der BankAſſignationen in unſerm
„Reiche, nie und in keinem Falle, 100 Mill.
„Rbl überſteigen ſoll". Vermöge eben dieſer Gewalt,
und Kraft unſers geheiligten Wortes, verſichern
und vergewiſſern wir alle und jede, ſowol unſre eigene Untertanen, als auch die Untertanen fremder
Mächte, die an unſern Banken Anteil nemen werden, daß alle Regeln, die hieſelbſt vorgeſchrieben ſind,
unverbrüchlich beobachtet und gehalten werden ſollen.
Wir übernemen feierlichſt die zuverläſſigſte Bürg-
ſchaft für dieſe Anſtalten, als ſichere Verwarungs-
Oerter der allgemeinen VolksCaſſe; und verſpre-
chen unverbrüchlich, in jedem unvorgeſehenen Falle,
wenn ſelbige Hilfe und Unterſtützung nötig haben ſollten, ihnen ſolche mit unſrer Hand aus unſerm kaiſerl.
Schatze zu leiſten. — Da Wir den Umlauf der Capitalien genau und deutlich feſtgeſetzt haben: ſo werden Wir, wenn alle ausgeliehene Gelder wieder in
die Bank zurückgekommen ſeyn werden, mit Zuver-
läſſigkeit berechnen können, daß nach Ablauf dieſes
Termins, die Summe der laufenden BankAſſignationen in unſerm Reiche, nicht über 40 Mill.
betragen werde. Wir behalten es demnach auf dieſe
Zeit unſrer ſouverainen kaiſerl. Gewalt vor, alsdann,
nach genauerer Unterſuchung und Erwägung des Nutzens

holt worden, ſchlägt alle die gehäſſigen Gerüchte
nieder, die der Verf. des *Eſſai ſur le commerce de
Ruſſie*, die der undankbare und unwiſſende *Le Clerc*,
und endlich ein ungenannter Calumniant in dem
Warſchauer *Journal hebdomadaire de la Diète* par
Mr. de V. (31 Jan. 1790), verbreitet hat.

zens und der Bedürfniſſe unſers Reichs, und des
Zuſtandes ſeiner verſchiedenen Bewoner, entweder
uns auf dieſe Summe einzuſchränken; oder zum
Beſten des Reichs und ſeiner Bürger andre vorteilhafte Anordnungen zu treffen: one jedoch das oben
angezeigte und feſtgeſtellte GrundGeſetz jemals aus
dem Gedächtniſſe zu laſſen, daß die ganze Summe
der BankAſſignationen, nie und in keinem
Falle, über 100 Mill. Rubl betragen ſoll.

„Wenn jemand aus der Bank ein Anlehn in G-
oder DMünze empfängt, oder von einer PrivatPerſon
ein Capital in eben dieſen MünzSorten in die Bank
gelegt wird: ſo ſoll bei der Wiederbezalung an die
Bank, oder aus der Bank, wenn ſolche in Reichs-
Aſſignationen geſchieht, das Agio ſo berechnet werden, wie es um die Zeit auf der Petersburger Börſe
bezalt werden wird: weshalb die ZollDirection der
Bank darüber wöchentlich Nachricht zu geben hat.
Da die Bank järlich, unter den ihr beſtimmten Summen, eine anſehnliche Quantität DMünze erhalten
wird: ſo ſoll ſie, als eine Befördererin des geſamten
Beſtens im Handel, nach Maßgabe des allgemeinen
Bedürfniſſes und des Betriebs an der Börſe, zur
Erhaltung eines gehörigen Verhältniſſes zwiſchen G-
und DGeld, und zur Verhütung verſchiedener Miß-
bräuche, eine hinlängliche Quantität DMünze, gegen ein mäßiges Agio ausgehen zu laſſen, verbunden
ſeyn.

Die Unternemungen der Banken ſind weder blos
auf die Auszalung der ihnen anvertrauten Capitalien,
noch in die Gränzen der damit verbundenen Beſchäf-
tigungen, eingeſchränkt; ſondern ihnen werden ver-
ſchi-

schiedene andre, zur Aufmunterung des Handels
und Beförderung der StatsWirtschaft gereichende
Operationen, zu seiner Zeit erlaubt werden.

Die ReichsAssignationsBank darf, sowol in-
als ausländische Wechsel, discontiren, jedoch dafür nicht mer als ⅓ proC. per Monat einbehalten. —
Sie kan ihre wolerworbene Capitalien in fremde Länder remittiren, und daselbst liegen lassen, um dadurch sowol die innere als äußere StatsWirtschaft zu
verstärken.

Sie darf, nach Art des kaufmännischen Betriebs
und Umsatzes, ☽ im Innern des Reichs aufkaufen,
und solches, entweder zum Verkauf in fremde Länder ausfüren, oder hier vermünzen lassen. Auch
kan sie aus dem Auslande ☉ und ☽, in Stangen
wie in Münze, nur den gemeinen LandesGesetzen ge-
mäs, einverschreiben. Um ihr sowol die Mittel zu
erleichtern, das zu ihren Operationen erfoderliche ☽,
in hinlänglicher Quantität und auf vorteilhafte Bedingungen zu erhalten, als auch um überhaupt die
Benutzung dieses Metalls, oder die größere Ausbeute der Minen des Reichs, zum Nußen der Untertanen, und zur Ausbreitung des Handels, durch
diesen neuen Zweig zu befördern: so soll von nun an
jeder, der auf seinen gegenwärtigen oder neuanzule-
genden Werken, eine größere als die bisher gewonnene Quantität ☽ erhalten wird, für dieses
über seine bisherige Quantität gewonnene ☽, von der
Verbindlichkeit, die Hälfte dieses Metalls zu 5½
Rthl. an die Krone zu liefern, befreit seyn; und volle
Macht haben, solches entweder vermöge eines freiwilligen Contracts an die AssignationsBank zu lie-

N   fern,

fern, oder so wie er es für sich am Vorteilhaftesten findet, entweder zu verkaufen, oder auf eine andre erlaubte Art zu gebrauchen. Endlich darf die Bank in St. Petersburg einen Münzhof errichten, und in selbigem sowol ☉ und ☽Geld aus dem von ihr in Stangen oder in fremder Münze verschriebenen ☉ und ☽, als auch ♀Geld aus dem im Innern des Reichs erkauften ♀, schlagen lassen.

Zur Erleichterung des Gebrauchs und Umlaufs des Geldes, sollen Assignationen von 10, und andre von 5 Rbl, eingefürt werden; welche zu besto besserer Unterscheidung, von verschiedener Form und Farbe, und zwar die von 10 Rbl auf rot, die von 5 Rbl auf blau Papir, gedruckt werden, und zusammen den 10den Teil alles im Umlaufe befindlichen PapirGeldes ausmachen *.

Nach wirklicher Eröffnung der Darlehen, und Vorbereitung aller vorerwänten Einrichtungen, sollen beide ReichsBanken dem Publico in ihrem waren Zustande und Betrieb eröffnet werden: sowol durch den järlichen Druck ihrer Balancen vom J. 1788 an, und die Bekanntmachung derselben an der Börse; als auch durch Anstellung der alle 3 Jare aus der Kaufmannschaft der ResidenzStädte, nach der im Etat bestimmten Zal, zu erwälenden Directoren, die die Kaiserin, nach Masgabe dieses Zutrauens zu ihnen, mit verschiedenen Vorrechten versehen will.

---

* Diese kleine BankAssignationen sind 1788, 3 Aug., um 10 Mill., und 1789, 28 Jan., abermals um 2 Mill., vermert, dafür aber, damit die einmal festgesetzte Summe nicht überschritten werde, für 2 Mill. 100RblZettel cassirt worden.

Ein umständlicheres Reglement wird für die Zukunft angesagt.

§. 84.

Die durch eben dieses Manifest errichtete neue ReichsLeihBank, hängt in ihren Operationen mit der bisher beschriebenen Assignations= oder Zettel= Bank so innigst zusammen, daß auch erstere notwendig hier berürt werden muß.

Bei obbemeldter, zur Tilgung der ReichsSchulden getroffenen Anordnung, "ward die Monarchin ein Mittel gewar, den Untertanen, vornämlich aber dem Adel, welcher "als die zuverlässigste Stütze unsers Throns, uns und unsern Vorfaren jederzeit wichtige Dienste geleistet hat", eine woltätige Hilfe angedeihen zu lassen: — die gesetzlichen Zinsen werden nämlich von 6 auf 5 proC. herabgesetzt, bei Verlust des ganzen auf einen höhern Zins ausgeliehenen Capitals, zum Besten des Collegii allgemeiner Fürsorge jedes Orts.

Schon im J. 1754 hatte die Kf. Elisabeth, um dem Wucher zu steuern, zu Darlehen für den unbemittelten Adel, Banken von 750000 Rbl Capital errichtet. Katharina II erhielt nicht nur diese Summe zu der verbestimmten Absicht, sondern vermerte sie auch in verschiedenen Jaren, zur Verbesserung des Zustandes des Adels, mit 6 Millionen. Dennoch hatte das eingewurzelte Uebel nicht nachgelassen. "Um aber unsre mächtige Hilfe zur Bändigung des Wuchers immer mer und mer zu verstärken, um sowol allgemeinen Bedürfnissen abzuhelfen, als auch besonders adliche Geschlechter bei ihrem Vermögen

zu erhalten, welches ſonſt durch Schulden in fremde,
beſonders aber in der Gläubiger Hände übergeht,
wodurch die deſſelben beraubten Geſchlechter in Ver-
fall geraten; um auch ferner unſre Städte und deren Einwoner in Stand zu ſetzen, nicht mer von den
Darlehen der Fremden abzuhangen, wodurch bisher
der Handel und der freie Betrieb deſſelben bedrängt
worden iſt: ſo — wird in St. Petersburg eine ſogenannte ReichsLeihBank errichtet. In dieſelbe
werden 22 Mill. Rbl zu Anleihen für den Adel,
und 11 Mill. zu Anleihen für die Städte, niederge-
legt. Edelleute, die Anleihen aus der Bank empfangen, entrichten järlich 5 proC. an Zinſen, und 3
proC. zur allmäligen Abtragung des Capitals; die
Städte aber entrichten järlich 4 proC. an Zinſen,
und 3 proC. zur Abbezalung des Capitals: auf die
Art werden die erſteren im Laufe von 20, die letztern
aber im Laufe von 22 Jaren, das ganze zum Anlehn
empfangne Capital bezalen. Z. E. ein Edelmann,
der 10000 Rbl geliehen hat, trägt am Ende des
1ſten Jars, 500 Rbl als Zinſen, und 300 R. zur
Abbezalung des Capitals, ab: im 2ten Jar, da die
HauptSchuld nur noch 9700 R. beträgt, bezalt er
485 R. Zinſen, und 315 R. zur Abtragung der
HauptSchuld; järlich alſo wird, nach Masgabe der
Verminderung des Darlehns, weniger an Zinſen,
und mer von der HauptSchuld bezalt, oder der Betrag der järlichen Zinſen wird vermindert, aber der
Betrag der järlich zu bezalenden Summe wird vermert. Immer aber bleibt die järliche Summe, die
er entrichtet, 8 proC. oder 800 Rbl; und ſomit iſt
in 20 Jaren die ganze Schuld getilgt; die Reich-
　　　　　　　　　　　　　　　　　Li-

LeihBank hat vom Schuldner ihr Capital von 10000 Rbl wieder zurück, und noch 6000 R. drüber bekommen *.

Diese ReichsLeihBank steht unter niemanden, als der Kaiserin selbst.   Sie erhält alle die Privilegien, welche 1768 der AssignationsBank (nun ReichsBank genannt) verliehen worden.   Beide Banken, die bei Besorgung ihrer Geschäfte einander zu gegenseitiger Hilfe verbunden sind, sind als eine einzige Anstalt zu betrachten.

Die LeihBank gibt kein Geld auf bewegliche Güter, als ☉, ☽, Diamanten, und Perlen; sondern Edelleute erhalten Darlehen nicht anders, als gegen Verpfändung ihrer LandGüter.   Der Preis eines Bauern ist dabei auf 40 Rbl bestimmt, und die SeelenZal wird so, wie sie bei der letzten Revision angegeben worden, angenommen.   Dis gilt von allen Bauern im Reiche; nur Taurien ist ausgenommen, für welche Gegend, zum Behuf des Adels und der Städte, eine besondre Summe von 3 Mill. Rbl dem Fürsten *Potemkin* verabfolgt worden ist, welcher diese Summe und deren Zinsen, in dortigen Gegenden, zur Aufmunterung des Ackerbaus, des Handels und der Handwerke, zu nützlichen Gebäuden

---

* Die Städter, die nur 4 proC. Zinse bezalen, tragen järlich in allem nur 7 proC. ab: damit gehen 22 Jare bis zur völligen Tilgung hin, und der Schuldner hat am Ende für ein Anlehen von 1000 R. nicht 1600, sondern nur 1540 R. (512 R. 55¾ Kop. an Zinsen, und 1027 R. 44¼ Kop. an Capital) abgetragen.   Vier umständliche Berechnungen hinter dem Manifeste, machen die Sache klar.

ben ꝛc. anwenden soll, und darüber ... der Kaiserin Rechenschaft ablegt.

Sie leiht nicht unter 1000 Rbl, d. i. nicht anders als gegen eine Hypothek von 25 Seelen, und
auch drüber, nur zur Verhütung der Brüche, bloß
zu 1000en von Rbln, aus. Wer weniger braucht,
kan solches, auf gleiche Bedingungen, vom Collegio
allgemeiner Fürsorge erhalten.

Ein so verpfändetes Gut ist vor aller Confiscation, vor jeder Art von Beschlag, sicher. — Die
Bank kan auch anderwärts verpfändete Güter, auf
geschehenes Ersuchen, einlösen. — Das geliehene
Geld darf auch noch vor Ablauf des 20järigen Termins, im 8ten, 12ten, oder 16den Jar, entweder
ganz, oder zum Teil, abgetragen werden.

Säumigen Bezalern wird 10 Tage Frist ver-
gönnt. Für den ganzen 1sten, 2ten, und 3ten Monat, wird für jeden 1 proC. des ganzen wirklichen Capitals, Strafe entrichtet. Nach 3 Monaten nimmt
das adliche VormundschaftsAmt des Gouvernements, das verpfändete Gut unter Aufsicht und Verwaltung.

Auch auf steinerne WonHäuser, Fabriken ꝛc.
des Adels, leiht die Bank Geld aus: aber diese
müssen vorher bei ebenderselben versichert seyn. Die
StadtSchätzer schätzen solche, die Bank versichert
sie auf ⅔ des angegebnen Werths, und der Eigentümer zalt dafür, zu Anfang jedes Jars, 1½ proC. der
Summe, wofür das Gebäude versichert worden.
Dies ist die erste Anstalt von der Art in Rußland;
von nun an ward auch verboten, inländische Mün-

Häuſer oder Fabriken in fremden Ländern verſichern
zu laſſen.

Inländer ſowol als Fremde, von allen Ständen,
dürfen ihre Capitalien in die ReichsBank, auf ſo
lange, als ſie es für gut befinden, niederlegen, und
dabei Verabredung treffen, entweder daß das Capital bis auf eine beſtimmte Zeit in der Bank bleibe,
und durch Zinſen, und Zinſen von Zinſen, vergrößert, oder daß die Zinſen järlich entrichtet werden.
Die Bank nimmt dergleichen Gelder zu 4½ proC. an.
Nochmals ſteht die Monarchin für alles Zutrauen zu
der Bank, in Abſicht der Sicherheit aller Gelder,
die auf vorgedachte Art von PrivatPerſonen in die
Bank gelegt werden. Sobald der Eigentümer ſein
Geld zurückverlangt, wird es ihm ſogleich wieder
ausgezalt: nämlich wenn dasCapital nicht über 10000
Rbl beträgt, in 7 Tagen; wenn es 100000 R. beträgt, in 2 Monaten; eine Million aber muß 4
Monate vorher aufgekündet werden.

§. 85.

Zur Ausfürung des ganzen ♀Plans, der ſchon
in den erſten Jaren der jetzigen Regirung angelegt
zu ſeyn ſcheint, mußte mit Macht gemünzet werden,
um 100 Mill. Rbl in Papir, mit 2000 Mill. 5-
Kop.Stücken zu decken.

Die von Petr I in Petersburg errichtete Münze blieb nur zum ☉- und ☽Geld. Die in Moskau
exiſtirt auch noch, doch wird nur etwas ♀ darinn
vermünzt. Die HauptMünze ward die in Katharinburg, wo allein, nach der Verordnung, alljärlich 3¼ Mill. Rbl in ♀ geprägt werden ſollte. 1766
ward

warb eine neue ₰Münze zu Suſun auf den *Koly-*
wanſchen Hütten angelegt, 1783 eine andre zu Theo-
doſia in Taurien.   1788 war man im Begriff,
noch 2 anzulegen: die eine am *IſetFluſſe*, in der
Nähe von Katharinburg, der NiederIſetſche
MünzHof genannt; und die andre am Bache Bab-
la an der Kama. Folglich wären jetzo 1e ☉- und
☽-, und 6 ₰Münzen im Reiche. Hermann 463.

Von einigen ausgeprägten Summen, gibt Hr.
Hermann S. 479 folgendes an:

	Rbl	Kop.
Die Katharinburger Münze lieferte		
von 1762 - 1783 (22 Jare) —	43,545760	$12\frac{1}{2}$
von 1784 - 1787 (4 Jare) etwa	6,000000	
Die Suſunſche Münze lieferte		
von 1766, bis 1 Jun. 1786 —	4,856821	$37\frac{1}{2}$
nachher noch — — etwa	400000	

etwa 54,700000 Rbl.

Aber hier muß noch das auf den 4 andern Münz-
Höfen verfertigte, und das noch von den vorigen
Regirungen her vorhandene ₰Geld, zugerechnet
werden.

In der Maſe, wie ſich die ₰Münze merte, und
ſich durch das weite Reich verbreitete, mußten auch
merere PapirNiederlagen, oder "BankComtoire zur Auswechslung der ReichsAſſignationen", errichtet werden. Die erſte Ukaſe hierüber erging 1772,
22 Jun. Für Sibirien ward ein ſolches Comtoir,
1776, 12 Jul., in Tobolſk errichtet, und mit einem Capital von 1 Mill. Rbl verſehen. St. Petersburg. Journal 1776, Aug. S. 68. — 1779
erhielt Aſtrachan eine LeihBank, zum Behuf der
durch

durch die 1771 entwichenen Kalmüken ihres Vermögens beraubten dortigen Armenier", mit einem Capital
von 50000 Rbl; und Irkuzk erhielt ein BankCom-
toir: Ebendaſ. 1779, I, S. 217 und 361. — 1781,
9 Nov., bekamen 10 Städte dergleichen, mit 200000
Rbl Capital jede: Ebendaſ. 1781, IV, S. 187. —
Und 1782, 9 Sept., kamen noch 5 hinzu, in Kaſan
und Chèrſon mit 300000, in Archangel und Riga mit 200000, und in Reval mit 100000 Rbl:
Ebendaſ. 1782, III, S. 191. Jetzo ſind dergleichen BankComtoire, außer den HauptBanken
in den beiden Reſidenzen, in 21 HauptOrten des
Reichs: die in Tobolſk und Irkuzk ſind vor kurzem aufgehoben worden. HERMANN S. 474.

§. 86.

1780, 8 Oct. - Ukaſe (im St. Petersburg.
Journ. 1780, Oct. S. 300). "Die 1768 errichtete Banken zur Auswechslung der ReichsAſſignationen, waren eine Folge Unſrer Fürſorge für die mög-
lichſte Erleichterung des innern Umlaufs der ruſſiſchen Münzen. Ihre weſentliche Einrichtung bewei-
ſet deutlich, daß ſolche einzig und allein zur Auswechslung der in Rußland im Umlauf befindlichen
Aſſignationen gegen bare Münze, von der eine
den ausgegebenen Aſſignationen g l e i c h e
Summe in den Banken aufbewart wird, keineswegs aber, zur Beförderung des allgemeinen Umlaufs gedachter Aſſignationen außerhalb der Gränzen des Reichs, angeordnet worden: daher dieſe Aſ-

N 5 ſigna-

signationen auch nicht anders angesehen werden können, als eigentliche russische Münzen, deren Aus-
und Einfur durch wiederholte Befele verboten ist,
welche sich folglich auch auf diese, russische Münz-
vorstellende Papire, erstrecken.   Da Wir nun hiemit, zur unverbrüchlichen Vorschrift, den waren
Grund dieser Banken, und die eigentliche Bedeutung
ihrer Assignationen, erklärt haben: so . . . wird der
10 Jan. 1781 zum letzten Termin festgesetzt, innerhalb welcher Zeit alle etwa in fremden Ländern befindliche Assignationen, über Riga nach St. Petersburg,
gerade an das BankDirectorium eingeschickt werden
müssen, mit schriftlicher Anzeige, wem der Empfang
des dafür zu zalenden Geldes übertragen worden, und
mit deutlicher Aufschrift auf den Paketen, wie viel
Assignationen darinn befindlich seien.   Die Bank
wird für alle, nach gehöriger Untersuchung richtig
befundene Assignationen, bis auf besagten Termin
unverzügliche Zalung leisten: nachher aber ist verboten, ReichsAssignationen irgendwo über die Gränze
nach Rußland zu bringen; so wie es auch der Sache nicht angemessen ist, selbige über die Gränzen
aus dem Reiche zu füren.

§. 87.

So wie der Ausländer keine Notiz davon nam,
daß die DRbl *Katharinæ* II, 57 As D weniger enthielten, als alle vorige von den letzten Jaren *Petrs* I an,
sondern beide noch im Wechsel gleich hielt: so kümmer-
te ihn auch der neuerschaffne RRbl nichts, ungeachtet
solcher nur etwa die Hälfte eines neuen DRbls werth
war.   Im Reiche selbst kam man mit ♀ fast gerade
so

so weit, wie mit ☽ und ☉; und der Ausländer, bei seinem UnterGewicht im Handel, zog kein Lot edlen Metalls vom Rußen, durfte nur abrechnen, und mußte im Ganzen järlich noch Millionen zugeben: so lange wars ihm also gleichgiltig, ob das Ding, **Rubl** genannt, in ☽, oder in ♀, oder nach alter Novgorodscher Art, in MarderFellen und Stirnläppchen von Eichhörnern, bestand. Noch weniger ging ihn das PapirGeld etwas an, da solches, nach vorbemeldter Verordnung §. 86, dem ausländischen Handel förmlich entrückt war.

Münnich sagte im J. 1753 der Kaif. *Elisabeth* (Beyl. 10): der Preis unsrer Rubl hängt nicht von ihrem innerlichen Werth, sondern davon ab, daß die Kaufleute für inländische **Waren** große Summen zu bezalen nötig haben, und zu solchem Behuf, wenn das bare Geld ermangelt, **Wechsel** anbieten müßen. — Und schon im J. 1710 hatte der brittische Gesandte *Whitworth* (oben S. 40) geweißagt, daß damals zwar der NationalCredit der rußischen Münze hoch stünde, weil die Exporten järlich die Importen bis nahe an 200000 Rbl [welche Kleinigkeit gegen die Bilanz neuerer Zeiten!] überstiegen; aber wenn eine beträchtliche Summe über die HandelsBilanz außerlands remittirt werden müßte, so würde die rußische Münze beinahe zu ihrem reellen Werth herabfallen müßen.

Der Fall trat ein, bei den schweren Kriegen, in die sich Rußland in der Folge ziehen ließ, oder gezogen ward. Der Cours, der noch im TürkenKrieg 1738, auf 48¾ Stüv. holländ. stand, fiel im 7järigen preußischen Krieg auf sein damaliges wares Pari,

43¹¹⁄₁₆

43$\frac{11}{16}$ Stüver. Er erholte sich nachher, fiel aber in dem neuen TürkenKrieg 1774, hauptsächlich wol wegen der kostbaren Expedition im Archipel *, auf 38 Stüv. herab. Der Friede von KleinKajnardschi brachte ihn wieder auf 44$\frac{3}{7}$ Stüv.: aber durch den jetzigen 2ten TürkenKrieg sank er bis zu 31, und im Maj des Jars 1789 gar bis zu 28 Stüv., herab. Der Friede mit Schweden zu Wereld, der die königl. schwedische InsolvenzErklärung vom 10 Jan. 1791 bewirkte, machte dagegen, daß der Wechsel-Cours zu Rußlands Gunsten auf einmal wieder schleunig bis zu . . . . . stieg.

§. 88.

Hier fasse ich, in chronologischer Ordnung, verschiedene andre Aenderungen zusammen, die unter der jetzigen Regirung, im Berg =, Geld =, und MünzWesen gemacht worden sind.

1762, 9 Aug. Es soll beim Zehenden vom ? und Eisen in natura bleiben: nach 10 Jaren sollen solchen Alle one Ausname bezalen. Tsch. 456. Unter gleichem Dato: alle Bergwerke sollen bei Erb-Verteilungen wie unbewegliches Gut angesehen werden. Tsch. 460.

Die *Kolywansche* BergBediente, die Officiers-Rang hatten, wurden von andern nicht für voll angesehen, sondern wie Handwerker behandelt. Sie wur-

* Dieser 7järige TürkenKrieg, behauptet Le Clerc, I, 523, kostete järlich 20 Mill. Rbl, nämlich 6 für die LandHeere, und 14 für die Flotten; und die Krone, wie die PrivatLeute, verloren im Wechsel-Cours bis auf 25 proC.

wurden daher durch eine eigne Verordnung vom 1
Maj 1761, den Artillerie= und Ingenieur=Officieren
gleich gemacht; auch wurde ihnen eine eigne Uniform
bestimmt. Tschulk. 447. — Ein gleiches ge=
schah 1764, 5 März, mit denen in *Nertschinsk*=
auch erhielten diese doppelten Gehalt, weil die dor=
tige Gegend fer elend ist: der Gen.Major *Suworov*
ward Chef in *Nertschinsk*, und sollte blos unter dem
Senat, in BergSachen aber unter dem BergColle=
gio, stehen. Tschulk. 487. Schon das J. vor=
her 1763, waren die Soldaten und Arbeiter daselbst
vom KopfGelde befreiet worden, Tsch. 480.

1764, im Maj, ward der Etat des *Kolywano-*
Woskresenschen Bataillons, bestehend aus 3 Comp.
zu Fus, und 1er zu Pferd, zusammen 523 Mann,
auf 18 FolioSeiten gedruckt publicirt. Der gemeine
Soldat bekömmt järlich bar 7 Rbl 50 Kop.

1767, 10 Maj. Die 2 proC., die die Berg=
werksEigentümer an die GrundHerren entrichten,
sollen nicht an die Krone bezalt werden, wenn auch
dieser der Grund gehörte. Tsch. 498.

1774, 28 Jun., ward in Petersburg beim
BergCollegio eine BergSchule für 30 junge
Leute von nicht über 15 Jar alt errichtet, Tschulk.
VI, 2, S. 508. Das ganze Reglement für dieselbe
findet sich Ebendas. S. 525-546. Die BergCa=
deten werden darinn auf kaiserl. Kosten in allem frei=
gehalten. 1778 ward öffentliches Examen gehalten,
das im Petersb. Journal dieses Jars, S. 160,
beschrieben wird. 1783, wie das BergCollegium ein=
gegangen war, kam diese BergSchule unter die Auf=
sicht der Petersburger FinanzCammer. In der des=
halb

halb ergangenen Ukase ward zugleich verordnet, daß
dergleichen Schulen auch in andern Gouvernements,
wo Bergwerke sind, errichtet werden sollten: Petersb. Journ. 1783, I, S. 186.

1779 ward eine *Kolywansche* Provinz erschaffen
(Petersb. Journ. 1779, I, S. 442), und diese im
März 1783 zu einem Gouvernement mit 5 Kreisen
erhoben (Ebendas. 1783, I, S. 195). Zur Gouvernements Stadt ward *Berskoj Oftrog*, nun *Kolywan*
genannt, bestimmt.

1779, 23 Maj. Herrliche Verordnung zu Gunsten der den Bergwerken zugeschriebenen Bauern.
Ihr Tagelon wird erhöhet; auch die Zeit, wie lange
sie arbeiten sollen, und die Arten ihrer Arbeit, werden genau und bei Strafe bestimmt. Tsch.
deutsch im Petersb. Journ. 1779, Jun. S. 430.

Petrs I Verordnung vom J. 1700, daß alles
nach der Probe 84 verarbeitet werden soll (S.
S. 42) ward längst nicht mer befolgt (Vgl. S.
Z. 12 von unten). 1779, 6 Nov., ward förmlich erlaubt,
es niedriger, jedoch nicht unter Pr. 72, zu verarbeiten. Kleine Sachen, die weniger als 1 Lot wiegen, können schlechter seyn, dürfen aber auch nicht
gestempelt werden. Petersb. Journ. 1779, S.
S. 449.

1780, 28 Jun. Von nun an soll nur die Hälfte alles gewonnenen Ps, für den Preis von 18 Rub.
das Pud, an die Krone geliefert werden (s. oben
S. 28): Petersb. Journ. 1780, II, S. 3.

1781, 27 Jun. Edelleute hatten aus der adli-
chen LeihBank Gelder geliehen, und dafür Güter ver-
pfändet, die ihnen nicht gehörten. Verordnung

deswegen, im Petersb. Journ. 1781, I, S. 214.
— Im Apr. 1782 erhielten die Gouverneurs
Befel, Verzeichnisse von den für Schuld verfallenen
Gütern, an die adliche Bank einzusenden.

1782, 28 Jun. Die BergwerksPrivilegien
werden erneuert, und namentlich auch ☉ = und ☽ =
Gruben den Aufnemern, nur gegen Abgabe des Ze=
henden, versichert: Petersb. Journ. 1782, III,
S. 172.

1783, 27 Jan. Durch die neue Gouverne=
mentsEinrichtung vom 7 Nov. 1775., ward das
BergwerksWesen von den resp. FinanzCammern ab=
hängig: also nam das BergCollegium den 1 Maj
1784 sein völliges Ende. Das MünzDepartement
blieb auf dem alten Fus. Petersb. Journ.
1783, I. S. 186.

1783, 9 März. Geld überhaupt, und sogar
auch Assignationen, zalen auf der Post, außer dem
BriefPorto, ¼ proC.; dies zalt die Krone wie Par=
ticulars: dann aber stehen die PostAemter dafür ein.
Petersb. Journ. 1783, I, S. 186.

1784, 27 Jun. Der General von *Sojmonov*
führt beim kaiserl. Geheimen Cabinet die Aufsicht
über die *Kolywanshe* Bergwerke, Petersb. Journ.
1784, I, 326. Zu diesem Cabinet gehören alle *Al=
taishe* und *Nertschinskishe* ☉ = und ☽Bergwerke;
die übrige Bergwerke aber zum Senat. Jene diri=
giren eigne BergHauptleute, diese die FinanzCam=
mern in den Statthalterschaften. HERMANN S. 331.

Von dem berümten von *Schlatter*, der um das
rußische BergWesen unsterbliche Verdienste hat, und
von

von deſſen Familie, ſ. das Petersb. Journ. 1780,
II, 419.

§. 89.

Das Göttingſche MünzCabinet beſitzt von den Münzen *Katharinæ* II folgende.

☉. 1 HalbImperial, 1762.　A. BruſtBild
der Kaiſerin, mit Orden, Mantel, und der kleinen
Krone. Umſchrift: B. M. *Jekaterina. II. Imp. ; Samod. vſeros.*　Unten *S. P. B.* der MünzHof.　R.
4 Wapen, von Moſkau, Kaſan, Aſtrachan, und
Sibirien, die ſich an den kleinen ReichsAdler in der
Mitte anſchließen.　Zwiſchen jedem Wapen eine Ro-
ſe, und eine von den Zalen 1762. Umſchrift: *Im-
prſkaja roſſiis mon. tzena pät' Rubl* (Eben ſo die
ganzen Imperiale: beide alſo im Aeußeren den Eliſabethſchen faſt völlig gleich).

D. 5 Rubl, von 1762, 1776, 77, 78. A.
A. völlig wie auf den Imperialen, nur
das Haupt belorbert.　R. der doppelte Reichs Adler
mit dem Ritter auf der Bruſt, und die ruſſiſche OrdensKette neben herum. Umſchrift: *Moneta. rubl*
und dann die JarZal.　Unten noch 2 Buchſtaben
vermutlich Namen der StempelSchneider.
Gepräge auf den 3 neueren Rubln iſt merklich ſchö-
ner, als das auf den vorigen.

3 HalbRbl, 1764, 1778 (2).　A. und R.
wie die ganzen; nur Umſchrift: *Moneta. Polſina.*

4 QuartRbl, 1765, 1767, 1779 (2). völlig wie die vorigen; nur Umſchrift: *Polupoltinni*
und auf den beiden erſteren der MünzHof Moſkau.

7 Fünf

7 FünftelRbl, DoppelGriven, oder 20=
Kop.Stücke, von 1764, 66, 71, 72, 78, 79, 84.
A. wie auf allem vorigem DGelbe. MünzHof, bei
den 2 erſten Moſkau, bei allen übrigen St. Peters=
burg. R. der ReichsAdler; auf deſſen Bruſt in ei=
nem Schilde die Zal 20; neben herum 20 Puncte
in 4 abgeteilten Reihen. Unten die JarZal.

3 15Kop., oder 5AltynStücke, von 1764,
71, 84. Alles der vorhergehenden Münze gleich;
nur, wie natürlich 15 ſtatt 20, in Zifern und Punc=
ten. MünzHof, der 2 erſten Moſkau, der letzten
St. Petersburg.

5 Griven, oder 10Kop.Stücke, von 1769,
74, 78 (2) 91. Immer wie die vorigen: nur R.
oben die Krone, zur Seite eine LorberEinfaſſung,
und dazwiſchen, Griwen-nik, darunter die JarZal.
Auch hier das belorberte Haupt ſeit 1778, noch nicht
einmal im J. 1774! Alle 5 im Petersburger Münz=
Hof geprägt.

2 5Kop.Stücke, von 1770, 77, 78, 80.
Der Namenszug der Kaiſerin EI. (Jekaterina
...) mit durchgeſchobenen II, bedeckt mit
der Krone, auf den beiden Seiten die JarZal 17-70
u. ſ. w., und eingefaßt mit 2 zuſammengeknüpften Lor=
berZweigen. R. der ReichsAdler, mit dem Ritter
auf der Bruſt, und der OrdensKette herum. Un=
ten E. M. (MünzHof in Jekaterinburg?): und ganz
unten: 5 kopejek. Das Gepräg iſt gar plump.

3 2Kop.Stücke, von 1766, 1768, und
1776. A. wie bei den 5Kop.Stücken. R. Blos
der Ritter, zwiſchen ſeinen Beinen M. M, und auf
den beiden neuern E. M. (MünzHof Moſkau, und

Katharinburg⁾). Unten: *dwe kopeiki.* — N...
ein Stück, 1763. A. wie die vorigen. ...
lich: weiland *tſchetyre kopeiki,* wie noch klar ...
ſchimmert.

1 1Kop.Stück, 1766; wie das vorige.

5 HalbKopejken, oder Dengen, ...
1767, 68 (2), 69, 72; wie die vorigen.

2 ViertelKopejken oder Poluſchken, vor
1767, 69; wie die vorigen, und alle mit E. M.

Sibiriſche Münzen (oben S. 159), b...
ganze Suite vollſtändig: 2 10Kop.Stücke 1773,
77; 2 5Kop. 1771 und 77; 2 2Kop. 1773 und
78; 2 1Kop. 1773 und 77; 1 Denga 1773; ...
Poluſchken 1769 und 73. Auf allen unter dem
NamensZug K. M. (Kolywaniſcher MünzHof?).

Moldauiſche Münzen: I. 2 Stücke, jedes
1¼ Lot ſchwer, nieblich geprägt. A. 2 *Para* 3 *Kopējsk*, in 4
Linien eingefaßt. R. 2 WapenSchilder, der Moldau
und Walachei, mit einer Krone bedeckt. Umſchrift:
Mon. Mold. i Voloſk. Unten die JarZal 1774. —

II. 2 einfache *Para,* halb ſo ſchwer. Die eine A.
NamensZug von E. II, neben herum 3 Puncte, drüber die Krone, und Umſchrift: 3 *Dengi* 177... R.
der ruſſiſche ReichsAdler, mit den 2 bemelten Wa-
penSchildern auf der Bruſt. Umſchrift: *Mold. ...*
polo. Unten, S. Die andre, A. *Para* 3 ...
wie oben in ein Viereck eingeſchloſſen. R. 2 Wapen-
Schilder, wie oben. Umſchrift: *Mon. Mold. i Va-*
loſk. Unten 1772. — "Dieſe Münzen (ſagt eine
handſchriftliche Nachricht) ſind aus erob...en türki-
ſchen Kanonen, in den Jaren 1771 bis 1774, geſchlagen worden, zu *Sadogura,* einem neuangelegten Dor-

in der Moldau, unter dem MünzPächter Baron von *Gartenberg* (polnisch *Sadogursky*). Die Münz-Stätte ist seit dem letztern Frieden eingegangen; und der Ort selbst nebst andern in der Moldau, ist unter Oestreich. Uebrigens haben diese Münzen nur unter der Armee, nie im russischen Reiche selbst, cursirt. Paras mit dem russischen ReichsAdler sind ser wenige geprägt".

§. 90.

Einige Angaben von Summen, die in Rußland vor der jetzigen Regirung geprägt worden sind.

In ☉.

1724, 300000 Dukaten (oben S. 60 aus *Weber*).

Seit 1718, 341148 AndreasDukaten, werth 682296 Rbl (Beyl. 93).

In ☽.

1564-1703, 26,302691 Rbl 33 Kop. kleine Kopejken (Beyl. 58, 95, 54, auch oben S. 106).

1703-1719, 4,420708½ Rbl (Beyl. 55, 58, 95).

1705-1711, 7,237909 Rbl kleine Münze überhaupt (oben S. 106).

1719-1746 35½ Mill.: also in 26 Jaren järlich 1,300000 Rbl (oben S. 174 aus *Haven*).

1718, 500000 Rbl in 7 Monaten (oben S. 60 aus *Weber*).

1731-1740, 8,674608 Rbl 37 Kop. alte Kop. eingelöst, und zu Rbln verschmolzen (Beyl. 95, oben S. 107).

D 2

1731,

1731,   70000 Rbl in Griven (oben S. 10.
Beyl. 32, 41).

1731-1741, 21,134219½ Rbl in Rubln (Beyl
96).

Bis zum J. 1757, gegen 50 Mill. Rbl groſe
und kleine Münze (oben S. 144).

1741   87000 Rbl in Griven (oben S.
124).

1738-1772, gegen 45 Mill. *Hermann.*

In ♀.

Von 1700 an 3,346538 Rbl, zu 20 Rbl aus
dem Pud (oben S. 142).

1704-1711, für 4000 Rbl järlich (oben S. 50
aus *Haven*).

1704-1718, über 2,200000 Rbl Kopejken, zu
20 Rbl,

1718-1722, etwa 500000 Poluſchken zu 40 Rbl,
(Beyl. 42),

1728 und 1729, beinahe 500000 Kopejken zu
40 Rbl, und

1724-1731, beinahe 3,500000 Rbl an 5 Kop.
Stücken (oben S. 81).

— —   3,984885 Rbl 5 Kop Stücke zu
40 Rbl (oben S. 82, vergl. S. 142. und
Beyl. 19, 46).

§. 91.

Ausprägungen unter *Katharina* II;
und ganze GeldMaſſe im Reich um das J. 1785,
nach *Hermanns* Angabe.

O. Seit 1763, järlich etwa eine ½ Million:
alſo in 26 Jaren 13 Mill.

☾. Von 1763-1772, über 23 Mill.
     1773-1788, gegen 40 Mill. Also ☉
und ☾ zusammen über 76 Mill.

♀. Von 1762-1787, nur auf 2 ♀Münzen,
54,702581 Rbl 49 Kop. (oben S. 200).
PapirGeld, 100 Mill. (oben S. 190).

HAVEN S. 324 schlug zu seiner Zeit (um das J. 1746), die Summe alles im Reiche circulirenden Geldes, nur auf höchstens 10 bis 12 Mill. an; da doch, nach seiner eignen Angabe, in allen vorhergehenden 26 Jaren, im Durchschnitt järlich für 1,300000 Rbl neugeprägt worden war. Sollte der türkische und schwedische Krieg dem Reiche ⅔ seiner ganzen Barschaft entzogen haben? Und wie ist es möglich, daß sich ein so ungeheuer großes Reich mit 12 Mill. Rbl cursirender Münze behelfe?

HERMANN S. 457 schlägt die im J. 1788 im ganzen Reiche circulirende Masse, in ☉- und ☾- Münzen auf 70 Mill., in ♀Geld auf 54, und in PapirGeld auf 100 Mill., folglich, wenn man Papir- und KupferGeld als zugleich circulirend rechnen kan, zusammen auf 230 Mill., an. Eine Kleinigkeit für eine 30 Millionen Menschen starke Nation! falls auch, wie Hr. *Hermann* ferner versichert, das russische NationalCapital noch alljärlich mit 5 Mill., nämlich mit 1,700000 Rbl, die aus sibirischem ☉ und ☾ geschlagen werden, 1,300000 Rbl ausländischer umgemünzter GeldSorten, und 2 Mill. KupferGeld, vermert werden sollte. Aber sind beide Anschläge doch nicht zu hoch?

D 3   Ein

Ein ruffifcher *Necker*, der Banquier und Finanz Minifter zugleich ift, wird uns, nach wieder hergeftelltem Frieden, fichrere Auskunft über diefe importante Data geben können.

Beyla·

Beylagen.

Eine Sammlung von Acten und Nachrichten,
das ruſſiſche MünzWeſen betreffend.

Der Kaiſerin *Eliſabeth* den 5 Sept. 1753
übergeben
von dem verabſchiedeten GeneralMünzDirector
Chriſtian Wilhelm von *Münnich.*

Aus einer Handſchrift in Fol. von 239 Seiten.

An die Kaiserin *Elisabeth*,

von dem wirkl. Geheimen Rat, Frhrn. von *Münnich.*

Moskau, 5 Sept. 1753.

[S. 1 - 25]

Llerdurchlauchtigste, Großmächtigste Kaiserin und Selbsthalterin, Allergnädigste Kaiserin und Frau.

Ewr. Kaif. Maj. von meinem Tun und Lassen über‐ haupt, insonderheit aber wenn es die mir allergnädigst aufgetragene Departemens betrifft, und was ich darinnen vorgenommen und ausgerichtet habe, Red und Antwort zu geben, erfodert meine alleruntertänigste Pflicht und Schuldigkeit.

Da mir denn unter andern auch die GeneralDirection des MünzWesens im hiesigen Reiche, von der Kaiserin *Anna* Joannowna gottseel. Gedächtnisses, den 20 Jul. 1740. allergnädigst anvertraut, und ich dabei, nachdem Ewr. Dero angestammten kaiserl. Thron glorreich be‐ stiegen, von Denselben bis zum Apr. Monat 1742 aller‐ gnädigst gelassen worden: so habe in diesem Bande, welchen mich erküne, Ewr. hiemit allerfußfälligst zu übergeben, dasjenige zusammengetragen, so zu einer Ueberzeugung dienen kan, daß wärender Zeit ich das MünzDepartement dirigiret, ich alles, was darinnen vorgekommen, und zur GeneralDirection eigentlich ge‐ höret, nach meinem besten Wissen und Gewissen, mit al‐ lem Fleiß und Treue, Pflichtschuldigst ausgerichtet habe.

Um aber Ewr. precieuseste Zeit und Gedult mit überflüssigen Wiederholungen nicht zu mißbrauchen, wer‐ de hier nur das allernötigste kürzlich berüren: umständ‐ liche Nachricht aber können die in diesem Bande einver‐ leibte Documenta mitteilen.

Das Wichtigste, so bald anfangs sub *Num.* III dar‐ unter vorkömmt, ist eine .. Doklad an allerhöchstgedach‐ te Kaiserl. Maj., worinnen die Gefar, die 5 Kop.‐ Stücke länger rouliren zu lassen, aufs nachdrücklichste vor‐

vorgestellt worden; welche ich Derselben den 25 Aug.
1740, da ich nur 4 Wochen die Direction des Münz=
Wesens gehabt, nebst einem umständlichen Entwurf
Num. IV, wie dieselben durch erwiederte Lotterien und
Diminutionen am allerfüglichsten könnten in die Münz=
Höfe, und aus dem Commercio herausgezogen werden,
übergeben habe.

Da sie in der 1sten Lotterie für 5 Kop. sollten ange=
nommen werden, außer derselben aber nur 4 gelten;
in der 2ten für 4, außer derselben für 3; in der 3ten
für 3, und außer derselben nur für 2, giltig bleiben:
so ist daraus onschwer der Schluß zu machen, wie leicht
es würde gewesen seyn, die Lotterien zu Stande zu
bringen, auch den Verlust bei den Diminutionen von
der kaiserl. Casse abzuwenden; und daß auch unter den
Eingesessenen nur diejenige denselben würden gelitten
haben, die da versäumet, an den Lotterien Teil zu nemen:
daß man auf diese Weise in Rußland ein Mittel würde
in Gang gebracht haben, wozu Frankreich, England,
Holland, und auch ondre Staten, wenn sie pressante
Ausgaben zu bestreiten haben, gewönlich ihren récours
nemen, und dadurch zu dem benötigten Gelde gelangen:
Ferner daß man dadurch, daß man denen, die über 100 Rbl.
für ein Los von 5 Rus! gewonnen, die Hälfte nur an
Gelde, die andre Hälfte aber mit MünzBillets, bezalen
sollen, diese auch hier einfüren, und bei den MünzHö=
fen eine Art von *Banco*, zu großer Bequemlichkeit des
Publici, etabliren können; immaßen es immer sehr un=
bequem, um 10 Rubl zu bezalen, ein Pud ♀ (wie bei
Denuschken und Poluschken nötig) bei sich zu füren.

Um aber das übrige, was an barem Gelde zu Beza=
lung der Gewinste der Lotterien erfoderlich, anzuschaf=
fen, müßten die eingekommene 5Kop.Stücke zu 2 Kop.,
also zu einer Münze von 16 Rubl aus dem Pud, mit
Jhro Kaiserl. Maj. BrustBilde, und einem zierlichen
Revers, umgeprägt, und 1 Million neuer auf gleiche
Art geprägter 2Kop.Stücke oder Groschen, sobald
als möglich, verfertigt werden: dadurch dann hier eine
schöne ♀Münze, so wie in England die halben= und
ViertelPences sind, würde eingefürt seyn, wovon keine
Gefar des Nachmünzens zu besorgen. Welche Vorteile
                                        alle

alle dem Projecte die allergnbgſte Approbation zuwege
zu bringen fähig wûrden geweſen ſeyn, wenn nicht da=
zwiſchen gekommene Umſtânde dieſelbe gehintert.

Bei ausbleibender Reſolution gab ich, um dieſelbe
zu befôrdern, und damit auch zu einer guten Dnen ſo=
wol, als zu einer ſchônen Qnen Scheide Mûnze, ein
beſtândiger MûnzFus (da nach den angelegten Tabel=
len, bisher immer, zum grôßten Nachteil des Kaiſerl.
Mûnz Regals, darunter veriiret worden) feſtgeſezt wûrde,
eine weitlâuftige Unterlegung am Cabinet, den 10 Oct.
ein, die hier sub *Num. V.* befindlich. Da aber am
17ten deſſelben Monats, der Kaiſerin *Anna* .. unver=
mutetes Ableben nach gôttlichem Verhângniſſe erfolgte:
ſo war auch dieſe meine abermalige Bemûhung dadurch
vereitelt.

Als man aber gleich darauf dem Herzoge von Kur=
land, als Regenten des Reichs, den Eid leiſten mûſſen:
ûbergab ich demſelben den 21 Oct. 3 verſchiedene Be=
richte; 1en von dem damaligen Zuſtande des ReichsCol=
legii auswârtiger Affairen, den 2ten von der Bau= und
PolizeiCommiſſion, und wie weit man damit zu Stande
gekommen, und den 3ten von dem hieſigen MûnzWe=
ſen. Von dieſen Berichten ſind die Concepte unter mei=
nen Papiren nicht mer vorhanden: als mir aber die
Commiſſion aufgetragen wurde, die *Bironſche* Schriften
zu examiniren, fand ich dieſelbe oben in des Herzogs
SchreibTiſche in einem Auszuge beiſammen, woſelbſt
ſie auch noch zu finden ſeyn werden. Der 3te Bericht
vom MûnzWeſen beſtand in 13 Puncten, worinn ich
von dem 8ten bis zum 13ten auf eine *Reſolution* ûber
meine vorhin ermânte beide Dokladen vom 25 Aug. und
10 Oct. nachdrûcklichſt inſiſtirte. — Der Herzog war
von meinem Projecte ſehr eingenommen; die Sache wur=
de auch auf ſeinen Befel im Cabinet in deliberation ge=
zogen: aber wegen der kurz darauf erfolgten neuen Re=
volution geriet ſie ins Stecken.

Bei der ReichsVerweſung der Prinzeſſin *Anna* von
Meklenburg, ſtellte ich derſelben 2 das MûnzWeſen
betreffende untertânigſte Berichte, am 22 und 26 Jan.
1741, zu: den iſten von den Umſtânden, die mit Ein=
wechſlung der Dnen Kopeiken bis dahin vorgegangen;

A 2 und

und den 2ten wegen Einziehung der 5 Kop. Stücke nach meinem Project, und einer vorläufigen Stempelung derſelben: von welchen beiden Berichten der Inhalt mit ihren Beilagen, hier ſub *Num.* VI & VII, mit angebracht ſind. Aber ich gelangte auch dieſmal nicht zum intendirten Endzweck.

Ich ſetzte indeſſen meine Bemühungen fort, und tat dem derzeitigen Cabinet, am folgenden 14 März, umſtändliche Vorſtellung wegen Feſtſetzung eines gewiſſen Münzfußes zu ☉ Ausmünzungen, womit auch bisher ſehr variirt worden, und proponirte, die Dukaten nicht ſo, wie die holländiſchen, zu $94\frac{1}{4}$ *Solotn.* Probe, und $117\frac{1}{4}$ aus dem Pfd., ſondern zu 93 *Solotn.* Probe, und 118 aus dem Pfd., zu vermünzen, damit ſie nicht aus dem Lande geführt werden könnten; anbei das ☉, anſtatt des geſetzten Preiſes zu 252 Kop. fürs *Solotnik*, à 260 Kop. ankaufen zu dürfen; und die ☉ne 2 Rubl. Stücke zu Dukaten von obigem Schrot und Korn umzumünzen, weil wenn die 341140 Stücke, ſo davon gemünzet worden, noch vorhanden, man nach Abzug aller Koſten ungefähr 28000 Rubl dabei profitiren könnte.

Auch dieſe Vorſtellung blieb ohne Reſolution: aber am 10 Jun. erfolgte, wegen Ausmünzung der ☉nen Griven, die Approbation, daß dieſelben zu 72 *Solotn.* Probe, und am Gewicht mit denen, vom J. 1731 an, geſchlagenen Rubln gleich, ſollten verfertiget werden. Bei 1 Million Rubl ſolcher Griven, werden für die kaiſerl. Caſſe mer, als bei denen von 1731 bis 1735 zu 77 *Solotn.* Probe geſchlagenen Griven, profitirt 59974 Rubl, 45 Kop.: welche Reſolution mich nicht wenig aufrichtete, da ſie mir Hoffnung machte, daß auch auf meine andere wichtigere Vorſtellungen gewierige Reſolutiones erfolgen würden.

Auf Veranlaſſung einer eingekommenen Nachricht, daß nachgemachte 5 Kop. Stücke aus Georgien nach Aſtrachan eingebracht worden, tat ich am dirigirenden Senat, den 12 Novbr. 1741, wegen Abſchaffung dieſer gefärlichen Münze, alſofort abermalige Erinnerung; die auch nachher noch 1742 wiederholt worden (ſ. *Num.* VIII). Was ſonſt, außer dieſen hier angefürten, am Cabinet und Senat für Donoſchenien eingegeben worden: davon

davon finden sich die Extracte sub *Num.* IX; auf welche allesamt ich mit keiner Resolution erfreuet worden.

Nachdem aber Ewr. am 25 Nov. 1741, unter göttlichem sichtbaren Beistande, durch eigenes heldenmütiges Unternemen, Dero väterlichen Thron, ohne Vergießung eines Tropfen Bluts, siegreich bestiegen, wovon in den WeltGeschichten "kein andres Exempel" zu finden; und Allerhöchstdieselbe, durch eine Großmut, die auch ihres gleichen nicht hat, mich in Dero Diensten beizubehalten geruhet, und unter dem 18 Febr. Denselben nach Moskau zu folgen allergnädgst beordret; deswegen auch die Canzlei des MünzDirectorii hieher transportirt werden müssen: so schmeichelte ich mir nunmero mit der festen Hoffnung, unter Ewr. glorreichem Zepter und weisestem Regiment besser, wie bisher geschehen, zum Zweck zu gelangen; daß nämlich, bei wolgeordnetem Gebrauch Ewr. kostbaren MünzRegals, in Ausmünzungen des ⊙, ☽, und ♃, auf einen beständigen, den vorteilhaften Umständen dieser souverainesten Monarchie gemäß eingerichteten MünzFus, die 5Kop.Stücke vollends abgeschafft, dagegen lauter schöne ScheideMünze an ☽ und ♀ eingeführt, dem Nachmünzen gesteuert, und Ewr. ein erklecklicher Vorteil und ansenliche Vermerung Dero Revennen, one Beschwerung Dero Untertanen, verschafft werden könnte.

Es war in dieser Absicht, an einer ausfürlichen GeneralJnstruction, für die Canzlei des MünzDirectorii sowol, als auch für die derselben subordinirte MünzCanzlei nebst beren Dependentien, gearbeitet, nebst einem Eingange und Schlusse, in 35 förmlich und umständlich abgefaßte Artikel eingeteilt, und daraus nichts nötiges vergessen worden. Wegen der ermangelnden Resolutionen aber über die eingegebenen Dokladen, welche nach dem 6, 16, 17, und 21 Artikel notwendig zu inseriren, hatte sie noch nicht zur Approbation übergeben werden können. Weil sie sehr weitläuftig, habe diesem Bande sub *Num.* X nur den Eingang und Schluß ganz, von den übrigen 35 Artikeln aber nur die Rubriken abschriftlich, einverleibt: auf Erfodern aber kan sie ganz communicirt werden.

Und weil außer dieser GeneralInstruction, bei des Grafen *Golovkins* Zeiten, SpecialInstructionen für die Glieder der 2ten Expedition, hier und in St. Petersburg, imgleichen für die Wardeins, Commiss., MünzMeister, Cassirer des ☉s und D☽ bei der Einnahme und Ausgabe des fertigen Geldes, für den Medailleur, für die MünzProbirer, imgleichen für den Probirer bei Stemplung ☉= und D ner Arbeit, ausgefertiget worden: so war zuverläßig zu hoffen, da ein jeder darinnen, wozu er eigentlich bestellt, zulängliche Anweisung bekommen, daß unter einer sorgfältigen Direction bei beiden Münzhöfen hier und in St. Petersburg, alles in der besten Ordnung hinkünftig von einem jeden, was seine Pflicht erfodert, würde beobachtet und ausgerichtet w rden.

Nachdem aber ich den 10 März hier angekommen, die CanzleiBediente und Sachen den 12ten, und der Rat *Moltzanov* mir seine Ankunft den 16ten angezeigt hatte, und ich nunmero in denen dazu in dem Münz-Hause zubereiteten Zimmern, in der Canzlei des Münz-Directorii, nach der kaiserl. Imännoj Ukas, die erste Session mit ihm halten wollte: wurde ich durch einen Rasfylſezik von dem zu der hiesigen MünzCanzlei bestellten Procureur in derselben zu erscheinen gefodert. In welch Erstaunen mich dieses gesetzet, ist leicht zu erachten. Da auch den 20ten Nachmittags um 4 Uhr mir eine Ukase vom dirigirenden Senat insinuirt wurde, die an die MünzCanzlei gerichtet, dadurch aber mir darinnen mit zu sitzen befolen, und des Procureurs Verfaren sentenirt, die durch Imännoj Ukas etablirte Canzlei des MünzDirectorii aber aufgehoben wurde: so tat ich zwar dawider, als nach meiner Einsicht mich dadurch sehr gravirt findend, in der in dem GeneralReglement dazu bestimmten Zeit, geziemende Vorstellung, so hier sub *Num.* XXIII befindlich, und bat um Beibehaltung der Canzlei des MünzDirectorii. Als aber dieselbe nicht attendiret, sondern es bei dem Befel, daß ich in der hiesigen Canzlei mit sitzen sollte, gelassen wurde: so gehorsamte ich. Da ich aber, anstatt der mir allergnädigst aufgetragenen Direction, nunmero von der Vorschrift des Procureurs dependiren sollte, und nicht absehen konnte, wie

id,

ich bei so gestalteten Sachen, weiter etwas zu Beförderung Ewr. allerhöchsten Interesse auszurichten vermö-
gend: so blieb mir nichts mer übrig, als mich Demuts-
voll zu Ewr. Füssen zu werfen, und Dieselbe um Entschlagung von diesem Departement, in der hier sub. *Num.*
XXIV angefügten BittSchrift allerinständigst anzufle-
hen.

Als nun Ewr. derselben allergnädigst zu deferiren
geruhet, und ich Denselben für solche hohe Gnade mich
allerfußfälligst bedankte: setzte ich eine kurze Donoschenie an den birigirenden Senat desfalls auf, übergab
dieselbe in Person; und nachdem sie angenommen worden, ging ich zum letztenmal in die MünzCanzlei, tat
daselbst die Anzeige meiner Dimission, und mußte folglich meine bisherige vielfältige Bemühungen fruchtlos
aufgeben.

Seitdem diese Veränderung auch in regard des Münz-
Directorii mit mir vorgegangen, sind die 5 Kop. Stücke
noch 2 Jar lang für voll gäng und gebe gewesen. Da
sie aber im J. 1744 von 5 zu 4, A. 1745 von 4 zu 3,
und 1746 durch eine .. Ukase vom 28 Aug. von 3 zu 2
Kop., heruntergesetzt worden, und das Publicum in den
Gedanken stand, sie würden nach ihrem innerlichen Werth,
und nach dem von einem birigirenden Senat schon im
J. 1732 an die Kaiserin *Anna* Joannowna erstatteten
Gutachten, zu 1 Kop. gesetzt werden: so veranlaßte
mich solches, am 11 Sept. 1746 an Ewr. eine allerde-
mütigste Doklad, und zugleich in einer besondern ..
Vorstellung meine geringe Gedanken, wegen der nunmero zu 2 Kop., also zu 16 Rubl aus dem Pud ♀ reducirten 5 Kop. Stücke, in russischer Sprache allerfußfälligst zu übergeben. Hier ist sie in deutscher Sprache
sub *Num.* XXV angefügt; auf Erfodern aber kan ich
auch die russische Uebersetzung .. einliefern.

In der Doklad ist die Gefar des Nachmünzens einer
so schlecht geprägten und aus purem ♀ bestehenden Münze, und in der .. Vorstellung *Num.* XXVI die Art und
Weise, wie diesem am füglichsten vorzukommen, und eine zierliche ♀ Münze, so wie die Englische ist, auch in
Rußland einzuführen, und überhaupt, wie ein gewisser
MünzFus, nicht nur zur ♀nen, sondern auch zur Jnen

Schei-

A 4

ScheibeMünze, fürs künftige feſtzuſetzen, und die Not=
wendigkeit, ſie in gehöriger Quantität, zu Erſetzung des
Mangels, den die eingewechſelten Dner Kopeiken, und
die Herunterſetzung der 5Rop.Stücke, verurſacht, an
Verfertigung Dner Griven, auch neuer Qver und 2
Ropeiken, und mit dieſen neugeprägten die bisherigen
2Rop. einzuwechſeln, und zu einer zierlichen Münze
umzuprägen; mit Anweiſung des Vorteils, den Ewr.
dadurch rechtmäßig erhalten, und wie der große Verluſt,
den die kaiſerl. Caſſen bei den 3maligen Diminutionen
zu 20, 25, und letzlich zu 33⅓ proCent erlitten, dadurch
erſetzt werden könnte, umſtändlich, deutlich, und gründ=
lich, vorgeſtellt.

Indeſſen gehen die geweſenen 5= und nunmerige 2=
Rop.Stücke, noch immer in dem ſchlechten, und den
Gewinnſüchtigen Leuten ſehr leicht nachzumachenden Ge=
präge: und weil dabei 100 auf 100 profitirt werden
kan, ſo bleibt noch immer dieſelbe Geſar, daß ſie nach=
gemünzt und hereinpracticirt werden, und Fremde den
Vorteil ziehen, welchen Ewr. von Dero pretieuſem Münz=
Regal ſelbſt genießen ſollten und könnten.

Und ſolchemnach treibt mich der unabläſſige Dienſt=
Eifer für Ewr. ... Intereſſe wegen rechten Gebrauchs
deſſelben, und zu Feſtſetzung eines beſtändigen Münz=
Fußes zu ☉=, ☽= und ♀Münze, meine unvorgreifliche
Gedanken nochmals hiemit allerfußfälligſt zu eröffnen.

I. Wegen ☉Vermünzungen, und in specie der Du=
katen, als der bequemſten Münze zum Transport und
auf Reiſen, haben ſich Ewr. darinnen nach andren
Puiſſancen nicht zu richten. Im Römiſchen Reiche, da
100 Herren das Recht Münze zu ſchlagen haben, hat
es eine andre Bewandnis: denn wenn da einer nicht
nach der ReichsMünzOrdnung ſich richtet, ſo wird ſeine
Münze gleich verrufen. In dieſem großen Reiche, da
die Dukaten nur zur Bequemlichkeit der Untertanen ge=
ſchlagen werden, kömmt es nur darauf an, daß ſie nicht
zu niedrig ausgemünzt werden, wie mit den 2Rubel
Stücken geſchehen, und folglich aus dem Lande gehen:
auch nicht zu hoch, damit falſche Münzer ſie nicht nach=
münzen. Und dazu iſt das den 14 März 1741, den
das

damaligen Cabinet, zum beſtändigen MünzFuß proponirte und oben angeführte Korn und Schrot der Dukaten,
daß ſie zu 93 Solotn. Probe, und 118 Stück aus dem
Pfd., vermünzet werden, der allerbequemſte, und fernerhin beizubehalten, weil ſolches keine Hinterung im
Commercio, oder Alteration im WechſelCours, dazu ſie
nicht gebraucht werden, verurſachen; dadurch aber verhütet werden kan, daß ſie nicht aus dem Lande gehen.
Und kömmt es alſo nur darauf an, daß man ſie, es
ſeien doppelte oder einzele, an Probe und Gewicht accurat, mit zierlichem Gepräge, nämlich Ewr. Bruſt-
Bilde, und zum Revers dem h. *Andreas*, als Patronen
Rußlands, verfertige: ſo iſt auch nicht zu befürchten,
daß ſie ſollten nachgemünzt und hereinpractiſirt werden. — Uebrigens aber muß über der Ukaſe feſtgehal-
ten werden, daß ſie nicht höher, auch nicht niedriger,
als zu 220 Kop. ſollen und dürfen angenommen oder
ausgegeben werden. Wegen der auswärtigen Dukaten
aber iſt es unbillig, daß ſie allezeit zu einem gleich hohen
Preiſe hier im Reich ſollen rouliren; ſondern ſelbiger
muß ſich billig nach dem WechſelCours der Rubl richten: und wann dieſe al pari, nämlich zu 50 Stüver
holländ. ſtehen; ſo muß ein Dukat, welcher in Holland
5 Fl. 5 Stüv. oder 105 Stüv. unverändert gilt, hier
nicht für 2 Rubl 25 Kop., wie gewöhnlich, ſondern nur
für 210 Kop., angenommen werden. Sonſt profitiren
nur gewinnſüchtige Leute davon, und laſſen, wenn der
Wechſel hoch, Dukaten hereinkommen: nämlich da ich
dieſes ſchreibe, ſtehet der WechſelCours der Rubl in
Petersburg zu 41 Stüv.; wer alſo jetzt 20400 Rubl
nach Holland vermacht, kan dafür 10000 Duk. einwechſeln; und wenn ſie hier zu 2¼ Rubl gelten, bekömmt
er dafür 22500 Rubl, und profitirt 2100 Rubl: welchen Vorteil die kaiſerl. MünzHöfe billig ſelbſt haben
ſollen, und ihr Capital zu Einkaufung ☉es und ☽s,
welches nach der Verordnung aus 600000 Rubl beſtehen ſoll, alsdenn wenn der WechſelCours der Rubl
hoch, alſofort dazu anzuwenden nicht verabſäumen,
ſondern ungeſäumt anſenliche Summen übermachen, und
dafür Dukaten und holländiſche Fl., 50 Stüver-, und
Fl. Stücke einwechſeln; es wäre denn, daß ſie an un-
ge-

A 5

gemünztem ☉ und ☽ noch ein mereres profitiren könn=
ten. Bei welcher Methode sie das Interesse der Münz=
Höfe besser befördern werden, als sich ☉ und ☽ durch
Podräden mit Kaufleuten liefern zu lassen. Und damit
Privat=Personen sich dieses Vorteils zu bedienen benom=
men werde; müßte durch eine Ukase publiciret werden,
daß die holländischen und andre Dukaten nicht höher, als
nach der dabei gefügten Tabelle (worinnen ausgerechnet,
wenn der WechselCours zu 45, 46, 47 u. s. w. bis 52½
Stüver per Rubl stehet, wie viel alsdann der Dukat
gelten müsse), bei Strafe der Confiscation, solle ausge=
geben und angenommen werden. Welches gleichfalls
auch wegen der fremden ☽Münze, Banco = und Alberts=
Thaler ⁊c., daß sie nämlich nicht höher noch geringer,
als der jedesmalige WechselCours der Rubl mit sich
bringt, zu observiren, und der Ukase zu inseriren ist.
Die ☉ne 2Rubl Stücke, ob sie gleich ein 5Kop. mer
an innerlichem Valeur halten, als wofür sie gäng und
gebe sind, und also bei deren Ummünzung zu Dukaten
Profit seyn würde, werden Ewr. zum Andenken des
glorwürdigsten Kaisers, der sie prägen lassen, ohne Zwei=
fel lieber wollen beibehalten, als ummünzen lassen: in
solchem Falle aber wäre aufs neue eine geschärfte Ukase
zu publiciren, daß niemand sich unterstehen solle, we=
der sie zu verschmelzen, noch aus dem Lande zu füren;
und da es jemand dem Verbot zuwider tun, oder dar=
über betroffen werden würde, bei demselben nicht nur
diese 2RublStücke, sondern alles, was er sonst bei sich
füret, solle confiscirt werden.

II. Wegen der ☽Münze, und zwar wegen *Rubi* und
Poltinik, wird es auch billig dabei gelassen, daß sie zu
77 Solotn. Probe, und der Rubl zu 6¼₈ Solotn. schwer,
also zu 15 Rubl 84 Kop. aus dem Pfd., und 633 Rubl
60 Kop. aus dem Pud, fernerhin gemünzt werden: zu=
mal "da ihr Preis nicht von ihrem innerlichen Werth,
„sondern davon dependiret, daß die Kaufleute für in=
„ländische Waren große Summen zu bezalen nötig ha=
„ben, und zu solchem Behuf, wenn das bare Geld er=
„mangelt, Wechsel offeriren müssen": in welchem Fal=
le, wie schon beim ☉e erinnert, die MünzHöfe, in=

derheit der Petersburgsche, da der Cours höher, invigi-
liren, Wechsel ziehen, und ☽ dafür ankaufen müssen.
Zur Zeit aber, wann der Wechsel niedrig, müßte ihnen
erlaubt seyn, denen, die Geld nötig haben, von ihrem
Capital Anleihungen gegen ☽ und ☉ Unterpfand, zu
8 proCent im Jar, oder ⅔ monatlich zu tun; wodurch
Bedürftigen geholfen, und dem gräulichen Wucher, welchen Geizhälse an ihren Nächsten ungescheut und ungestraft treiben, da sie auf gut Unterpfand, 12 und vier
proCent im Jar, und noch mer MonatWeise, nemen,
gesteuert werden würde. Die QuartRubl könnten,
wie die Griven, zu 72 *Solotn.* Probe, welches der Leipziger Münzfuß zu ⅔= und ⅓Stücken im deutschen Reiche
ist, hinkünftig vermünzet werden. Weil es aber zu Ersetzung des Mangels der ☽nen ScheideMünze, und der
merern Bequemlichkeit des Transports von der ☽nen,
sehr dienlich, daß ☽ne 5Kop. und Altyne in ziemli-
cher Quantität geprägt werden: so wären die ersteren
zu 66 *Solotn.*, und die letzteren nur zu 60 *Solotn.* Probe,
und am Gewichte mit den Rubln gleich, aber beide Sorten mit zierlichem Gepräge, zu Verhütung des Nachmünzens, zu verfertigen. — Ich bin zuverlässig berichtet, daß, wie die 5Kop. zu 2Kop. reducirt, und die
☽ne Ropejken verboten worden, in Sibirien die Leute
in den Städten und Märkten, zu ihrem geringen Handel und täglich nötigen Provisionen und LebensMitteln,
sich wegen ermangelnder ScheideMünze durchaus nicht
aus einander setzen können; so daß der nun verstorbene
Gouverneur *Lange*, um der Not abzuhelfen, eine Ukase
müssen publiciren lassen, daß die ☽nen Ropejken sollten gäng und gebe seyn, bis zu andrer ScheideMünze
Rat geschafft worden: woraus die Notwendigkeit, anstatt der abgeschafften ☽Ropejken, deren 28 Millionen Rubl im Reiche gewesen, auch HalbGriven und
Altyne, zum Behuf des kleinen Handels unter den geringen Leuten und auf den Märkten, in Quantität zu
schlagen, zu Tage liegt.

III. Wegen der ☽nen 5=, nun zu 2 reducirten Stücke
ger, bin ich der beständigen, und allerdings gegrün-
deten Meinung, daß sie, zu Verhütung des sonst gewiß
zu

zu besorgenden Nachmünzens, mit Ewr. BrustBilde,
und zum Revers mit einem sitzenden Rußland, etwa wie
Britannia auf den Englischen ½ und ¼ Pences, müssen
ehestmöglich umgeprägt, und zu Einlösung derselben,
und damit Ewr. der bei den 3 Diminutionen erlittene
große Schade ersetzt werde, zum wenigsten ein 50000
Rubl an 2Kop., und eben so viel an 1Kop. mit eben
solchem Gepräge, gemünzt, und damit die 100000 Pud
Q, so dazu nötig, desto eher beisammen gebracht werden, die Schlagung der Denuschken und Poluschken
cessiren müsse, da sie nur 10 Rubl aus dem Pud Q anbringen, aber auf dieser zu 16 Rubl aus dem Pud gemünzten schönen ScheideMünze, Ewr. auf jede Million
eine Million, ohne alle Besorgung des Nachmünzens,
profitiren.   Die römischen Kaiser, da das Reich im
größten Flor war, haben ihr Bildnis auf pure Qne
Münze ja so zierlich, wie auf Onen und Dnen, prägen
lassen, die noch in den Cabinetten der Liebhaber alter
Münze häufig vorhanden sind; und in England werden
Ze und ¼ Pfennige, so den hiesigen Kopeiken und Denuschken an Valeur gleich kommen, bei allen Veränderungen der Regirung, mit der Könige BrustBilde, etwa zu 16 Rubl 60 Kop. aus dem Pude, geprägt, welche ohne Nachmünzung beinahe 100 Jar gäng und gebe
sind.   Was kan denn für Bedenken seyn, daß Ewr.
nicht desgleichen tun? da es vielmer zum Rum Dero
glorieusen Regirung gereicht, daß dabei schöne Scheide-
Münze, und ein beständiger MünzFus zu O= D= und
QMünze, festgesetzt werden.

   Sollten Ewr. .. gut finden, daß, die Einbringung
der 2Kop.Stücke zum Umprägen in die MünzHöfe zu
befördern, solches mittelst Lotterien geschehe, und
solchergestalt diese einem jeden Stat sehr nützliche re-
source, zu ansehnlichen GeldSummen, so oft es erfoderlich, zu gelangen, auch in Dero Reich einzuführen:
so könnte mit einer Lotterie von 300000 Rbl., à 5 Rbl.
per Los, ein Anfang gemacht werden; und würden die
60000 Lose durch freiwilligen Beitrag nicht geschwinde
genug zusammenkommen, dürften Dieselbe "nur den Be-
"fel ergehen lassen, daß ein jeder, der über 100 Rubl
                                                "Gage

„Gage zieht, 5 vom 100 solle in der Lotterie anlegen; so
„würde sie gar bald completirt seyn". Und wann von
der ersten Lotterie die Gewinste prompte und richtig be-
zalet worden: so ist nicht zu zweifeln, daß nicht zu einer zweiten die Liebhaber sich von selbst häufig einfinden werden.

Ich darf um so mer zuversichtlich hoffen, daß Ewr.
diese allerdevoteste Vorstellung, und das Denselben hiebei zu Fuße legendes Buch, einer allergnädigsten Aufname würdigen werden, da Ewr. .. Interesse der einzige
Endzweck ist alles dessen, was darinn enthalten. Wobei
ich in der allervollkommensten Verehrung, und der allertiefsten Niederwerfung, bis an meines Lebens Ende verharre

Ewr.

Moskau
den 5 Sept. 1753.

alleruntertänigster, allergehorsamstes
und allergetreuster Knecht,
Christian Wilhelm von Münnich.

I.

Vorläufige Nachricht von der mir .. aufgetragenen
MünzDirection, Einrichtung des hiesigen Münz-
Wesens in Petersburg und Moskau ꝛc.

[S. 36 - 40]

Num. A. So wenig ich im J. 1731 vermutet oder
gesucht habe, in Russisch-Kaiserl. Dienste berufen zu wer-
ben, im J. 1734 das CabettenCorps zu dirigiren, A. 1737
daß mir die Bau- und PolizeiCommission und des Bergs-
Wesens würde aufgetragen werden: so wenig habe ich
auch vermutet und gesucht, die GeneralDirection des
MünzWesens in diesem Reiche zu füren. Am 22 Jul.
1740 aber, ward mir,

Num. B., da ich mich dessen am wenigsten versah,
eine kaiserl. Ukase (*Num. II*) aus dem dirigirenden Senat

nat infinuirt, darinn mir dieselbe .. aufgetragen wurde. Der wirkl. Geheime Rat, Senateur, und Ritter,
Graf Michajlo Gawrilowicz *Golovkin*, hatte diese Incumbenz vom J. 1734 an gehabt, derselben aber in diesem
J. 1740 entschlagen zu werden gesucht, und solches erhalten.   Ich erfur von ihm, daß weil 2 MünzHöfe
wären, einer in Moskau und der andre in Petersburg,
dabei Canzleien, Comtoire, und unterschiedene andre
Expeditiones vorhanden, daß er beide durch eine besondre Canzlei dirigirt habe, darinnen er den Rat *Molza-*
nov zum Beisitzer gehabt hätte, mit nötigen Secretären
und CanzleiBedienten; bei dem ersteren könnte ich alle
mir nötige Nachrichten finden: welche ich denn auch ohne ZeitVerlust von ihm verlangt.

Molzanov communicirte mir 3 Stücke, *wēdomoſt*
betitelt: die 1ste die DirectionsCanzlei betreffend; die
2te die Canzleien und Comtoire, mit Registern der dabei befindlichen Bedienten; die 3te, was an ☉, gemünztem, und ungemünztem ☽, vorhanden, sowol in Moskau
als hier.   Aus diesen 3 Stücken, welche unter meinen
Papiren nicht mer vorhanden, habe ich alsofort folgendes zu meiner Nachricht notiret.

Aus *Num.* 1.   A. 1734 ist von der Kaiserin durch
eine Imännoj Ukaz verordnet worden, daß das Münz-
Comtoir zu Moskau solle die MünzCanzlei genannt
werden, aber wo die Direction ist, *Kantzelärija maner-*
nego prawlenija, und der Chef derselben *glawnoj Direk-*
tor.

A. 1735 ist *Molzanov* Rat geworden.   E. 1. 10
März, ist verordnet, daß dieser mit dem Secretär *To-*
milov in jedem Monat die Casse soll besehen und verfü-
geln.   Weiter, daß die Verordnungen des Chefs, die
Donolchenien an den Senat, die Ukasen nach Moskau
an die MünzCanzlei, die Promemorien an andre Departemens, der Rat mit unterschreiben solle: aber die Ukasen am Zoll, RathHause, die JamſczikCanzlei, Confiscation ꝛc., wo die Chefs nicht GeneralsRang haben,
der Rat alleine.

A. 1737 hat *Molzanov* den SecretärDienst mit ver-
waltet. _ E. a. ist hier die Münze in der Festung angelegt,

legt, und selbige A. 1738 zu Stande gekommen, und ist genannt worden das Comtoir der 2ten Expedition.

A. 1738 ist bei der Canzlei *manernogo prawlenija*, Timofej *Karpov* zum Secretär verordnet worden. Auf die eingekommene Ul:sen, Promemorien, Donoschenien :c., hat der Rat *Moltzanov* die darauf ausgefertigte Resolutiones Sr. Excellenz ins Haus zur Unterschrift geschickt. Vom 29 Maj an aber hat sich der Hr. Graf nichts mer vortragen lassen, den Canzlisten *Dronov* aber bei sich behalten, bis ein neuer Directeur würde bestellt werden. Als am 3 und 4 Jun. noch einige Ausfertigungen an ihn zur Unterschrift geschickt worden, hat er sich entschuldiget; weswegen es *Moltzanov* allein besorget.

Aus *Num. 2.* In demselben ist das Register der in den beiden MünzHöfen, oder Canzlei und Comtoir, befindlichen Personen, 183 an der Zal: für welche, durch Disposition des Chefs, überhaupt 15000 Rubl ausgemacht worden; und zwar sind am 17 März dieses Jars, von solcher Summe 7500 Rubl zum Unterhalt der hier befindlichen Personen davon destinirt worden, von welchen zum Jänner=Tertial verwendet worden 2343 Rbl. 66⅔ Kop. Zum Unterhalt des Moskauischen, ebenfalls 7000 Rbl., welche nach Gutfinden des dortigen Sudija (Richters), des Knäs *Golitzyn*, nach Meriten der Personen, tertialiter zu verteilen, der aber davon zu berichten schuldig.

Die sämtlichen Cassire, Wardeins, Münzmeister :c., haben ihre schriftliche Instructiones.

Die Münzer bekommen von jedem Dukaten 2½ Kop. Für Ausmünzung des Ds, vom Pud in Petersburg 8 Rbl.; in Moskau, weil es dort wolfeiler zu leben, aber nur 6 Rbl. 64 Kop.: welches von den Gliedern der beiden Expeditionen, nach Abzug für die Kolen, Holz, Blei :c., ihnen ausgeteilt wird. — Wann wegen Mangel an D nicht gemünzt wird, kriegen die Münzer die Woche hier 75 Kop., also im Monat 3 Rbl.; die ältesten aber, oder Meister, im Monat 4 Rbl. Weil in Moskau es wolfeiler für solche Leute zu zehren, soll darüber, wie viel ihnen dort zuzustehen, das Gutachten eingeschickt werden.

Dukac

Dukaten werden nunmero hier gemünzt auf den
Fus, wie die holländischen, und müssen für 2 Rbl.
20 Kop. angenommen werden. — Die Rubl werden
vermünzt zu 77 Soloen. Probe (ist beinahe 13löthig: aus
einem Pfd. 15 Rbl. 84 Kop., und aus dem Pud 63
Rubl 60 Kop. Am Gewichte müssen sie halten 6½
Soloen.

1. Von dem Cassier empfangen die MünzMeister
und MünzProbirer das ☽ zum Schmelzen, in Gegenwart eines Mitgliedes der 2ten Expedition und eines
Wardeins. 2. Wann jene probiren, macht der Wardein die ContraProbe. 3. Der Abgang beim Schmelzen und dem Probiren wird der Krone angerechnet.
4. Die Güsse werden den MünzMeistern, in Gegenwart
eines Gliedes, gegen Quittung abgegeben. 5. Die
Stangen werden unter der Walze, so mit Pferden getrieben wird, geebnet, hernach unter den Walzen, so
mit Händen getrieben, dünn und gleich gemacht. 6.
Die Stücke werden von den Münzern mit geaichtem Gewicht gewogen, und wenn sie in die PrägeKammer abgegeben, von dem MünzMeister gewogen, und von dem
Wardein attestiret.

Auf Befel des Senats ist ein Laboratorium angeord-
net, und daß aus den ProbirLerlingen 5, und aus den
Münz-Jungen 3, also 8 Bursche, unter Aufsicht des
Hrn. Schlatters, die Chemie lernen sollen.

Die Münze ist hier in der Festung, allwo sie wegen
Dunkelheit und Engigkeit des Platzes mit Mühe verrichtet wird; die Mauern sind allezeit feucht. Zu Erbauung
eines neuen MünzHauses ist ein Vorschlag an die Bau-
Commission geschehen den 18 Jan. 1739: was aber diese darauf verfügt hat, ist noch nicht bekannt. Zu
Moskau aber ist ein neues MünzHaus in Kitaj-gorod
gebaut, unter Aufsicht des Assessors Isakov. Vermöge
Befels vom 8 Maj soll es der Architekt Heinze im Sept.
vollführen, und darauf demselben ein freier Abschied gegeben werden. Die RechnungsBücher sollen dem Secretär Iwanov eingeliefert werden, und die übriggeblie-
bene Materialien wol aufgehoben. Alle in Moskau vorhandene Architekten sollen den Bau besichtigen, und ihr

 Att-

Attestat darüber geben, ob es feste gebaut, und wie viel Materialien ungefär gebraucht worden.

		Rbl.	Kop.
Aus *Num.* 3. Es ist vorrätig		Rbl.	Kop.
an Dukaten, 26979 Stück à 2⅕ Rbl. –		59353	80
wovon, vermöge Ordre aus dem Cabinet, nichts soll ausgegeben werden.			
an ☽ Münze — — — —		1374	14½
Bei dem Cass. *Purokovskij*, 2 Pfd. 33⅔ *Sol.*		584	81¼
an vergüldetem ☽ — 26 *Sol.*		11	23⅛
an ☽ v. allerhand Prob. u. Thlr., 112 Pd 3 Pfd. 36¾ *Solotn.* —		48726	90
an klein Geld — — 22 Pd. 29 Pfd. 39 *Solotn.* — —		13973	—
Hingegen ist zu bezalen			
an den Kaufmann *Siegelin*	Rbl. Kop.		
für geliefertes ☽ —	7672 : —		
der Confiscation für ☽	33 : 56¾		
der Akademie für Bücher	242 : 45		
		7948	80
Bleibt in Summa übrig — —		116075	9

In Moskau ist an ☽ u. ♀ Münze vorrätig — — —		113679	46
bei den MünzMeistern an ☽, 94 Pud : 39 Pfd. : 81½ *Solotn.* — —		59308	15½
bei dem Cassier ☽ von allerhand Proben, 102 Pud : 13 Pfd. : 73½ *Sol.*		36137	89
alte Münze u. klein Geld, 114 — : 38 — : 33¾ —		71276	25¾
Also in Moskau überh. 312 — : 11 — : 92¾ —		166722	28
dort aber muß noch ausgezalt werden —	117665 : 45		
noch für ☉ und ☽ —	4105 : —		
auf Assignat. des Stats-Comtoirs — —	294 : 37		
		122064	83

Also in allem, zu St. Petersburg und
    Moskau — — — 274412 = —
Aber nach Abzug der Dukat. bleiben nur 215058 = 20
A. 1735 sind vorrätig gewesen in Moskau 802893 = —
— in St. Peterb., Riga, u. Reval 170616 =
                            973509 =

A. 1738 ist verordnet, daß zu Einkaufung des Да allezeit in Vorrat seyn, und darauf durchaus nicht assignirt werden solle — — 600000 Rubl, auch daß das StatsComtoir nicht mer assigniren solle, als was dasselbe jedesmal an Thalern in die Münze schicken werde".

Nachdem ich hieraus vorläufige Nachricht von der Einrichtung der hiesigen MünzHöfe eingezogen, und den 25 Jul. im Senat den Eid in der Qualität eines General*Directoris* des MünzWesens abgestattet; nam ich mit *Moltzanov* Abrede, 3 Tage in der Woche in der DirectionsCanzlei mit ihm zusammenzukommen, um die laufende Sachen abzutun. Mein HauptWerk aber ging gleich darauf, wie die schädlichen, zu 40 Rubl aus dem Pud ♀ ausgemünzte 5 Kop.Stücke am füglichsten, ohne empfindlichen Schaden der kaiserl. Casse, könnten herausgezogen, und statt derselben eine gute ♀Münze könnte eingefürt werden. Da ich erfur, daß davon 5 Projecte an den Grafen *Golovkin* eingegeben werden; so examinirte ich dieselbe mit Fleis, und fand, daß keines darunter vorhanden, welches so beschaffen, daß man sie ohne Schaden der kaiserl. Casse, Anstoß des Commercii, und großen Nachteil der Untertanen, wieder einziehen und abschaffen könne. Ich setze davon die Ursachen und Defecte, so ich bei jedem Project angetroffen, unverzüglich auf, brachte darauf selbst einen in 15 Puncten abgefaßten Entwurf, wie nach meiner Meinung damit verfaren werden müßte, zu Papir, und übergab solchen, mit einer .. Doklad, an Ihro Kaiserl. Maj. am **25 Aug. 1740** (*Num.* III, S. 19).

II.

II.

Ukase [in ruſſiſcher Sprache, S. 41] aus dem birigirenden Senat, vom 22 Jul. 1740, unterſchrieben von dem OberSecretär Waſilej *Demidov* ꝛc. ꝛc., enthaltend, daß die Kaiſerin eigenhändig befolen, dem wirkl. Geheim. Rat, Baron *von Münnich*, die OberDirection in der MünzCanzlei aufzutragen.

III.

An die Kaiſerin *Anna*, 25 Aug. 1740.

[S. 43 - 49].

Allerdurchlauchtigſte ꝛc. ꝛc. ꝛc. Nachdem Ewr... geruhet, die Direction über Dero MünzWeſen .. mir anzuvertrauen; habe von Stunde an mir angelegen ſeyn laſſen, von der Verfaſſung und Einrichtung der MünzCanzlien, Comtoirs, und der Münze ſelbſt, alle nötige Information einzuziehen, damit Ewr. .. Intereſſe darunter beobachtet, und ſoviel an mir, befördert, was demſelben aber nachteilig ſeyn kan, abgeſchafft, und ſonſt etwa vorkommenden Mängeln, ſobald nur immer möglich, abgeholfen werden möge.

Unter dieſen letztern iſt nun vor allen Dingen in Conſideration zu ziehen, daß von den Jaren 1723 bis 1730, an den 5Kop.Stücken circa 4 Millionen zu 40 Rubl aus dem Pud 9, alſo über 4fach höher, als der innerliche Werth, ausgemünzt worden; welches aus reinem Metall beſtehende, und zu einem exorbitanten Preis ausgemünzte Geld im Gange zu laſſen, für Rußland beſto gefärlicher iſt, da daſſelbe auf etliche 1000 Werſte mit Polen gränzt, welches mit Juden angefüllt, der Juden ihr ordentliches Gewerb aber iſt kein anders, als vom Wucher zu leben. Wie kan aber jemand einen vorteilhaftern Wucher treiben, als wenn er auf 1 mer als 4, und auf 100 kan 400, gewinnen? So gränzt auch Rußland mit Schweden zu Waſſer und zu Lande: dieses hat die Menge ♀, welches das Pfd. zum **Rubl**, oder das **Pud** zu 40 **Rubl**, in **Rußland** gelten zu machen, nicht versäumen wird, da es arm und **Rußland** abgeneigt ist, folglich als eine erwünschte Gelegenheit ansehen wird, mit dieses Schaden sich zu bereichern. Wenigstens wird in keinem von beiden Reichen ein Verbot darauf gesetzt werden, die 5 **Kop.**-**Stücke** nachzumachen; und weil es also ungescheut und ungestraft geschehen kan, ist die Reizung für gewinnsüchtige Leute allzustark, daß sie nicht suchen sollten, davon zu profitiren. Und bestehet also die einzige Bemühung nur darinne, wie sie es können füglich über die Gränze practisiren, und für das teure ♀ russische Effecten und Producte, ja selbst das ♀ Geld, an sich bringen. Denn wenn sie gleich auf den **Rubl** 10 proCent verlieren, haben sie solches wenig zu achten, weil sie auf ihr ♀ über 40* proC. gewinnen.

Je länger also dieses ♀ Geld wird im Commercio verbleiben; je größer und unheilbarer wird der Schade werden. Denn die sich auf das lucrative HandWerk legen, lernen von Zeit zu Zeit merere practiquen, und das nachgemünzte ♀ Geld in Gleichheit mit den russischen 5 **Kop.** Stücken vorteilhaft zu vermünzen, und was sie vermünzet, in **Rußland** herein und unter die Leute zu bringen, und Ware oder Geld wieder dafür herauszubringen. Und weil sie ohne Schaden bleiben können, wenn sie gleich ihren Mithelfern reichliche Belohnungen zuteilen: so dürfte es auch schwerlich in Rußland an solchen Leuten felen, die um einen erlischen Vorteil zu erjagen, nicht sollten von Fremden sich unter gebrauchen lassen, und ihnen darunter allen schub tun, und sowol zum Hereinbringen als ? des nachgemachten Geldes, behilflich seyn ? ? leicht der Schluß zu machen, wie nachteilig ? Ew. und dem Reiche seyn werde, wenn diese 5 **Kop.** Stücke länger gäng und gebe bleiben sollten; und daß das allerkürzeste und geschwindeste Mittel, sie aus dem Commercio herauszuziehen, das allerbeste und zuträglichste sei.

Weil

---

* soll wol heißen: 400 proCent.

Weil man denn auch schon einige Jare her darauf
bedacht gewesen, habe ich bald anfangs, beim Antritt
der mir .. anvertrauten MünzDirection befolen, daß
mir die deßfalls gemachten Projecte sollten zugestellt
werden, um ob und wie weit sie praticable, zu beprüfen,
und allenfalls auf bessere und bequemere Mittel bedacht
zu seyn. Der in der MünzCanzlei vorhanden gewesenen Projecte sind 5; welchen noch ein 6tes hinzukömmt,
so der Rat *Schlatter* auf mein Veranlassen aufgesetzt,
und den 12ten dieses mir présentirt hat.

Ich finde nötig, von einem jeden derselben einen
möglichst kurzen, aber zuverlässigen Extract, hier ..
anzufügen, mit einer gleichfalls kurzen doch gründlichen
Untersuchung, worinnen die Mängel eines jeden Projects ohne Parteilichkeit entdeckt sind, und deutlich dar-
getan ist, daß keines darunter vorhanden, wodurch man
zum Zweck gelangen, und die schädlichen 5Kop.Stücke
one Schaden Ewr. Cassa, empfindlichen Anstoß des
Commercii, und Nachteil Dero Untertanen, geschwinde
genug aus dem Commercio herausziehen könne.

Zu dem Ende habe ich selbst einen Entwurf zu Papir
gebracht, welcher, wo ich nicht irre, etwas näher als
alle vorige, zum Ziel trifft, und den ich mich erkühne,
zu Ewr. .. Approbation hiermit fußfälligst zu übergeben; und zwar in deutscher Sprache, damit es im Cabinet Ewr. übersetzt, und so geheim gehalten werde,
daß das ganze Systema in seinem Zusammenhange nicht
éclatire, bis es nach und nach durch Ewr. Ukasen, so
wie es die Umstände der Sachen unumgänglich mit sich
bringen, kund gemacht werde; deswegen auch, nach
meiner geringen Meinung, die Deliberation darüber al-
leinig im Cabinet, mit Zuziehung so weniger Personen,
als immer möglich, anzustellen ist.

Die Sache an sich selbst ist höchstwichtig, und die
Beschleunigung des zu adhibirenden Mittels unumgänglich nötig, denn je länger die 5Kop.Stücke gäng und
gebe bleiben; je mer nimmt das Uebel überhand, und
je schwerer wird die Remedur.

Habe ich worinnen geirrt oder gefelet: so wird bei
Ewr. es desto ehender Entschuldigung finden, und nach
Dero angebornen Großmut, nach welcher Sie auch die

gute

gute Intention für die Tat selbst an= und aufzunemen
gewont sind, übersehen werden, in .. Betrachtung,
daß das hiesige Münz=Wesen mir bis daher eine ganz
fremde Sache gewesen, und allererst vor 5 Wochen
allerhöchst anvertraut worden. Ich verharre in vene-
rirender Devotion und der allertiefsten Niederwerfung
bis an meines Lebens Ende ꝛc. ꝛc.

  25 Aug. 1740.

IV.

Entwurf, wie das Hereinbringen nachgemünzter
5 Kop. Stücke vorerst zu hemmen, und darauf die,
so im Reiche rouliren, auf eine solche Art aus dem
Commercio herausgebracht werden können, daß
weder Ihro Kaiserl. Maj. Cassa, noch die Particuliers, dabei einigen empfindlichen Schaden leiden.

[S. 51–87]

§. 1.

Es lassen Ihro Kaiserl. Maj. die vorhin unter dem
18 Dec. 1735 ergangne Ukase, dadurch das Hereinbringen nachgemünzter 5 Kop. Stücke über die Gränze verboten worden, auf das nachdrücklichste erneuern; befelen allen Gouverneurs, Commendanten in Festungen,
Wojewoden, und allen andern Befelshabern, insonderheit an den Gränzen des Reichs, darauf aufs allerge-
nauste acht zu haben, daß keine 5 Kop. Stücke, weder
in großen noch bei kleinen Summen, herein und über die
Gränze gebracht werden; anbei auch allen denen, die
Hebungen haben, sich vor nachgemünzten 5 Kop. Stücken
sorgfältig in acht zu nemen, und falls ihnen verdächtige
vorkommen sollten, es sofort gehörigen Orts anzugeben,
damit sogleich untersucht werden könne, wer sie empfangen, und woher sie gekommen: mit dem ernstlichen Befel, daß alle diejenige, die sich unterstehen würden,

              sol=

solche nachgemünzte 5Kop.Stücke über die Gränze hereinzubringen und zu debitiren, oder auch nur Vorschub dazu zu tun, als falsche Münzer angesehen, und als solche nach den Gesetzen gestraft werden sollen.

Dabei befelen Ihro Kaiserl. Maj. ferner, daß um solches desto füglicher zu verhüten, und die auswärtigen nachgemünzten, von denen in Dero Münz.Höfen verfertigten, desto besser unterscheiden zu können, alle diejenige, die 5Kop.Stücke unter sich haben, selbige in einer gewissen Zeit, als etwa vom 1 Maj 1741, in die benannte Städte, in den daselbstigen Gouvernements-Canzleien, an die dazu verordnete Personen, in St. Petersburg und Moskau aber in die Münz.Höfe, zur Stemplung einliefern sollen.

Die Stempel werden zu dem Ende in den Münzen hier und in Moskau, nach einerlei Modell in genugsamer Anzal verfertiget, und solche Leute aus den Münz-Höfen in die benannte Städte geschickt, welche damit geschickt umzugeben wissen, und wenn ein Stempel bricht oder unbrauchbar wird, ihn wieder verfertigen können; damit das Stempeln allenthalben ohne Aufenthalt fortgehe. Auf den Stempeln ist der ReichsAdler und der Ort der Stemplung mit Einem oder 2 Buchstaben bezeichnet: und damit werden die 5Kop.Stücke in dem obern Ecke des darauf befindlichen Kreuzes bemerkt. Für die Kosten werden von 20 Stücken eines zurückbehalten, welche ungestempelt verbleiben, und aus den benannten Städten in die Münzen zu schicken sind. Für 4 Millionen macht dies eine Summe von 200000 Rubl, welche vorerst aus dem Commercio herausgezogen werden, und in die kaiserl. Casse einfließen. Dabei erfärt man accurat, wie viele der 5Kop.Stücke im Reiche vorhanden, und verhintert wenigstens auf einige Zeit, daß keine merere von außen herein practisirt und debitirt werden: immassen in der Ukase zugleich verordnet wird, daß nur die gestempelten weiterhin giltig seyn sollen; und diejenigen, die sich unterstehen würden, den Stempel nachzumachen, als falsche Münzer gestraft, die ungestempelten aber, nach verflossenem Termin, nicht weiter gäng und gebe seyn sollen. Vermutlich werden dadurch auch noch eine ziemliche Anzal,

und

und hoffentlich für mer als 100000 Rubl, aus dem
Commercio herauskommen. Wegen der Entlegenheit
und Weitläuftigkeit Sibiriens, könnte der Termin daselbst auf einen Monat und länger hinausgesetzt werden.

§. 2.

Um aber diese Stemplung zu facilitiren, werden
alle diejenige 5 Kop. Stücke, so bei denen, die Kron-
Gelder unter sich haben, in Cassa sind, alsofort nach
ergangner Publication in die beiden Münz Höfe hier und
in Moskau eingeliefert, und ohne Aufenthalt gestempelt.
Wären auch 2 Millionen in Cassa, und könnten nicht
mer als 30000 Rubl im Tage gestempelt werden; könnte dieses doch in 10 à 11 Wochen füglich geschehen;
mit welchen die andern, so in der Particuliers Händen
sind, alsofort könnten umgewechselt, und diese darauf
gleichfalls gestempelt, und den Cassen, woraus sie
empfangen, restituirt werden. Gewinnen Ihro Kaiserl.
Maj. solchergestalt nicht das 5te proCent von der ganzen Summa der 4 Millionen, weil von den Kron Gel-
dern gleichfalls 1 Stück von 20 einbehalten wird: so
werden doch durch dieses Mittel 200000 Rubl aus dem
Commercio gezogen, und Ihro Maj. profitiren anbei
doch die 5 proC. von allen übrigen, so unter Particuliers beruhen. Diese Stemplung dient übrigens auch
dazu, den 5 Kop. Stücken den Credit zu erhalten;
immassen ein jeder gedenken wird, wenn sie nicht sollten
beibehalten werden, würde man sie nicht stempeln lassen,
und geschehe dieses nur, um die ächten von den nachgemachten zu unterscheiden, und das weitere Nachmünzen
zu verhintern. Wie es denn auch an dem ist, daß es
zu beiden seinen Nutzen haben kan; und müssen nicht
allein in den Münz Comtoirs, sondern auch diejenige,
die aus denselben in die andren Städte geschickt werden,
das Stempeln zu verrichten, solche 5 Kop. Stücke, daran man offenbar sehen kan, daß sie nachgegossen sind,
und worauf nicht die Buchstaben КОПЕҐK und КО-
ПЕѣK, sondern КОПЕIK, als von welchen aus dem
Moskauer Münz Comtoir einberichtet worden, daß sie
nachgemünzt sind, ausschiessen, und nicht stempeln,
son-

sondern ungestempelt einliefern, mit Nachricht, von wem sie empfangen worden. Und wie onedem benenjenigen, die das Stempeln verrichten, müssen Gehilfen zugegeben werden, die da buchhalten, zälen, und anschreiben, was eingebracht wird: können diese solch Examen bei dem Zälen verrichten, damit es am Stempeln keinen Aufenthalt verursache, sondern dieses stets ungehintert fortgehe.

Damit aber Ihrer kais. Maj. hierunter fürende Absicht besto gewisser erreicht, und die Stemplung überall in dem bestimmten Termin vollfürt werden könne, one daß auch die auf dem Lande wonende Untertanen, Bauern, und arme Leute, durch Unwissenheit die gesetzte Frist versäumen, und hernach von andern mit ungestempelten 5 Kop. Stücken betrogen werden, und dieselbe nach wie vorhin für voll annemen: muß die desfalls zu erlassende kaiserl. Ukase, nicht nur hier und in Moskau unverzüglich publicirt, sondern auch an alle Gouverneurs, ViceGouverneurs, Commendanten, Wojewoden 2c., durch Expresse abgeschickt, und ihnen aufs schärfste anbefolen werden, daß dieselbe sofort nach Empfang dieser Befele, in den Städten selbige publiciren, in den Districten, Flecken, und Dörfern aber, durch unterschiedliche abgeschickte Expressen die Kopejen verschicken, mit Ordre, daß diese Expressen in jedem Flecken und Dorfe die Ukase publiciren, und bei den Kirchen den Priestern gedruckte Kopejen, um sie ferner zur allgemeinen Nachricht zu bringen, gegen Bescheinigung austeilen. Das Datum, an welchem diese Befele in den Provinzen empfangen und publicirt worden, imgleichen wie viel 5 Kop. Stücke an jedem Orte sich in Cassa befinden, solches muß mit den abzuschickenden Expressen vorläufig zurück berichtet, ferner am Senat rapportirt, und von diesem den MünzCanzleien communicirt werden.

Wenn der zur Stemplung præfigirte Termin verstrichen, gelten die alsdenn noch ungestempelt gebliebene nichts weiter, als was sie an Q werth sind: wofür sie in den beiden MünzHöfen, das Pud zu 6½ Rubl gerechnet, sollen angenommen werden. Bis dahin aber gelten beides gestempelte und ungestempelte, und soll nie-

niemand ſich weigern, ſie in Bezalung gleich wie andre
Ihrer Kaiſerl. Maj. Münze anzunemen: jedoch mit
dieſem Unterſcheid, daß die geſtempelten für voll, die
ungeſtempelten aber mit 1 *Denuſchka* per Stück Verluſt,
gäng und gebe, ſeyn, und nicht höher ausgegeben, auch
nicht höher empfangen werden ſollen, als 4½ Kop. per
Stück; daß alſo der ungeſtempelten 22 Stück für einen
Rubl, und 110 Rubl ungeſtempelte für 100 Rubl
Münze oder geſtempelte 5Kop.Stücke, gerechnet und
bezalt werden ſollen. Wer aber dieſen Verluſt von 1
Denuſchka per Stück will vermeiden, muß ſorgen, daß
ſie in den MünzHöfen oder den ſonſt dazu benannten
Orten geſtempelt werden: wer ſich aber unterſtehen würde, das Stempeln nachzumachen, wird, wie im 1ſten
Puncte bereits erwänet worden, mit der Strafe der fal-
ſchen Münzer, billig one Verſchonen belegt.

§. 3.

Wärender Zeit der Stemplung wird geſorgt, eine
Lotterie von 1er Million Rubl zu Stande zu bringen,
und alle dienliche Anſtalt dazu gemacht. Weil die Lotterien hier in Rußland bisher noch nicht üblich geweſen; iſt dieſelbe ganz deutlich und einfach einzurichten,
ſo daß ein jeder, der nur leſen und etwas weniges rechnen
kan, ſich aus dem desfalls bekannt zu machenden Plan
finden könne. Der Einſatz muß nicht zu hoch ſeyn,
damit niemand, der mit Anteil haben will, ausgeſchloſſen werde. Die *Courtage* muß nicht zu ſtark ſeyn, damit die Liebhaber dadurch nicht abgeſchreckt werden:
doch diesmal etwas höher, als das allenthalben ge-
bräuchliche 10 proC., weil die Loſe mit zu hoch ausge-
münztem Q bezalt werden, und damit Ihro Kaiſ.Maj.
um ſie aus dem *Commercio*, dem Publico zum Beſten,
herauszuziehen, zu einiger *Indemniſation* gelangen.
Nach ſolchem Fus iſt der hier beigelegte Plan ſub *Lit.* A
eingerichtet. Es ſind 200000 Loſe à 5 Rubl, macht
1 Million Rubl. Es iſt 1 Gewinn gegen 3 Nieten:
alle Kunſtgriffe von CreditZetteln, Transportirung aus
einer Claſſe in die andre u. dergl., ſind vermieden. Die
eingeſetzte Summe kömmt accurat wieder heraus. Von
den

ben gröſten Preiſen über 1000, werden 20, — von denen über 100, 15 — und von den geringern 10 proC.,
zum Beſten der Lotterie decourtirt, und ſonſt ganz keine
Umgelder oder Koſten berechnet. Ueberhaupt macht die
Courtage von allen Gewinnen 129000 Rubl, die abermals in die kaiſerl. Caſſe einflieſſen.

§. 4.

Die einkommende Million 5Kop.Stücke für die
200000 Loſe, als für welche kein ander Geld als geſtempelte 5Kop.Stücke angenommen werden, müſſen, ſobald die Lotterie complet, an die Münzen geſchickt, und
nicht umgemünzt, ſondern nur umgeprägt werden:
welches, wenn ſie vorher geglühet, und das ♀ dadurch
weich gemacht worden, faſt mit eben ſo leichter Mühe,
wie das Stempeln, geſchehen kan. Wollte man ſie zu
10 Rubl aus dem Pud ſetzen, wie die Denuſchken und
Poluſchken verfertiget werden: käme das Stück 1¼ Kop.,
welches im Commercio unbequem; imgleichen auch wann
ſie zu 1½ geſetzt würden. Deswegen hielt ich dafür,
man ſetzte ſie zu 2 Kop., macht 16 Rubl aus dem Pud;
welche wol nicht leicht werden nachgemünzt werden,
wenn ſie mit einem eingeſchnittenen Rande mit Buchſtaben verſehen, und zumal wenn Ihrer kaiſerl. Maj.
BruſtBild darauf, ſo wie in England des Königes auf
die One Stüver und ⅛ Stüver, geprägt würden, da die
nachgemachten bald zu erkennen. Zudem wird nach dieſem Project keine conſiderable Summe im Commercio
bleiben, und ſie eine gar bequeme und zierliche Scheide-
Münze abgeben.   Die eingekommene Million auf ſolchen Fus umgeprägt, macht 400000 Rubl, und die
200000 Stück, ſo bei der Stemplung eingezogen worden, 80000 Rubl: zu der noch ermangelnden Summe
alle herauskommende Gewinne der Lotterie zu bezalen,
bedienet man ſich des in dem hier folgenden Puncte an
die Hand gegebenen Mittels.

§. 5.

§. 5.

Nämlich es werden, sobald die Lotterie complet, in Vorrat *Obligationes*, one daß es bekannt werde, und one Zalen hineinzusetzen, folgendes Inhalts gedruckt:

> Vorzeiger dieses N. N. hat aus der kaiserl. privilegirten Millionen Lotterie gewonnen den Preis sub No à Rubl, wovon ihm die Hälfte, nach Abzug proCent, gleich bar bezalet worden. Die übrige Hälfte zur Summa Rubl, soll ihm one allen weiteren Abzug und Kosten aus der Münz Canzlei zu entrichtet werden, sobald die von Ihro kais. Maj. verordnete neue Scheide Münze wird vollends ausgemünzt seyn, gegen WiederEinlieferung dieses Scheins. Urkundlich unter dem Sigel der Münz Canzlei, und des hiezu bestellten eigenhändigen Unterschrift. Geschehen St. Petersburg den

Nur allein diejenige, die 100 und drüber für die eingesetzten 5 Rubl aus der Lotterie ziehen, bekommen solche Scheine, ein jeder nachdem sein Gewinn lautet. Es macht dieses in Summa 138500 Rubl, womit der Mangel des baren Geldes, und was man bei dem Umprägen der 5 Kop. zu 2 Kop. Stücke verloren, insoferne ersetzt wird, daß nur noch 252500 Rubl aus der kaiserl. Münze zuzulegen seyn werden; welche durch Vermünzung Iner Scheide Münze, wovon hernach im 12ten Puncte gehandelt wird, in Vorrat angeschafft werden müssen, um alle Gewinne promte zu bezalen.

§. 6.

Bei der Publication dieser Lotterie wird zugleich bekannt gemacht, daß nach verflossenem Termin zu Empfangung der Lose, die 5 Kop. Stücke, so in die Lotterie nicht eingebracht, weiterhin nur für 4 Kop. giltig seyn, und von niemand höher, bei Strafe der Confiscation des Geldes, weder empfangen noch ausgegeben werden sollen. Dieses Mittel wird ein starkes compelle seyn, daß die Lotterie bald completirt werde; immassen ein jeder, der 5 Kop. Stücke hat, sich eilen wird, um den Verlust der 20 proC. zu vermeiden, an der Lotterie, darinn sie für voll angenommen werden, mit part zu haben.

§. 7.

§. 7.

Zu deſſen Behuf ſind den Collecteurs der Loſe, hier in St. Petersburg, in Moſkau, Archangel, Kaſan, NiederNovgorod, in der Ukraine, und Riga, SubſcriptionsBücher zuzuſtellen, da ein jeder zuvörderſt mit 1 Rubl per Los zukommen kan, ſeinen Namen hineinzuſchreiben, und dadurch vor andern die Präferenz zu erhalten, um mit an der Lotterie zu participiren. Durch welches Mittel gar viele Zeit gewonnen wird, um zu wiſſen, ob die Lotterie werde complet werden; welches wegen des Umprägens der 5Kop.Stücke, und zu Verfügung andrer nötigen Anſtalten, ſehr dienlich. Bei Auslieferung der LosZettel wird dieſer 1 Rubl an die bezalende 5 Rubl per Los decourtirt: falls aber die reſtirende 4 Rubl in dem zu Empfangung der Loſe und Completirung der Lotterie præfigirten Termino, nicht entrichtet werden, gehet derſelbe verloren. Die LosZettel werden in Kupfer geſtochen, und davon ſo viel, als nötig abgedruckt; worauf die Plate alſofort aus der Druckerei an die Münze abzuliefern, um der Verfälſchung vorzukommen; wozu überdem die Unterſchrift des Directoris der Lotterie nebſt eines oder 2er Aſſiſtenten dienet. Diejenige, über welche alſo die diminution von 5Kop. zu 4 ergehet, haben ſich ſelbſt zu imputiren, daß ſie nicht ſo wie andre invigilirt, und dieſelbe durch Einſetzung in die Lotterie zu vermeiden geſucht haben, und leiden ſolchergeſtalt den Verluſt freiwillig. Die 2,800000 Rubl, ſo außer der Lotterie etwa noch im Commercio rouliren möchten, werden indeſſen dadurch um 560000 Rubl weniger; und ſolchergeſtalt ſind die 5Kop.Stücke, deren 4 Millionen geweſen zu ſeyn præſupponirt wird, zu 2,240000 bereits reducirt, worzu Ihro Kaiſ. Maj. nur die oben im 5ten Puncte angezogene 252500 Rubl verſchoſſen.

§. 8.

Wann dieſe Lotterie ihre Endſchaft erreichet, wird ne ZeitVerluſt eine zwote von 2 Mill. publicirt à to Rubl, der Einſatz im übrigen aber auf gleichen Fus vie die vorige eingerichtet, wie der Plan ſub Lit. B

an-

anweiſet. Dabei aber wird zugleich durch eine kaiſerl.
Ukaſe bekannt gemacht, daß die in dieſer Lotterie nicht
eingebrachte 5 Kop. Stücke, ſo bis dahin noch 4 Kop.
gegolten, und in dieſer 2ten Lotterie dafür angenommen
werden ſollen, nach ausgeteilten Loſen und verfloſſenen
Termin, nicht höher als 3 Kop. fernerhin gelten ſollen.
Dieſe Diminution iſt zwar von 25 proC.: wenn aber
überhaupt nicht mer als etwa 4 Mill. im Commercio
roulirt hätten, welches wol ſeyn könnte, da durch Brand
und andre Zufälle viele abhanden gekommen ſeyn mögen: ſo können nach completirter Lotterie über 240000
nicht viele mer übrig ſeyn; immaſſen durch die Stemplung, und erſte Lotterie, nebſt Diminution, um 1,076000
Rubl verringert worden, und 2 Mill. werden in dieſer
2ten Lotterie eingebracht. Dieſe 240000 Rubl werden nun
durch dieſe 2te Diminution à 25 proC., um 80000 verringert, und bleiben nur 160000 Rubl übrig; welche denn
vollends aus dem Volke zu bringen,

§. 9.

die dritte und letzte Lotterie à 500000 Rubl, wovon der Plan ſub *Lit.* C folgt, angeſtellt werden muß;
da denn, wenn ſo viele 5 Kop. Stücke, die nunmero
nur 3 Kop. mer gelten, nicht vorhanden, auch ander
Geld angenommen werden kan. Wäre aber durch das
Nachmünzen eine noch größere Summe in den Händen
der Eingeſeſſenen übrig: kan hiebei wieder eine Dimina-
tion von 3 auf 2 Kop. Statt finden, um auch dieſe 3te
Lotterie deſto eher zu completiren; welche im Commercio gebliebene, und nunmero zu 2 Kop. reducirte 5 Kop.-
Stücke, in der Münze zur Umprägung einzubringen,
und darauf dem Beſitzer zu reſtituiren ſind.

§. 10.

Damit übrigens die kaiſerl. Caſſa, an den 5 Kop.
bei den Diminutionen ſo wenig Schaden als nur immer
möglich leiden möge: ſo müſſen diejenige, die Kronhe-
bungen haben, ſorgfältig bemühet ſeyn, daß ſie die unter

ter ihnen beruhende 5Kop.Stücke zu der Zeit, wann
die Lotterie completirt worden, und ehe der Terminus
abgelaufen, zu den habenden Ausgaben verwenden:
worüber in Zeiten sofort bei Publication der Lotterie,
nachdrückliche Befele an sie abzulaffen find; mit der
Verwarnung, daß derjenige, so sich darunter würde säum-
haft finden laffen, den Schaden, den die kaiserl. Caffa
darunter leiden würde, aus dem Seinigen erfetzen solle:
immaffen da niemand weigern darf, die 5Kop.Stücke
bis an den Tag der Diminution für voll anzunemen,
es demjenigen nicht schwer fallen kan, sich davon los zu
machen, der Ausgaben hat, und der Zeit warnimmt:
allenfalls hat er die Ursachen, warum es nicht geschehen
können, in Zeiten zu berichten, damit, wenn etwa die
Diminution bei solchen Umständen einfiele, da viele Hebungen vorfallen, und die erhobenen Gelder nicht sofort
wieder zu verwenden find, der Termin auf eine bequemere Zeit, ehe die SeelenGelder und andre Hebungen
einkommen, prorogirt werden könne, um dadurch Zeit
zu gewinnen, von den 5Kop.Stücken sich los zu machen.

§. II.

Die Bezalung der Gewinne der 2ten Lotterie geschieht auf gleichen Fus, wie in der 1ften, daß nämlich
die Preise von 100 Rubl und drüber, nach Abzug des
gefetzten proCent, zur Halbscheid in *Obligationes*, zur
Hälfte aber, nebst den übrigen Preifen unter 100 Rubl,
bar, mit denen in dieselbe à 4 Kop. eingebrachten, und
zu 2 Kop. umgeprägten 5Kop.Stücke, welche 1 Million Rubl ausmachen, wozu der Abzug von den Gewinnen à 262775 Rubl, und ausgestellten Scheinen
oder Reverfen à 317592½ Rubl gerechnet, aus der Caffa
an andrer Münze zuzulegen seyn werden 419632½ Rbl.;
und in der letzten Lotterie à 500000, wovon der Plan
sub *Lit.* C anliegt, wird auf die à 3Kop. nunmero
schon reducirte 5Kop., bei der Umprägung nur 1Kop.
verloren, nämlich von der Summe der 240000 Rubl, die
im Commercio nur mer übrig zu seyn präsupponiret
werden, nur 80000: welchen Verlust der Abzug von den
Ge-

Gewinnen bis auf 15625 Rubl erſetzt. Es könnten
aber auch bei dieſer 3ten Lotterie, wann es nötig erachtet würde, nach dem Fus der beiden erſten Lotterien,
mittelſt der Scheine oder Reverſe, von den Preiſen
über 100 Rubl, noch 70437½ Rubl einbehalten werden;
und alſo von dieſer 3ten Lotterie, nach Abzug der 500000
Rubl Gewinne, noch 134812½ Rubl in Caſſa bleiben;
und ſolchergeſtalt kan die völlige Einwechſlung der 4
Mill. 5Kop.Stücke, bei deren Ausmünzung die Krone
an die 3 Mill. profitirt hat, und wann auch von denſelben noch viele merere im Commercio vorhanden wären,
und im Reiche roulirten, one Schmelzung und Ummünzung derſelben, durch alleinige Umprägung, wodurch
viele Zeit und Koſten und der Abgang an Q erſpart wird,
in einer kurzen Zeit von 2 à 2½ Jaren, erhalten und
beſtritten werden: wozu aus den Münzen überhaupt
nur 537320 Rubl herzuſchießen nötig geweſen, welchen
Fond zu erhalten, die Jne ScheideMünze wird dienen
können. Die unter den Plans der 3ten Lotterie befindliche Rechnungen juſtificiren die in den §§. 3 – 10 vorkom-
mende Zalen, deren Richtigkeit auch auf einer à part
Anweiſung ſub *Lit.* D, deutlich vor Augen gelegt iſt.

§. 12.

Weil aber durch die Einbringung der 5Kop.Stücke
in die Lotterien, und die Diminutiones von 5 zu 4, von
4 zu 3, und von 3 zu 2, die Summe der ScheideMünze im Reiche, mer als um 2 Mill. abnimmt: ſo muß
im Vorrat, wärender Stemplung und Ziehung der 1ſten
Lotterie, an Jnen 10= und 5Kop.Stücken unausgeſetzt
gearbeitet werden. Von den vorhin geſchlagenen 70000
Rbl. Griven oder 10Kop.Stücken à 77 *Solotn.* Probe, ſind in der Münze zu Moſkau 31000 Rubl eingekommen, aber noch nicht wieder vermünzet; welches doch
geſchehen muß, weil ſie mit denen vorhin zu einer geringeren Probe ausgemünzten Griven, dem Gepräge
nach zu ſehr übereinkommen. Ich wäre hiebei der un-
masgeblichen Meinung, auch die an der Summe der
aus-

ausgemünzten 70000 Rbl. noch mangelnde 39000 Rbl.,
vermittelſt einer Publication wieder ein, und vermünzte ſie
ſowol, als die ferner bis zur Summe von 500000 Rbl. zu
ſchlagende Griven und halbe Griven, oder 10= und
5 Kop. Stücke, nicht zu 77 Solotn., ſondern nach einer
etwas geringeren, dergeſtalt proportionirten Probe, daß,
was das Münzerλon mer koſtet, und der Abgang des
Ds mer wegnimmt, als bei der Ausmünzung des Ds
zu Rubln, ſolches durch den geringeren Gehalt erſetzt
würde; und alſo Jhro Kaiſerl. Maj. bei der Jnen
ScheideMünze one Schaden bleiben, und dieſe doch auch
ſo vermünzet werde, daß keine Nachmünzung und Ver=
fälſchung zu befürchten ſei.

§. 13.

Die ausgeteilten Scheine bei dieſen Lotterien an
diejenige, die über 100 Rubl aus denſelben gewonnen
haben, in Summa 525530 Rubl, wieder einzulöſen,
wird 1 Million neuer 2 Kop. Stücke, nach dem Gehalt,
wie nunmero durch die Umprägung die alten ſind, à 16
Rubl aus dem Pud, mit eingeſchnittenem Rande und
Buchſtaben, und der Kaiſerin BruſtBilde, unausge=
ſetzt gemünzt. Wenn das ♀ hiezu à 62500 Pud, aus
Sibirien, oder aus dem neuen Bergwerke bei *Kurnice*
in Lappland, nicht ſo bald zu haben: kann darüber mit
den Kaufleuten accordirt werden, und es von denſelben
in die Münze geliefert werden, wie bisher das ☽, nach
dem Preiſe, wie es die PreisCourante an die Hand gibt,
und ein billiger Profit für den Liverancier erfodert.
Sollte es auch hier zur Stelle an die 8 Rubl per Pud
zu ſtehen kommen: ſo wird doch beinahe das alterum
tantum bei der Vermünzung gewonnen. Zu Erhaltung
des Credits der Lotterie iſt nötig, daß dieſes je eher je
lieber geſchehe: doch wird niemanden etwas bezalt, bis
man mit der zu bezalenden Summa ganz fertig, damit
keine Parteilichkeit vorgehen, und alles Klagen darüber
vermieden werden könne. Sobald aber die nötige Sum=
me vermünzet, kan nur in die Zeitungen geſetzt werden,
daß diejenige, die über 100 Rbl. gewonnen, ſich in der

(C) Münz=

MünzCanzlei anzugeben haben, da sie denn, so wie sie sich angegeben, bezalt werden.

§. 14.

Durch das vorgeschlagene Mittel der Lotterie, werden dieselbe im Lande bekannt und in Uebung gebracht: welches seinen großen Nutzen haben kan zu solchen Zeiten, da man großer Summen Geldes benötiget ist; immaßen man dadurch daßelbe auf bequeme Art, durch freiwilligen Beitrag der bemitteltsten Untertanen, auch wol selbst Frember, erhalten, und in kurzer Frist zusammenbringen kan, um zu den Bedürfnißen und pressanten Ausgaben des Stats sie wieder zu employiren. Welches die Generalität in Holland sowol, als die Particulier Provinzen, mit großem Nutzen practisiren, und fast järlich considerable Lotterien anstellen: wie denn jene sowol, als die Provinz Uetrecht, jetzt seit dem an dem letztern Ort geschloßenen Frieden, bereits die 18te zu Stande gebracht haben, und ihre in dem Spanischen SuccessionsKriege contrahirte exorbitante Schulden, damit nach und nach tilgen.

Wann allemal eine Diminution, die durch das Einsetzen in die Lotterie zu vermeiden, mit publicirt wird: kan wol kein Zweifel übrig bleiben, daß sie nicht sollten bald completirt werden. Allenfalls könnte der Abzug von den Losen überhaupt auf 10 proC., anstatt der vorgeschlagenen 20, 15, und 10 proC., angesetzt werden: so würde man noch um so viel eher und gewißer damit zum Zwecke kommen. Dann die 1ste Diminution zu vergrößern, als etwa die 5 Kop. Stücke sofort auf 3 abzusetzen, hielt ich nicht ratsam, damit nicht das Publicum, und darunter die Armut insbesondre, den Verlust auf einmal zu stark empfinde: sonst würden diese beide Mittel, zugleich adhibirt, von desto mererm Nachdruck seyn, um desto eher und unfelbar zum Zweck zu gelangen.

§. 15.

Alle diese Puncte sind geheim zu halten; und muß das ganze Systema in seinem Zusammenhange durchaus

nicht

nicht eclatiren, bis es von Zeit zu Zeit die Umstände mit sich bringen und erfodern, daß eines nach dem andern durch kaiserl. Ukasen bekannt gemacht werde. Denn wenn es vor der Zeit unter dem gemeinen Mann, und in specie unter der Kaufmannschaft kund würde, und man z. Er. nur dieses einzige en gros hören würde, daß die 5 Kop. Stücke auf 2 sollen reducirt werden: möchte es den freien Cours derselben hintern, das Commercium dadurch Anstos leiden, und die Lebens Mittel und andre in Haushaltungen nötige Waren verteuert werden.

(Nun folgen *Lit.* A, B, C, die detaillirtesten Plane der 3 ersten Lotterien. Sie sind blos **Project** geblieben; auch kan man schon alles Wesentliche derselben aus dem obigen ersehen: hier also nur einige Auszüge.)

In der 1ten sollten 3 hohe Gewinne von 25, 20, und 15000 Rubl, der niedrigsten aber 30784 à 10 Rubl, seyn. In der 2ten die 3 höchsten Gewinne, 50, 40, und 30000, und 30800 Gewinne à 20 Rubl. In der 3ten 4 hohe, von 25, 20, 15, und 10000 Rubl, und die niedrigsten 15525 Gewinne à 10 Rubl.

Lit. D, S. 77 folg., enthält "Anweisung der Richtigkeit der in dem Entwurfe vorkommenden Zalen". Hier sind die beiden allerletzten Rechnungen:

	Rubl
"In den beiden ersten Lotterien ist verschossen, nämlich zu der Millionen Lotterie —	252500
dann zu der 2 Millionen Lotterie —	419632½
Summa	672132½
abgezogen, was von der 3ten Lotterie in Cassa bleibt — — —	134812½
wird in allem zu Einwechslung der 4 Mill. 5 Kop. Stücke nur verschossen	537320
"Die in den 3 Lotterien ausgestellte Reverse betragen überh., näml. in der 1ten Lotterie	138500
in der 2ten —	317592½
in der 3ten —	70437½
SUMMA aller ausgestellt. Scheine od. Reverse	525530

Lit.

Lit. E, S. 79-87, hat die Aufſchrift: "Nach dem Plan einer vorteilhaften St. Petersburgſchen Lotterie folgt die Einrichtung". Hier wird alles Obige, faß lich fürs große Publicum, geſagt, und der Mechanißm der SubſcriptionsBücher, der Einname⸗, Ausga⸗ be⸗, RegiſtraturBücher, der Ziehung der Lotterie ꝛc. ꝛc., handgreiflich beſchrieben. Sonderbar iſt, daß auf den LoßZetteln keine Namen oder Deviſen admittirt, ſondern nur 1, 2, 3, oder höchſtens 4 buchſtäbliche Zeichen den Numern beigefügt werden ſollten.

V.

An die Kaiſerin *Anna*, 10 Octob. 1740.

[S. 89 - 128]

Allerdurchlauchtigſte ꝛc. ꝛc.   In dem, Ewr. Ca binet am 25 Aug. jüngſthin ... eingegebenen Entwurf wegen Einwechſlung der Qnen 5Kop.Stücke, iſt un⸗ ter-andern in dem 12ten Puncte vorgeſchlagen worden, damit der Mangel an ScheideMünze erſetzt werde, Ine 10⸗ und 5Kop.Stücke auszumünzen; und zwar nicht, wie von A. 1731 bis 1735 geſchehen, zu 77 *Solotn.* Pro⸗ be, ſondern nach einem etwas geringern, dergeſtalt pro portionirten Gehalt, daß dasjenige, was das Münzer⸗ Lon mer koſtet, und der Abgang des Ds mer wegnimmt, als bei der Ausmünzung des Ds zu Rubln, ſolches durch die geringere Probe erſetzt werde, damit Ewr. bei der Inen ScheideMünze one Schaden bleiben, und dieſelbe doch auch alſo vermünzet werde, daß keine Nachmün⸗ zung zu befürchten ſei. Ich habe nötig erachtet, über dieſe Sache ſowol des hieſigen als des Moſkauer Münz⸗ Comtoirs Meinung und Gutachten einzuziehen; und ne me mir die Ehre, hier ſub *Num.*   in Extractu beizu⸗ fügen, wie die Meinung an beiden Orten ausgefallen.

Die Moſkauer raten, daß Korn oder die Probe à 77 *Solotn.* beizubehalten, hingegen die Griven an Schrot oder Gewicht ſo viel leichter zu machen, daß das mere re MünzerLon dadurch wieder eingebracht werde. Sie

füren

füren aber keine Ursachen oder Gründe dieser ihrer Meinung an, als allein, daß zweierlei Probe würde Confusion geben; welches ich gar nicht gegründet finde. Das
Gegenteil wird fast aller Orten in ganz Europa beobachtet, und die ScheideMünzen nach geringerem Korn, als
die Species- und grobe Münzen, ausgemünzet, one
daß dieses einige Confusion nach sich ziehe. Nur ein
einziges Exempel davon anzuführen, so hat die Stadt
Hamburg im J. 1726, um ein beständiges Agio von
16 proC. gegen Species bei ihrer StadtMünze einzufüren, eine CourantBanco errichtet, und dessen ungeachtet
die Münze, die in derselben gelten sollte, von ganz un-
gleichem Korn ausgemünzet: nämlich die 32- und 16ßl.-
Stücke zu 12, die 8ßl.Stücke zu 10, die 4ßl.Stücke zu
9, und die 2ßl.Stücke zu 7lötig; die alle in der CourantBanco angenommen werden sollen; die 1ßl.Stücke
zu 6lötig, 6Pfenniger von 4lötig, und 3Pfenniger von
3lötig D, in der Stadt gäng und gebe behalten, one
daß solches die geringste Confusion gebäre. Diese ent-
stehet, wenn einerlei Münze von gleichem äußerlichen
oder innerlichen Werth und Gestalt, von unterschiedener Probe und Gewicht, ausgemünzt wird; wie hier
mit den Griven geschehen: als welches Gelegenheit geben kan, die guten auszukippen, und die schlechten nachzumünzen; dergleichen also bei wolregulirten MünzHöfen nicht geschehen soll. Bei ungleichen MünzSorten
aber kömmt es nicht darauf an, ob das Korn bei allen einerlei sei; sondern hierauf ist nur zu sehen, daß man
nicht an Schrot und Korn, oder Gewicht und Probe zugleich, zu hoch ausmünze, wodurch zum Nachmünzen
und Einfürung fremder und falscher Münze Anlaß gegeben wird; oder auch nicht zu geringe, da die hohe
LandesObrigkeit bei ihrem MünzRegal Schaden leidet,
und das Geld verschmolzen wird, und aus dem Lande
gehet. Also kömmt es nur darauf an, daß man bei jeder MünzSorte die rechte Proportion treffe, und der innerliche Werth des Geldes mit dem äußerlichen dergestalt übereinkomme, daß weder zum Verschmelzen noch
Nachmünzen desselben Anlaß gegeben werde.

C 3   Wie

gen Rubl find, zu gebrauchen, Confufion machen wür=
be oder könne? Wielmer follte ich dafür halten, daß,
weil es bienlich ja nötig ift, einmal von den vielfälti=
gen Variationen, die bisher allhier in der Ausmünzung
des Geldes find üblich gewefen, wie die mer angefürte
Tabelle fub N° 2 weifet, abzuftehen, und einen gewis=
fen MünzFuß zu erwälen, daß man diefes künftig zur
beftändigen Regel fetzte, die Rubl ferner zu 77 *Solotn.*
Probe, und zu 15 Rbl. 84 Kop. aus dem Pfd., die
ScheideMünze aber zu 72 *Solotn.* Probe, und an Ge=
wicht mit den Rubln gleich, künftighin auszumünzen.

Wie viel Ewr. dabei profitiren, wenn die Scheide=
Münze alfo eingerichtet, und das D zu 19, 19½, und
20 Kop. per *Solotn.* gekauft wird: zeiget die Beifuge
fub N° 12; woraus zugleich diefer Schluß zu machen,
daß ein folcher Profit recht gemäßiget, und nicht zu hoch
auch nicht zu gering fei, und alfo weder zum Nachmün=
zen noch Verfchmelzen Gelegenheit gegeben werde. Denn
10 à 12 proCent kan man hier onedem an Zinfen mit
dem Gelde profitiren; alfo wird um ein geringes nie=
mand fich der fchweren Strafe, die auf falfche Münzer
haftet, unterwerfen; und Auswärtige werden fie nicht
mit fonderlichem Vorteil nachmachen können, weil ih=
nen das MünzerLon zu teuer zu ftehen kommen würde,
und fie von außen fich nicht fo leicht werden hereinpracti=
firen laffen; allenfalls würde der Schade fo groß nicht
feyn, weil daburch frembes D ins Reich käme. Hin=
gegen kan fie nicht anders als mit Schaden herausge=
bracht, oder auch von Goldfchmibten verfchmolzen werden.
Denn ob fie zwar diefelbe Probe hält, wornach diefe ihr
D verarbeiten: fo würde es boch zu ihrem Schaden feyn,
weil das *Solotnik* auf 22 Kop. ihnen würde zu ftehen
kommen, da fie es fonft à 20 Kop. einkaufen können.
Alfo wüßte ich nicht, wie ein befferer Fuß zur Dnen
ScheideMünze könnte in Vorfchlag gebracht, und war=
um diefer nicht zum beftändigen MünzFuß der Griven
und 5Kop.Stücke künftig follte beibehalten werden.

Das Umprägen der zu 77 *Solotn.* Probe ausgemünz=
ten 70000 Rbl. an Griven, welches den 11 Jun. 1735
dem MünzComtoir zu Mofkau anbefolen worden, will
auch überdem nicht glücken. Denn es ift mit 1000 Rbl.
die

die Probe gemacht, worunter nur 820 Rbl. gute aus
der Arbeit gekommen; und auch diese haben nicht einmal das rechte accurate Gewicht, also daß diese Griven doch müssen umgeschmolzen werden.   Indessen kan
dieser Umstand etwa dem Moskauischen MünzComtoir
und Canzlei, zu ihrem dermaligen Voto Anlaß gegeben
haben, daß im J. 1731, nebst den Rubln und ½Rubln,
auch Griven zu 77 Soloin. Probe, bis zur Summe
1 Million Rubl, vermöge Ewr. Ukas, sollten ausgemünzet, und mit selbigen die vorhin verfertigten ausgewechselt werden: davon aber noch zur Zeit, wie nur
eben erinnert, nicht mer als 70000 Rbl. gemünzet worden;
welche, weil sie mit andern geringhaltigen an D, dem
Gepräge nach zu sehr übereinkommen, vermöge jetztbe-
sagter Ordre vom 11 Jun. 1735, nicht umgeschmolzen,
sondern nur umgeprägt, und überhaupt derselben 1 Million gemünzt werden sollen.   Und da beide Ukasen annoch subsistiren, haben sie ihr Votum etwa denselben
conform einrichten, und es bei der 77 Soloin. Probe bewenden lassen.   Aber der durch das Umprägen gesuchte
Vorteil, fällt aus obangefürten Umständen weg: und
da also notwendig eine Umschmelzung der ausgemünzten
70000 Rbl. geschehen muß, würde es mer Kosten erfodern,
sie zur 77er als zur 72er Probe zu vermünzen.   Zudem
ist diese Summe nicht von der Importance, daß man
um deswillen nicht sollte einen bessern MünzFuß zur
ScheideMünze errichten, und pro futuro festsetzen; und
kömmt es also nur darauf an, ob die vorhin angefürten
Ursachen, warum das Korn von 72 Soloin. Probe, und
dabei das Schrot den neuen Rubln gleich, bei der ScheideMünze zu preferiren, und zumal in diesem Reiche,
da keine Devalvation statt finden kan, ohne Bedenken
zu gebrauchen, genugsam gegründet sei; oder ob die
77 Soloin. Probe notwendig beizubehalten, und der Vorteil im Gewichte zu suchen besser sei? Welches Ewr.
nach Dero .. Einsicht zu entscheiden, und was Dero ..
Interesse darunter am gemäßesten sei, zu erkiesen, hiemit .. und one alle Masgebung anheim gegeben wird.

Woll-

Wollten Ewr., auch außer Griven und 5Kop.-
Stücken, Altyne, Groſchen, und runde Kopejken
münzen laſſen: ſo iſt wol unſtreitig, daß ſich dazu die
leztere Probe nicht ſo wol ſchickt, wie jene; da vielmer
eine noch geringhaltigere dazu zu gebrauchen, damit die
Münzen nicht gar zu klein ausfallen. Weil aber noch
über 17 Mill. Rbl. an Dnen Kopejken im Volke vorhanden; die Dne 5Kop. Stücke am füglichſten zu 2 Kop.
umgeprägt werden können, wie in meinem am 25 Aug.
eingegebnen Entwurf No 4, mit mererem angewieſen,
die ein par Millionen austragen können, und welchen
Ewr. wenigſtens noch 1c Mill. neu-, aber auf gleichen
Fus geſchlagne 2Kop. Stücke werden hinzufügen müſſen, wie der 13te Punct daſelbſt vermeldet, um des an
den 5Kop. leidenden Schadens ſich in etwas wieder zu
erholen; der in Moſkau vermünzten Denuſchken und Poluſchken über 500000, und deren auch über 300000 im
Commerz ſind: ſollte ich, wenigſtens vor der Hand, dergleichen kleineres DGeld zu vermünzen, weder nötig
noch dienlich halten. Dieſes iſt aber unumgänglich nötig, daß wenn nach einem neuen und beſtändigen Münz-
Fus, die Griven und 5Kop. auszumünzen reſolvirt
worden, alle bisherige auf der mergedachten Tabelle
No 2 ſpecificirte Dne Griven, 5Kop., Altyne, und
runde Kopejken, one Ausname, aus den Händen der
Particuliers herausgezogen und verbeten werden müſſen,
daß niemand ſie weiter weder empfangen noch ausgeben
ſolle. Und da bis Dato der Befel wegen der erſtern
zwar ergangen, aber one beſtimmten Termin und Strafe, wegen der leztern aber derſelbe nur dahin gehet,
daß wenn ſie in die KronCaſſe einfließen, ſie in die Münze abgeliefert werden ſollen, womit man ſer langſam zu
Werke kömmt, inmaſſen von den 70000 Rbl. neuen Griven, noch nur 31619 Rbl. ſeit A. 1735 bis hiezu abcaſ-
ſiret worden: ſo wäre meines wenigen Erachtens beſſer, ſtatt deſſen ungeſäumt eine Publication ergehen zu
laſſen, daß alle dieſe kleinere Dne MünzSorten, innerhalb einer gewiſſen Zeit, a Dato der Bekanntmachung der
Ukaſe an jedem Orte anzurechnen, bei Strafe der Confiscation des Geldes, hier oder in Moſkau in den Mün-

zen

en follen eingeliefert, dagegen aber denjenigen, die der=
leichen einbringen, eben fo viel in neuer Münze wie=
er außgezalt werden.

In Anfehung der Qnen Münze .... alfo beinahe 4
Mill., zälet.

S. oben Th. I, S. 80 folg.

Als lange nun wegen diefer im Gange feienden 5=
Kop.Stücke, Ewr. .... Refolution und WillensMei=
tung, der MünzCanzlei nicht erteilt wird, auf was
Art und Weife fie follen eingewechfelt, umgemünzt, oder
umgeprägt werden: kan meines wenigen Erachtens noch
nicht eigentlich determinirt und feftgefetzt werden, nach
velchem Fuß, in welchen Sorten, und in welcher Quan=
tität, das Q von nun ab an folle außgemünzt werden;
und liegt alfo auch daraus zu Tage, wie nötig es fei,
diefe Sache ungefäumt vorzunemen.

In Ewr. .... an Dero Senat am 31 Decbr. 1730
ergangnen Ukafe, wird diefe Notwendigkeit mit folgen=
den Worten gar nachdrücklich ausgedruckt:

Derohalben befelen wir unferm regirenden Senat hierdurch,
und wiederholen auf das fchärffte, daß felbiger über ei=
ner folchen grofen und nötigen ReichsAngelegenheit, fich
als unfre treue Untertanen und Söne des Vaterlandes, an=
gelegen feyn laffen, nützliche Hilfsmittel zu entdecken, auf
was für Art die 5Kop.Stücke unverzüglich auszuwechfeln
und abzufchaffen, auch das Capital zu diefer Einwech=
lung anzufchaffen, darüber ihre Meinungen abfaffen, und
folche zu unfrer.. Approbation an uns one ZeitVerluft
übergeben.   Den 31 Decbr. 1730.

  Das Original ift von Ihrer K.M. eigenhändig unterfchrieben.

Laut Jhro Kaif. Maj. angefürtem Befele, hat der
regirende Senat, nach reifer Ueberlegung, wie folche
5Kop.Stücke auszuwechfeln, befolen:

1. müffen die fich vorrätig befindliche 5Kop.Stücke von
allen Einkünften, fowol in Moskau in allen Collegien,
Canzleien, Comtoiren, als auch in den Gouvernements,
Provinzen, und Städten, auch StabsHäufern, fo viel wie
an jedem Orte befindlich, aufgefchrieben, verfigelt, und
an

an die Münze abgegeben, aus den Städten aber abgeschickt
werden, one einigen Aufenthalt: nämlich nach Empfang
des Befels in einer Woche, bei Strafe.   Von was für Einkünften aber, und in welchen Jaren, die 5Kop.*Stücke* empfangen, und wo dieselben hätten sollen abgegeben, und
bei den Moskauischen Commanden zu was für Ausgaben
solche zu gebrauchen: darüber sollen an den Senat und
CammerCollegium, und wegen der SelenGelder an das
KriegsCollegium, von jeglichem Ort und Stadt aparte aus-
führliche Nachrichten eingesandt werden.

2. Von der Zeit dieses Befels soll ein jeder von allem
Stande, wie auch die Bauern, so welche habhafft, solche
für die SelenGelder, und zu allen Reich-Abgaben und andern Einkünften, sowol für die vorigen Jare, so noch jemand schuldig, also auch für dieses 1731 Jar, auch so jemand für die zukünftigen Jare die Bezalung damit verrichten will, es ihm freistehen: diejenigen aber einige Auflagen abzutragen nicht gehalten, oder so nach Abtragung
derselben noch welche übrig haben, sollen solche verwechseln: darzu ein Termin bis den 1 *Maj* 1731 anzusetzen,
wärend welcher sie selbige in Moskau nach dem Müm-
Comtoir, in den Gouvernements und Provinzen aber an
die Gouverneurs und Wojewoden zur Verwechslung einbringen sollen: davon ihnen mit couranter)Münze und
Moneten, auch im J. 1730 und diesem J. 1731 neuausge-
münzte Qne halbe und ViertelKopejken, oder was sich für
Münze vorrätig befinden wird, in Moskau und den Städten, one einigen Aufenthalt, von allen einkommenden Kopejken gegen Kopejken sollen ausbezalt werden.

3. Dabei hat das MünzComtoir in Moskau, und in den
Gouvernements und Städten die Gouverneurs und Wojewoden, auf den StabsHäusern aber die Officiere, scharf
dahin zu sehen, daß sowol zu den Einkünften, als auch
bei der Einwechslung, gute 5Kop.*Stücke*, und keine falsche, empfangen werden.   Auch damit diejenigen, so zu
dem Empfang derselben bestellt, die guten nicht für falsche
ausgeben, und dadurch den Untertanen zu nahe tun: so
sollen die Gouverneurs und Wojewoden, auf den Stabs-
Häusern, sowol zum Empfang der Einkünfte, als zu Auswechslung der 5Kop.*Stücke*, ehrliche und treue Leute setzen; und überdem zur Untersuchung, damit bei dem Empfang

fang keine falſche 5 Kop. Stücke angenommen, und zu Vermeidung alles Streits, ſo ſollen von dem MünzComtoir auf
allen StabsHäuſern und in den Städten, erfarne Leute verordnet werden, welchen darüber eine Inſtruction zu erteilen. Von wem aber, und wie viel, auch an was für
Data, ſolche 5 Kop. Stücke in Caſſa als Einkünfte und zur
Auswechslung empfangen; ſolches ſoll deutlich angeſchrie-
ben, damit kein Unterſchleif darunter vorgehe. Und ſo
bei jemand der Empfänger ſich falſche befinden ſollten: ſo
ſollen ſie ſelbige mit guten 5 Kop. Stücken erſetzen, und
ſolche one einige Nachläſſigkeit von ihnen eincaſſirt werden.

4. Nach Verflieſſung obigen Termins, ſollen ſolche
5 Kop. Stücke ſowol in Moſkau, als auch im ganzen Reiche,
abgeſetzt, und zu keinen Einkünften in Caſſa von niemar-
den empfangen werden; auch unter den Untertanen nicht
gäng und gebe ſeyn, dieweil, zu Bezalung der Auflagen und
zur Auswechslung, der Termin zulänglich genug angeſetzt
geweſen. Es ſei dann, daſs jemand aus ſonderbaren Umſtänden noch welche zurückbehalten: von demſelben ſollen ſelbige empfangen, und ihm für jedes 5 Kop. Stück Ein
Kopejk bezalt werden; damit ſelbige ferner nicht unter
den Untertanen als gutes Geld rouliren, und zum Betrug
einfältiger Leute nicht Gelegenheit geben.

6. Die 5 Kop. Stücke, ſo in dem geſetzten Termin in
Caſſa zu Bezalung der Auflagen, auch andrer Bezalung,
empfangen oder eingewechſelt werden, ſollen verſigelt, nebſt
einer vollkommnen Nachricht, wovon im 1ſten Puncte gemeldet, abſonderlich über die ausgewechſelte, von was
für Einkünften ſelbige ſeyn, und von was für Jaren, mit
was für Geld, mit Poluſchken, Denuſchken, oder Dnem
kleinem Gelde oder Moneten, ſelbige eingewechſelt, und
wobin ſolche Gelder hätten ſollen hingeſchickt werden,
nach dem MünzComtoir abgeſchickt, one ſie länger nach
dem Termin als 2 Wochen aufzuhalten, bei Strafe.

7. Ueber dasjenige von dem obſtehenden, ſo durch
den Druck bekannt zu machen nötig befunden wird, muſs
ein Formular zur Approbation an Ihro Kaiſ. Maj. übergeben werden, und wenn ſolches approbirt, ſelbiges gedruckt, und in Moſkau publicirt, in den Kirchen und in
den Häuſern den Eigentümern gemeldet werden; auch in
der Abſicht an die Gouverneurs und Wojewoden mit Ex-

pres-

preffen abgefchickt, und auf das fchärffte anbefolen werden, dafs diefelben nach Empfang der Befele, in den Städten folche publiciren, in den Diftrikten, Flecken und Dörfern durch expreffe unterfchiedlich Abgefchickte die Kopejen verfchicken, mit fcharfer Anbefelung, dafs die Ex-
preffen in jedem Flecken und Dorf folches publiciren, und
bei den Kirchen gedruckte Bogen den Prieftern zu allgemeiner Nachricht gegen Quittung austeilen: damit die
Bauern und andre arme Leute, hiervon unwiffend, nicht
den gefetzten Termin verfäumen, und nicht hernach von
jemand betrogen werden. An was für Datum aber ein jeder Wojewode folche Befele empfangen und fie publiciren
wird, gleichfalls wo und wie viel 5 *Kop. Stücke* fich in Caffa befinden: folches foll er fummariter, vor der Abfchik-
kung der obgemeldten ausfürlichen Nachricht, durch den
von dem Senat Abgefchickten rapportiren; und vom Senat foll folches dem MünzComtoir und CammerCollegio
communicirt werden.

8. Sobald wie in dem MünzComtoir 5 *Kop. Stücke* eingefchickt: fo müffen felbige zu *Kopejken* umgeprägt werden, da fich denn das Pud à 8 *Rbl.* belaufen wird; damit falfche Münzer folche nicht im Stande nachzumachen:
und mit denen Kopejken müffen an den Orten, von wo
gefammelte und eingewechfelte 5 *Kop. Stücke* eingefchickt,
die Bezalung gefchehen: auch mufs darüber das Münz-
Comtoir aparte richtige Rechnung füren.

9. Und dieweil an 5 *Kop. Stücken* 3,172929 *Rbl.* gemünzt
und ausgegeben, wann aber felbige zu *Kopejken* umgeprägt, nur 648344 *Rbl.* ausmachen, alfo 2,524585 *Rbl.* Ver-
luft dabei feyn wird, an deren ftatt man, zur Auswechslung diefer 5 *Kop. Stücke*, von dem vorrätigen Gelde in Caffa, fo da hätte müffen an die affignirten Orte laut dem
Etat abgegeben werden, gebrauchen mufs: derohalben
müffen, zur Bezalung an den verordneten Orten, wo man
die eingekommene 5 *Kop. Stücke* hätte hin bezalen müffen,
zu den umgeprägten 5 *Kop. Stücken* nachfolgende aparte Summen ausgezalt werden, nämlich: I. Auf den MünzHäufern und Zöllen befinden fich 1890 Pud Thaler und ☽, daraus wird ungefär an ruffifcher Münze gemünzt 1,134000
Rbl. II. Bei dem MünzHaufe befindet fich fertiges ♀,
wie auch bei dem BergCollegio, und den Sibirifchen Werken,

ken, 56182 Pud; folches zu neuen Kopejken à 8 *Rbl.* das
Pud gemünzt, beträgt 449000 *Rbl.* III. Die von der affignirten Summe zur BauCanzlei auf das J. 1731, zurückbehaltene 100000 *Rbl.* IV. Von der ProviantCanzlei
müfste man auf Rechnung der Gelder, fo fich in bemeldter Canzlei über die SelenGelder, aus dem StatsComtoir
und andern Orten, auch empfangene und überbliebene
beim CammerCollegio für Proviant, befindende 300000
Rbl. nemen. V. Von dem KriegsCollegio anftatt der überbliebenen uncompleten Leute 500000 *Rbl.*, und folche auf
Rechnung der SelenGelder, fo in 5*Kop. Stücken* beftehen,
und verwechfelt werden müffen, fetzen. VI. Von der
AdmiralitätsSumme, fo aus 1,400000 *Rbl.* befteht, mufs
man 400000 Rbl. nemen, aus der Urfache, weil anjetzo
nicht mer fo viel, als vordem, zu Ausrüftung der Flotte
und Errichtung neuer Gebäude aufgehet, und folche auf
Rechnung der zu verwechslenden 5*Kop. Stücke* fetzen, fo
wie beim KriegsCollegio. — SUMMA oben angefürter
Summen   2,883000 *Rbl.*

10. Allenthalben aus den Gouvernemens, Provinzen, und
Städten, wo confifcirtes ☉ und ☽ befindlich, mufs folches nach dem MunzComtoir, mit den abzufchickenden
5*Kop. Stücken* abgefchickt werden: von wem aber, und
warum folches confifcirt, mufs darüber im Senat und in
der ConfiscationsCanzlei eine Nachricht eingefchickt werden. - Dabei auf das fchärffte zu befelen, dafs wo aufgefchriebene Güter, Häufer oder Buden, fich befinden, folche die Mofkauifche ConfiscationsCanzlei, nach der ihr
erteilten Inftruction, verkaufen, und dafs in den Gouvernements und Provinzen folche Verkäufe nach den Befelen
aus bemeldter Canzlei gefchehen, damit folche nicht fo lange Zeit angefchrieben bleiben. Derohalben wegen aller
dergleichen aufgefchriebenen Habfeligkeiten, die in das
gewefene hohe Confeil eingefchickte, und noch im Senat
befindliche Nachrichten, nach der ConfiscationsCanzlei zu
fchicken, und fo noch nach diefen Nachrichten dergleichen
aufgefchriebene Sachen wo eingelaufen, davon der ConfiscationsCanzlei zu melden.

11. Und obfchon aus den Gouvernements und Provinzen im J. 1730, durch eine Nachricht gemeldet, dafs fich
in denfelben 2,840000 *Rbl.* befinden: fo ift doch felbige
nicht

nicht nach geendigtem Jare, fondern wie ein jeder Befel
darüber erhalten, abgefafst und rapportirt; anjetzo aber
wegen diefes Umftandes nötig zu wiffen, wie viel wirklich von den vorigen Jaren bis 1731 vorrätig in Caffa, wie
viel Schulden vorhanden, auch was die Caffa mufs auszalen, damit man die Einname, Ausgabe, und den Reft im
ganzen Reiche, fehe. Derohalben aus den Collegien und
Canzleien folche Nachrichten unverzögerlich im Senat ein-
zugeben. Nach den Gouvernements, Provinzen, und allen Städten und StabsHäufern, müffen fowol zur Befichti-
gung des überbliebenen GeldReftes von den vorigen Jaren,
als auch zu Sammlung der bemeldten Nachrichten, Expreffe, fo wie es vordem gebräuchlich gewefen, abgefchickt
werden: worüber ihnen aparte Inftructionen zu erteilen,
worinnen fie anzuhalten, dafs nicht allein die in den Büchern angefchriebene überbliebene Gelder angezeigt, fondern auch die, fo unter es fei was für Art von Unterfchleif
es wolle, in den Büchern nicht angefchrieben, oder bei
abwefenden Commiffarien und Schreibern, auch bei den
Zöllen, in den Kaften befindliche Pfänder, one einzige
Unterfchlag- und Auslöfung angeben: und wann diefe Nachrichten eingebracht, mufs das RevifionsCollegium eine Ge-
neralRechnung des ganzen Reichs abfaffen, in welcher das-
felbe alle Reftantien, einzucaffirende und auszuzalende
Schulden, und was nach Abzug derfelben überbleibt, und
noch eincaffirt werden mufs, anfüren, und folches dem
Senat unverzüglich vorlegen.   Den 25 *Januar.* 1731.

Indeffen find feitdem nunmero beinahe 10 Jare ver-
ftrichen, in welchen in der Sache nichts weiter gefchehen, als dafs im J. 1735 durch eine Ukafe, welche fub
No 7 copeilich hier anliegt, verboten worden, fie nicht
nachzumünzen und ins Land zu bringen: und dafs von
A. 1737 bis jetzo 5 à 6 Projecte wegen deren Einwechslung zu Papir gebracht worden, von welchen man aber,
bei der am 2 Aug. jüngfthin im Senat hierüber ange-
ftellten Verfammlung, einmütig geurteilt hat, dafs keines darunter befindlich, welches zulängliche Mittel an
die Hand gebe, diefe gefärliche ʠMünze zeitig genug,
one fonderliche Befchwerde Ewr. Caffa, und Nachteil
Dero Untertanen, einzuwechfeln, und aus dem Commerz
herauszuziehen. Wie denn auch von mir mit mererm,

in

In dem meinem .. Bericht vom 25 Aug. jüngſthin bei=
gefügten Examine der bisher bekannt gewordenen Pro=
ecte, deutlich angewieſen worden: deswegen ich mich
gemüſſiget gefunden, auf andre zulänglichere Mittel
und Wege bedacht zu ſeyn, dieſelbe zu Papir zu brin=
zen, und Ewr. zur .. Beurteilung am obgeſetzten Da=
o .. zu übergeben.

Sollten nun mir unbekannte Urſachen und Umſtände
vorwalten, warum entweder nach meinem, oder einem
andern beſſer zutreffenden Projecte, dieſe höchſtnötige
Sache noch nicht wirklich könnte vorgenommen werden:
o kan ich doch nicht abſehen, warum nicht die von mir,
m 1ſten und 2ten Puncte meines Entwurfs, vorgeſchla=
ene Stempelung dieſer 5 Kop. Stücke, ſollte unverzüg=
ich reſolvirt, und ins Werk geſtellt werden; da nach
neinem wenigen Begriff nicht wol kan in Zweifel gezo=
en werden, daß ſie nicht zu folgenden Vorteilen, die
ewiß nicht geringe, und nicht aus der Acht zu laſſen,
ollte dienen können.

I. Ganz eigentlich zu erfaren, wie viel dieſer 5 Kop.=
Stücke im Reiche vorhanden ſind, und weil man die
Zal der in der Moſkauer Münze verfertigten weiß, wie
iel nachgemünzt und hereinpracticirt ſind; welche ei=
entliche Nachricht zum voraus gar nötig, um richtige
eitere meſures dieſer Münze wegen zu nemen. Denn
alls es ſich finden ſollte, daß da in 17 Jaren, da man
ngefangen hat, dieſelben zu ſchlagen, ihre Zal ſich
icht conſiderable vermeret, könnte man ſie noch weiter
äng und gebe ſeyn laſſen. Hat ſich aber dieſelbe merk=
ch vergrößert, müßten die meſures one ZeitVerluſt da=
in gerichtet werden, daß das Uebel nicht ärger werde,
nb noch mer fremde ins Land herein ſchleichen; im=
laſſen auf jedes Hundert 60 proC. Verluſt ſeyn wird,
ann ſie auch zu 2 Kop., d. i. zu 16 Rubl aus dem
ud, umgeprägt werden, dieſes aber das höchſte iſt,
man ſie wird gelten laſſen können, damit künftig
cht die Gefar der Nachmünzung bleibe.

II. Bei dem Stempeln werden ſie nicht nur in den
iben MünzHöfen, hier und in Moſkau, ſondern auch
den GouvernementsCanzleien, gezält, und dabei mit

(D)   Fleis

Fleiß nachgesehen. Finden sich nun dabei offenbar ge-
gossene oder mit KOПEIK bezeichnete, die nicht in der
Moskauer Münze verfertiget sind: werden selbige nicht
gestempelt, sondern nur angeschrieben, von wem sie eingeliefert worden. — Kämen nun aber an einem oder
andern Orte, als etwa auf der Gränze, oder in Sibirien, eine große Menge derselben zum Vorschein: könnte man dadurch auf die Spur kommen, wo und von wem
sie nachgemünzt und hereingebracht worden, und desto
ehender dem weiteren Unterschleif vorkommen, und diejenigen, so die hilfliche Hand dazu geboten, etwa ausfindig gemacht, und sodann andern zum Exempel exem-
plarisch gestraft werden.

III. Wenn Ewr. . . . resolviren und zu befelen geruhen, daß nach meinem . . Vorschlag, von 20 Stücken
1es für das Stempeln zurückzubehalten, welches an sich
billig ist, da es one daran zu wendende Unkosten nicht
bewerkstelliget werden kan, anbei aber eine ser leibliche
Taxa ist: so werden doch durch solches Mittel, wann
nur 4 Mill. zum Vorschein kommen, 200000 Rubl aus
dem Commerz, und in Ewr. Münzen one Schaden
Dero Caſſen, gezogen, und zum Umprägen aufbehalten;
welches kein geringer Vorteil ist. Sind aber mer vorhanden, werden deren auch mer in die Münze einfließen.

IV. Weil nach Verfließung des zur Stemplung bestimmten Termins, als etwa in Rußland der 1 Jun.
1741, und in Sibirien der 1 Aug., nur allein die gestempelten mer gelten: wird vermutlich der ungestempelten eine ziemliche Summe aus dem Commerz bleiben;
nämlich alle offenbar nachgegossene, und die nicht in
der bestimmten Zeit zur Stemplung eingeliefert sind,
wenn nämlich jemand vorsetzlich den Termin nicht observiren, und was er unter sich hat, nicht einliefern wollen; die aber wider ihr Verschulden ungestempelte behalten haben, müßten dabei keinen Schaden leiden.

V. Die gestempelten aber werden desto ehender guten
Credit behalten, gäng und gebe bleiben, und im Handel
und Wandel desto williger angenommen werden.

VI. Das Nachmünzen und Hereinbringen der fremden wird wenigstens für eine Zeitlang dadurch unterbrochen und gehemmt, bis so lange Auswärtige auch
das

das Stempeln nachzumachen, und gestempelte herein zu practisiren sich befleißigen. Solche neugemünzte und neugestempelte aber, werden doch auch desto ehender zu erkennen, und die, so am Hereinbringen mit Teil haben, zu entdecken seyn.

Diese Stemplung aber wird nach meinem Begriff am füglichsten im Winter geschehen können, damit die 5Kop.Stücke von allen Orten hieher, nach Moskau, und in die GouvernementsCanzleien, desto bequemer und geschwinder hingeschafft werden können. Und weil nicht nur die Stempel, so viele deren nötig, im Vorrat müssen verfertiget, sondern auch die Leute, die in die Gouvernements, dasselbe zu verrichten, verschickt werden, zeitig zur Stelle seyn müssen: so ist die Resolution hierüber one ZeitVerlust nötig, wann es in diesem Winter noch vor sich gehen sollte; immassen das Stempeln derer, die in den KronCassen sind, wann gleich in den beiden MünzHöfen hier und in Moskau zugleich, fleißigst und one Unterlaß gearbeitet wird, dessen ungeachtet eine ziemliche Zeit wegnemen muß, da über 20000 Rubl am Tage, an beiden Orten nicht fertig werden können: womit also, wann nur 1 Million in den KronCassen vorhanden, 9 Wochen drauf gehen werden, ehe man mit der Stemplung derer, so in der Particuliers Händen sind, wird anfangen können. Zu diesen aber wird die Zeit eines halben Jars kaum zureichend seyn, wann gleich in allen Gouvernements, auch zu Riga und Reval, daran unausgesetzt gearbeitet wird.

Sobald man aber mit dem einen und dem andern fertig, und sichs nun nach verrichteter Stemplung ergibt, daß, wie zu befürchten, viel merere im Reich vorhanden, als zu Moskau vermünzet worden: muß es, um weiterem Unheil vorzukommen, bei dieser ersten Operation nicht gelassen werden; sondern außer denen von mir an die Hand gegebenen oder besser ausfindig zu machenden Mitteln, die 5Rop.Stücke einzuwechseln, dieselbe sobald sie auf eine oder andre Art eingelöset sind, entweder umgeschmolzen oder umgeprägt werden. Das erstere erfodert mer Zeit, merere Kosten, und verursacht merern Abgang an Q, als das letzte; folglich ist dieses jenem unstreitig zu præferiren.

D 2   Die

Die Umprägung der 5Kop.Stücke aber kan füglich nicht anders geschehen, als zu 2Rop., um Brüche von 1¼ und 1½ (f. meinen Entwurf, Artik. 4) im gangbaren Gelde zu vermeiden. Und solchergestalt kommen 16 Rubl aus dem Pud, welches mit der schönen Englischen ♀Münze zu ⅓ und ¼ Stüver übereinstimmt, die nach hiesigem Valore 16 Rbl. 60⅔ Kop. aus dem Pud austrägt, und nun über 80 Jar one Nachmünzung im Schwange gehet. Welchem nach ich auch nicht genugsame Ursache ersehen kan, warum Ewr. das ♀, so im Reiche jetzo wenig vorhanden ist, und aller Orten mer als vordem gesucht wird, folglich im Preise steigen muß, nur zu 12 Rubl aus dem Pud vermünzen lassen wollen, wie die Ukase wegen der Denuschken und Poluschken mit sich bringt. Deswegen, so lange kein fester Schluß gefaßt worden, wie das ♀ künftig solle ausgemünzt werden, Ewr. Interesse, meiner geringen Meinung nach, gemäß seyn wird, dieselbe bis dahin zu suspendiren, und mit dem ferneren Münzen der Denuschken und Poluschken in Sibirien, woselbst nach dem letztern Rapport 24000 Rubl derselben vorrätig, aber kein ♀ vorhanden, (wann auch, es sei von Sibirischen oder andern Bergwerken, viel 1000 Pud dazu könnten geliefert werden, immassen solches, nach Inhalt des 14den Artikels des BergPrivilegii, zu ⅔ des gewonnenen ♀s geschehen muß), nicht zu continuiren, sondern es zum bessern Gebrauch zu reserviren. Immassen Ewr. der Schade, den Dero Casse bei den 5Kop.Stücken leiden müssen, durch vorteilhafte Vermünzung dieses Metalls am allerbequemsten kan ersetzt werden.

Diesem allem nach, finde ich mich gemüssiget, nach Obliegenheit der mir .. anvertrauten MünzDirection, Ewr. .. zu imploriren, daferne über meinen Entwurf vom 25 Aug., keine finale Resolution noch zur Zeit genommen werden könnte, dennoch über folgende Puncte Dero .. Resolution .. vorläufig mir angedeihen zu lassen:

1) Ob nicht Ewr. .. geruhen wollen zu befelen, daß die Publication vom März 1731, wegen der alten 10= und 5Kop., Altynen, und runden Kopejken, im=

mgleichen der Menſchikovſchen Griven vom J. 1726, owol als die Publication vom Jun. 1735, wegen der neuern zu 77 Solotn. Probe ausgemünzten Griven, erneuert werden ſollen; mit dem Zuſatz eines darinn zu beſtimmenden Termins, und Strafe der Confiscation des Geldes, wann der Termin nicht eingehalten werden ſollte?

2) Nach welchem Korn und Schrot, oder Probe und Gewicht, die neu zu verfertigende Dne 10= und 5 Kop., wie viel derſelben, und mit welchem Gepräge, ſie ſollen ausgemünzt werden? Vom Gepräge ſind Moſkauiſche und St. Petersburgſche Abdrücke vorhanden.

3) Ob nicht die Publication, die im 1ſten und 2ten Puncte meines Entwurfs .. vorgeſchlagen iſt, um das Nachmünzen und Hereinbringen der Dnen 5 Kop.= Stücke zu hemmen, und dieſelbige zu dem Ende vorderſamſt ergehen ſolle? und ob mit dem Stempeln alſo, wie daſelbſt proponirt worden, zu verfaren?

4) Und letztens, ob nicht mit dem Vermünzen der Denuſchken und Poluſchken in Sibirien ſolle eingehalten werden, und dagegen Ewr. .. geruhen wollen, dem General-BergDirectorio .. anzubefelen, daß ⅔ alles gewonnenen Dß bei allen Gewerken, ſie haben Namen wie ſie wollen, gegen gängigen Preis an die Münzen abgegeben werden ſollen?

Hierüber Ewr. .. Verfügungen .. erbittend, verharre ich in der allertiefſten Niederwerfung Lebenslang .... Den 10 Octob. 1740.

———————

D 3 VI.

VI.

Inhalt eines an die Prinzeſſin *Anna* von Meklenburg erſtatteten Berichts vom 22 Jan. 1741, von Beſchaffenheit der Einwechßlung und Ummünzung der kleinen Dnen Kopejken, was dieſelbe veranlaßt, oder Gelegenheit dazu gegeben habe ꝛc. ꝛc.

[S. 129‒144]

Die ſämtlichen Acten, ſo die mit den Dnen Kopeſken vorgenommene Einwechßlung und Ummünzung betrifft, ſind auf Befel des dirigirenden Senats, von der Commiſſion, ſo dieſe Sache zu unterſuchen verordnet geweſen, an das SenatsComtoir in Moſkau abgegeben worden, und bei der hieſigen MünzCanzlei nur ein Auszug aus ſothanen Acten vorhanden, woraus diejenige Nachricht, die sub *Lit.* A hier angefügt iſt, in der Kürze zuſammengezogen worden.

Die eigentliche Urſache, warum die Einwechßlung reſolvirt und vorgenommen worden, oder was dazu Anlaß gegeben, die Verſuche, ſo man desfalls angeſtellt, ob Gewinn oder Verluſt bei der Ummünzung ſich ereignen würde, und wie dieſe Proben ausgefallen: davon iſt hier nichts zu finden.

Die irreguläre Form, das Gepräge und Gewicht dieſer kleinen Kopejken aber, geben von ſelbſt und one Mühe zu erkennen, daß ſie ſehr ungleich ausgemünzt, und leicht nachgemacht werden können, und alſo der Verfälſchung und der Kipperei unterworfen ſind. Und weil ſolches die Erfarung beſtätiget: ſo hat dieſes one Zweifel veranlaßt, eine Veränderung mit dieſer Münze vorzunemen. Und da ſie dem Gehalt nach 13lötig oder zu 78 *Solotn.* Probe ausgemünzt worden, und wann ſie in Quantität verſchmolzen wird, dieſe Probe mit einem geringen Remedio hält; und von A. 1664 bis 1703, über 26⅔ Million Rubl an ſolchen kleinen Kopejken aus den MünzHöfen ausgegangen ſind: iſt man nicht unbillig darauf bedacht geweſen, dieſe conſiderable Quantität

lt D, welcher noch in den Jaren 1703 bis 1719,
420708 Rubl 50 Kop. (von welcher Summe aber
icht eigentlich bekannt, wie viel einzele Kopejken darunter mit vermünzt worden) an DGeld hinzugekommen,
1 einer bessern, und der Verfälschung und Kipperei
icht so ser unterworfnen Münze zu gebrauchen und zu
:rmünzen. — Nur wäre zu wünschen gewesen, daß
1an vorsichtiger dabei zu Werke gegangen, als nach
1nweisung der Acten geschehen; und daß man sie nicht
1 Rubln, sondern zu einer andern beouemen Scheide-
1ünze, nach vorher festgesetztem Gehalt und Gewicht
1er Korn und Schrot, vermünzet hätte: so würde noch
1er Vorteil für die Krone zu erhalten gewesen, und die
1inwechslung one Zweifel geschwinde von statten gegan-
1en seyn: immassen dieses Geld merenteils unter dem
1emeinen Volk beruhet, welchem andre Dne Scheide-
1ünze zu seinem Handel und Wandel und täglichen klei-
1en Ausgaben dienlich und nötig, die Rubl aber dazu
1nbequem sind, und geringe Leute bei ihrem kleinen Ge-
1erbe sich damit nicht auseinander setzen können.

Aus der hier angefürten kurzen, aber in so ferne doch
1anz zuverlässigen Nachricht, werden Ewr. Kaiserl.
1oheit one Zweifel nicht one Verwunderung bemerken,
1aß bei dem 1sten Contract, den man dieser Einwechs-
1ung und Vermünzung wegen, mit einem Kaufmann
1amens Karichalov und seinen Cameraden geschlossen,
1iese Compagnie in Zeit von 3 Jaren, in welchen etwas
1ber 4½ Million eingewechselt worden, 82509 Rubl
6 Kop. für sich profitiret, die Krone aber dagegen
1on jedem Pud nur 1 Rubl 83 Kop., und in Summa
3487 Rubl genossen, und also bei ihrem MünzRegal,
1elches für die edelste Perle an der Krone der Souverains,
1u achten, den größten Vorteil einigen Particuliers über-
1assen habe.

Der jetzige CabinetsMinister und ViceCanzler, Graf
1olovkin, hatte also höchstgegründete Ursache, wider
1iesen wucherlichen Contract und das eigennützige Ver-
1aren der Compagnie, zeitig mit einer Vorstellung ein-
1ukommen: und wie ihm darauf die Commission aufge-
1ragen worden, die Sache selbst nebst dem EtatsRat
1aslov zu untersuchen, sind Karichalov und Consorten

D 4　　　　über-

überfürt worden, und haben ſelbſt eingeſtanden, obige
Summe auf eine unerlaubte Weiſe profitirt zu haben.
Deswegen dieſer Contract caſſirt, die Compagnie abgeſchafft, und der gemachte Profit (wovon ſchon 5000
Rubl eincaſſiret worden) von ihnen weiter einzutreiben,
dem Grafen *Saltykov* die Commiſſion aufgetragen worden.
Ob nun ſolcher Reſt an der Summe der 82509 Rubl,
von denſelben auch eingetrieben werden können, und wo-
hin ſolchenfalls dieſelbe employiret worden; davon iſt
bei der MünzCanzlei keine Nachricht vorhanden.

Welchergeſtalt aber darauf einem *Duderov*, welcher
die Sache zuerſt angegeben, und den Betrug entdeckt,
nebſt ſeinen Brüdern und noch 3 Compagnons, die weitere Einwechslung aufgetragen, und denſelben anfänglich 10000 Rbl. im Jar, nachhero 5000 Rbl., da die
beiden Brüder nur allein dabei geblieben, und endlich,
wenn ſie unter 1000 Pud im Jar würden einwechſeln,
5 Rbl. à Pud, welches noch nicht 1 proCent ausmacht,
für ihre anzuwendende Mühe und Koſten zugelegt wurden: ſolches iſt auch aus der obangefürten Beifüge ſub A
umſtändlich zu erſehen.

Aus derſelben erhellet auch, daß ſeit Aufhebung der
erſten Compagnie, noch ferner 4,138714 Rbl. 68 Kop.,
und mit den vorigen insgeſammt 8,674608 Rbl. 37
Kop., und wenn man dieſe abzieht von der SUMMA der
(ohne die von 1703 bis 1719) ausgemünzten, noch
17,628082 Rbl. 46 Kop., im Commerz vorhanden ſeyn
müßten; wenn nicht vieles davon abhanden gekommen,
und durch BrandSchaden oder andre Zufälle verloren
gegangen; welches in den vielen Jaren von A. 1664 her,
allem Vermuten nach, keine geringe Summe ausmachen muß.

Indeſſen wäret der letzte Contract noch: wie denn
auch in dem nächſtverwichenen J. 1740, noch über 203000
Rbl. eingebracht ſind. Weil aber, nach der letztern
Ukaſe des dirigirenden Senats, nur 5 Jar zur Einwechslung beſtimmt werden, nach welcher Zeit die noch übrig
bleibende nicht mer gäng und gebe ſeyn, ſondern für
18 Kop. das Solotn. fein, wie ander D, gelten, und
dafür an die MünzHöfe eingeliefert werden ſollen; und
ſolche Zeit im Decemb. dieſes jetztlaufenden Jars zu
Ende

Ende gehet: so habe ich nötig gefunden, den 1 Novemb. des verflossenen Jares daran zu erinnern, und
dem Senat anheim gegeben, weil nach der Rechnung
noch über 17 Mill. übrig seyn müssen, der bestimmte
Termin aber in 14 Monaten zu Ende liefe, eine neue
geschärfte Publication desfalls, daß die kleinen Dne Ropejken fleißiger, wie bisher, eingebracht werden sollen,
ergeben zu lassen.

Und weil ich am 10 Octob. vorher an Jhro K.
Maj. höchstseel. Gedächtnisses, eine .. Vorstellung wegen Dner ScheideMünze getan hatte: so war meine
Absicht bei dieser Vorstellung an den Senat, daß wann
die .. Resolution auf sothane Vorstellung erfolgte, und
die vorgeschlagene Publication erginge, dabei zugleich
bekannt zu machen seyn würde, daß die Einwechslung
gegen Dne ScheideMünze geschehen, und aus den einge-
lieferten Dnen Kopejken keine andre Münze als Griven
und 5Rop.Stücke gemünzt werden sollen.

Es ist aber auf beide Donoschenien noch keine Resolution erfolgt: und weil dieselbe auf merere von der
MünzCanzlei, und von mir besonders, eingegebene Unterlegungen ermangelt; so ist das Register sub Lit. B
hier angefügt.

Dne Zweifel ist es denen durch göttl. Verhängnis
seithero erlebten großen Veränderungen beizumessen, daß
diese Vorstellung noch nicht vorgenommen worden; da immer andre wichtige und nötige Dinge in den Weg gekommen. Indessen sind doch diese auch von großer Wichtigkeit; und betreffen insonderheit die .. Berichte, so
ich den 25 Aug. und 10 Octob. a. præt. eingegeben, die
Abwendung eines Schadens, der bei längerer Nachsicht
unheilbar werden, und den Ruin des MünzWesens und
Commercii involviren kan; und zugleich auch die einma-
ige Einrichtung eines beständigen MünzFußes, und
daß dieses köstliche Regal, zum Nutzen der Krone hinkünftig recht gebraucht werden möge; und wann also
beides, der abzuwendende Schaden und zu verschaffende
Gewinn, zusammen genommen werden, — eine Sache,
die nicht etwa nur 100000e, sondern Millionen, importiret.

D 5   Lit. A.

Lit. A.

Extract. In benen von der Münz-Canzlei aus Meſſau eingeſchickten Nachrichten, iſt folgendes enthalten.

Von A. 1664 bis 1703, ſind auf den Münz-Häuſern kleine Dne Kopejken gemünzt u. ausgegeben　—　—	26,302691 Rbl. 33 Kop.
Von A. 1703 bis 1719 ſind grobe und kleine Sorten untereinander gemünzt, davon nicht eine jede ſpecificirt werden kan	4,420708 Rbl. 50 Kop.
Summa	30,722399 Rbl. 83 Kop.

A. 1731 iſt verordnet, daß auf Ihrer K. M. Befel, obige gemünzte Dne Kopejken, durch den Kompaniſczik *Korichalov* und ſeine Gehilfen, nach dem mit ihnen geſchloſſenen Contract, ſollen eingewechſelt, und auf den Münz-Häuſern zu Rubln und halben Rubln von der Probe 77, auf ihre eigene Koſten, vermünzt werden: da denn bei der Vermünzung von jeglichem Pud kleiner Dner Kopejken, 1 Rbl. 83 Kop. zur kaiſerl. Caſſa ſollte zurückbehalten, und das übrige alles an ſie ausbezalt werden. Laut welchem Contract bemeldte Kompaniſczike *Korichalov* mit ſeinen Gehilfen, folgende Summen kleine Kopejken eingewechſelt:

	Rbl.	Kop.
A. 1731, vom Sptbr.　—	594208 =	75
A. 1732　—　—　—	2,124921 =	81
A. 1733　—　—　—	1,816763 =	13
Summa	4,535893 =	69

A. 1733, den 3 Apr., iſt auf Ihrer K. M. ausdrücklichen, und mit Dero eigenen Hand unterſchriebnen Befel verordnet, die Einwechslung und Vermünzung des kleinen Geldes zu grober Münze, darüber die Kompaniſczike geſetzt, und dabei ſie dem Intereſſe Ihrer K. M. Schaden zufügen, zu unterſuchen, welches dem (nunmero wirklichen) GeheimenRat und Ritter, Grafen *Goloukin*, und StatsRat *Maslov*, committirt worden, daß dieſelben Ihrer K. M. Vorſtellung tun ſollten, wie hinfüro die Einwechslung einzurichten, und was bis Dato

dato für Unordnungen dabei gewesen, und der Cassa
durch die Kompanejsczike Schaden zugefügt worden.
Auf obigen Ihro K. M. Befel, ist in einer apart dazu
verordneten Commission die Untersuchung vorgenommen
worden: da sich denn sowol aus der Untersuchung, als
der von dem Kompanisczik *Karichalov* mit seinen Gehil=
en an Ihro K. M. übergebenen Supplique, worinn sie
sich für schuldig erkannt, erhellet, daß sie sich bei der
Einwechslung nicht ihrem Contract gemäß verhalten; daß
sie zum Schmelzen mer kleine Kopejken nach der Zal in
ihren Nachrichten angegeben, als wirklich vorhanden ge=
wesen; daß überliebne D beim Schmelzen, so man Kråt=
e nennt, nicht von jeglichem Schmelzen a parte zu gute
gemacht, und zu dem Schmelzen, davon es überblieben,
gerechnet, sondern es mit andern Schmelzungen des klei=
nen und alten Geldes, welches letztere von hohem Ge=
halte, meliret; auch über diese Schmelzungen, um ih=
ren unrechtmäßigen Profit, und den Schaden, so sie
der kaiserl. Cassa zufügen, zu verdecken, keine richtige
Rechnung gefürt; auch überdem von Particulieren Leu=
ten die vorfallende beschnittene Kopejken gegen vollwich=
tige, dem Gewichte nach empfangen, da doch in ihrem
Contract enthalten, wie daß dergleichen beschnittene Ko=
pejken nach der MünzCanzlei sollen eingeschickt, und nach
der Feine bezalt werden; und mereres dergleichen nicht
Contractmäßige Verfaren, wodurch sie von Anfang der
Einwechslung bis den 7 März 1733, 82509 Rbl. 86
Kop. Profit erlanget.　　Den 8 und 20 Maj 1733 ist
an Ihro K. M. von bemeldter Commission durch eine
Donoschenie vorstellig gemacht worden, daß die Kom=
panisczike für ihr Verbrechen, wegen Nichthaltung des
Contracts, und der kaiserl. Cassa verursachten vielen
Schaden, so sie vorsetzlicher Weise zu ihrem Nutzen an=
gewendet, von der Einwechslung abgeschafft, und der
von ihnen unrecht= und nicht Contractmäßig gesammlete
Profit, so in 82509 Rbl. 86 Kop. bestanden, wie auch
dasjenige, so bei andern Schmelzungen von der Münz=
Canzlei vom 7 März zurückbehalten, genommen, und
die Einwechslung ihrem gewesenen Compagnon *Duderov*,
der ihr unrechtmäßiges Verhalten angegeben, commit=
tirt werde.　Und auf was für Conditiones derselbe ein=
zurich=

zurichten, iſt von bemeldter Commiſſion ein abgefaßter
Contract zur . . Approbation Ihrer K. M. vorgelegt
worden.

Den 28 Maj iſt bemeldter Contract von J. K. M.
approbirt; und laut dieſem kaiſerl. Befel haben bemeld
te *Duderove* die Einwechſlung des kleinen Geldes ange
treten, und zu Compagnons Leontej *Lakomkin*, Dmitrej
Tomilov, und Iwan *Duderov*, angenommen. Wie viel
nun von benſelben eingewechſelt, ſolches iſt aus nachge
ſetzter Tabelle zu erſehen:

A. 1733 vom 25 Aug.	831434	Rbl.	47	Kop.
1734 — —	1,266113	—	68	—
1735 — —	563317	—	83	—
1736 — — —	309163	—	14	—
1737 — —	384062	—	15	—
1738 — — —	304197	—	53	—
1739 — —	277372	—	68	—
1740 bis den 6 Sept.	203053	—	20	—
SUMMA	4,138714	Rbl.	68	Kop.

Hierzu die mitgerechnet, ſo
von *Karichalov* eingewech-
ſelt, beträgt — — 8,674608 Rbl. 37 Kop.

Iſt alſo noch von dem kleinen Gelde unter dem Publico vorhanden, ohne die zu rechnen, ſo von A. 1703 bis
1719 mit groben Sorten zuſammengemünzt,

17,628082 Rbl. 96 Kop.

In der vom regirenden Senat publicirten Ukaſe vom
8 Decemb. 1736, iſt enthalten:

Der regirende Senat hat befolen, daſs die Collegien,
Canzleien, Gouvernements, und Provinzen, die bei
ihnen einlaufende kleine Kopejken unverzüglich ein-
ſchicken ſollen; wie auch durch gedruckte Befele zu
publiciren, daſs ein jeder von Particuliers, ſo dergleichen kleines Geld beſitzt, ſolches zur Einwechslung
einbringen, und ſolches nicht unter ſich, um Profit zu
haben, verwechſeln: auch daſs die Orte, wo Intraden
einlaufen, daſs ſelbige ungeſäumt von den Leuten empfangen, und zur Auswechslung nach der Münze, laut
den vorigen Befelen, geſchickt werden, damit onfelbar

in

n 5 Jaren nichts mer von diefem Gelde unter dem Publico bleibe. So aber nach diefem gefetzten Termin
ich wider Vermuten noch welche unter dem Publico
befinden würden: fo follen diefelben nicht mer als Cou-
antGeld angenommen werden, noch unter den Leuten
couliren, fondern diefelbe nach den MünzHöfen gebracht, und jedes *Solotnik* fein ☽ mit 18 *Kop.* bezalt
werden.

Bleibet alfo, laut diefer Verordnung, bis zu Ende
des Termins nicht mer übrig als 1 Jar und 2 Monate,
nämlich bis den December. 1741.

A. 1740 den 1 Novemb. ift an den reg. Senat, von
der Canzlei des MünzDirectorii, eine Donofchenie übergeben, worinn verlangt, "daß der Senat die Verfügung
tun möchte, daß im ganzen Reiche publicirt würde, und
zwar auf das allerfchärffte, daß ein jeder von Particu-
lärLeuten, die bei fich befitzende kleine ☽ne ☽Gelber nach
der Münze bringe, zur Einwechslung; wie auch daß
diefelben zu allen ReichsAbgaben von ihnen abgegeben,
und die Empfänger folche wärendem Termin, one alle
Weigerung empfangen follen: da dann folche onverzüg-
lich von folchen Oertern, entweder nach Moskau oder St.
Petersburg nach den MünzHäufern, wo folche am näch-
ften, hinzufchicken; widrigenfalls nach verfloffenem Termin die unter dem Publico übergebliebene kleine Kopejken, nach obengemelbtem Befel vom 8 Decemb. 1736,
follen empfangen werden, oder wie es der reg. Senat
für gut befinden wird". Auf diefe bemelbte Donofchenie ift vom birigirenden Senat noch keine Refolution
erfolgt.

VII.

VII.

Inhalt eines 2ten Berichts an die Prinzeſſin Anna
von Meklenburg, vom 26 Jänner 1741, t.
der 5Kop.Stücke, und in ſpecie der Steinplun,
derſelben: nebſt Project der dazu erfoderlichen
Publication.

[S. 145-161.]

Als ich Denſelben den untertänigſten Bericht wegen
der Einwechslung und Ummünzung der Dnen Kopei-
Pen übergeben, habe bei ſolcher Gelegenheit wegen der
Qnen 5Kop.Stücke bereits mündlich anzuzeigen die Ehre gehabt, daß deßfalls an Jhro K. M. *Anna* Joannowna höchſtſeligſten und glorwürdigſten Gedächtniſſes, umſtändliche Vorſtellungen von mir geſchehen, worinn mit
mererm angewieſen worden, wie geſärlich es ſei, dieſe
Münze ferner rouliren zu laſſen, und wie höchſtnotwen-
dig es alſo ſei, ſie je eher je beſſer aus dem Commerz
herauszuziehen; und wie damit, nach meiner geringen
Meinung, am füglichſten zu Werke gegangen werden könne, daß weder Jhrer K. M. Caſſa, noch auch das Publicum, den conſiderablen Verluſt, welchen die Abſchaffung dieſer ſchädlichen Münze, deren äußerlicher Werth
den innerlichen waren Gehalt 8fach übertrifft, indem
100000 Pud Q, ſo etwan 65000 Rbl. werth, für 4
Millionen Rbl. gäng und gete find, nicht ſogar emps-
findlich fülen, und eine neue gute QMünze ſtatt derſelben, zum größten Vorteil der kaiſerl. Caſſe, eingefürt
(wozu auch die ſchädlichen 5Kop.Stücke gar füglich
umzuprägen ſeyn werden); vorher aber kein beſtändiger
MünzFus zu Quer ScheideMünze feſtgeſetzt und eingefürt werden könne, ſo doch höchſtnötig, da die Denuſch-
ten und Poluſchken, zum Nachteil Jhrer K. M. precieu-
ſen MünzRegals, zu 10 Rbl. aus dem Pud vermünzet
werden: welches in meinen allerunt. Berichten vom 25
Aug. und 10 Octob. vorigen Jars, und in dem erſtern
angefügten Entwurf, alles klar und deutlich enthalten; dabei auch die bishero ſeit 1737 deßfalls eingekommene

neue Projecte unparteiisch examinirt, und die Unzu-
änglichkeit derselben angewiesen worden.

Nach meiner geringen Einsicht kömmt es zuvörderst
nur darauf hauptsächlich an, daß die Nachmünzung der
5Kop.Stücke, und Hereinpractisirung der fremden,
auf alle mögliche Weise verhütet werde; und man gewisse Nachricht einziehe, wie viel eigentlich dieser 5-
Kop.Stücke im Reiche vorhanden sind; und man hiebei doch so zu Werke gehe, daß diese Münze vor der
Zeit nicht decriirt, und der freie Lauf derselben gehem-
met werde, als welches einen großen Anstoß im Commercio, und schädliche Folgen in Ansehung der Kron-
Revenüen, deren Erhebung und Wiederverwendung, nach
sich ziehen könnte.

Und da dieses obige alles, wo ich nicht gar zu sehr
irre, durch eine ehestmöglichst vorzunemende Stemplung dieser 5Kop.Stücke, und deßfalls zu ergehende
kaiserl. Verordnung und Publication, teils zulänglich
erhalten, teils abgewendet und verhütet werden kan:
so habe ein Project solcher Publication aufgesetzt, woraus eigentlich und in der Kürze zu ersehen, wie mit dem
ersteren, so wegen der 5Kop.Stücke vorzunemen, eigentlich zu verfaren, und dann hier ganz kürzlich nach-
zufügen, was die Stemplung für Vorteil mit sich füret, und wozu sie dienen könne, nämlich:

1. ganz eigentlich zu erfaren, wie viel der 5Kop.-
Stücke im Lande sind; welche Nachricht zum voraus
gar nötig, um weitere richtige mesures dieser Münze wegen zu nemen. 2. Bei dem Stempeln werden sie mit
Fleis nachgesehen. Die gegossenen und nachgemachten,
wann sie an einem oder andern Orte gar häufig sollten
zum Vorschein kommen, können Anleitung geben zu er-
forschen, wo und von wem sie nachgemacht und hereingebracht worden, und also dem weitern Unterschleif desto ehender vorgebeugt werden. 3. Wenn von 20 Stük-
ken 1cs für das Stempeln einbehalten wird, welches eine billige und leidliche Taxa ist: so werden durch solches
Mittel, wann auch nur 4 Mill. zum Vorschein kommen,
200000 Rbl. aus dem Commerz in die Münz-Höfen, one
Schaden der Cassen, gezogen, und zum Umprägen aufbehalten. 4. Weil nach Verfließung des zur Stemplung

lung beſtimmten Termins, allein die geſtempelten mer
gelten; wird vermutlich eine ziemliche Summe der ungeſtempelt gebliebenen, nachgegoſſenen, und nachgemachten, noch überdem aus dem Commerz bleiben. 5. Die
geſtempelten werden deſto ehender ihren guten Credit behalten, gäng und gebe bleiben, und im Handel und
Wandel deſto williger angenommen werden. 6. Das
Nachmünzen und Hereinbringen der fremden, wird wenigſtens auf eine Zeitlang dadurch unterbrochen und ge-
hemmet, und die etwa nachgemünzten und nachgeſtem-
pelten deſto ehender zu erkennen, und die ſo am Herein-
practiſiren derſelben Teil haben, zu entdecken ſeyn. 7.
Und wann dann, nach meinem Entwurf, die 5Kop.-
Stücke endlich zu 2 Kop. umgeprägt worden, wird
das Stempeln auch dazu dienen, daß dieſe nicht ſo leicht
nachgemünzt werden können, weil bei dem Umprägen
der Stempel darauf ſichtbar bleibt.

Weil aus denen, in meinem vorgeſtrigen erſtatteten
Bericht, wegen der kleinen Jnen Ropejken angeführten
Umſtänden, zu Tage liegt, daß 8¼ Millionen Rbl.
derſelben bereits eingewechſelt und vermünzet worden;
und nach der vom dirig. Senat ergangenen letztern Ukaſe, die noch übrigen in dieſem Jare gleichfalls an die
MünzHöfe eingebracht werden, und nach Verfließung
des beſtimmten Termins, was etwa reſtiret, nicht mer
gäng und gebe ſeyn ſolle; das Publicum aber one ScheideMünze ſich nicht auseinander ſetzen kan, ſondern zur
Beförderung des kleinen Handels und Gewerbes und täg-
licher Notdurft, ein genugſamer Vorrat derſelben vorhanden ſeyn muß; One ScheideMünze aber, wie obge-
dacht, nicht mit Vorteil gemünzt werden kan, bis die
5Kop.Stücke aus dem Commerz heraus, und in eine
andre Geſtalt transformirt worden: ſo liegt auch daraus zu Tage, wie nötig es ſei, daß die Sache wegen
der 5Kop.Stücke vorgenommen werde. Dabei nur noch
dieſes zu erinnern, daß wenn das Stempeln der 5Kop.-
Stücke Approbation finden ſollte, ehe die Publication
ergehet, die Stempel vorher in genugſamer Anzal müs-
ſen verfertiget werden, und diejenige Leute, ſo in die
Gouvernements die Stemplung zu verrichten abzuſchik-
ken,

ten, zugleich mit der Publication, und derselben gemäß
ihnen zu erteilenden Instructionen, abzufertigen seyn
werden.   St. Petersburg, 26 Jänner 1741.

Project einer Publication.

P. P. fügen hiermit kund und zu wissen, welcherge=
stalt zwar unser Vorfar am Regiment, Ihro Maj. Kaif.
Petr I höchstsel. und glorwürdigsten Gedächtnisses, schon
in den Jaren 1714, 1719, 1721, durch publicirte und
gedruckte Ukasen, ernstlich verboten hat, daß keine Dne
und Qne Kopejken aus fremden Orten über die Grän=
zen Rußlands und ins Reich sollen eingebracht werden,
damit anstatt russischer Münze, nicht an fremden Oer=
tern fälschlich nachgemachtes Geld mit einschleiche; und
daß, um dieses zu verhintern, an den Gränzen an al=
len nötigen Oertern Wachen sollen ausgestellt werden,
die aufs genauste hierauf sehen und acht haben sollen;
sodann auch das vormals bestellt gewesene BergColle=
gium, durch ausgegebne Ukasen verordnet hat, daß wenn
russische Münze, Qne 5Rop.Stücke, Kopejken, De=
nuschken, und Poluschken, aus fremden Oertern her=
eingebracht werden, solche weggenommen, versigelt, und
zur Probe an die MünzHäuser geschickt, und über die=
selbige richtige Attestata, auf was Weise sie hereinge=
bracht, und woher sie gekommen, producirt werden sol=
len; und letztlich noch im J. 1735, durch eine unter
dem 2 Octob. von unserm Senat publicirte Ukase, auf
geschehene Vorstellung unsrer MünzCanzlei hieselbst, be=
kannt gemacht und verboten worden, daß keine Qne 5=
Rop.Stücke aus fremden Orten über die Gränze sollen
eingefürt werden, diejenige aber, so hereingebracht wor=
den, in den MünzHöfen zerschlagen, und denen Leuten,
durch welche sie hereingebracht, wieder zugestellt wer=
den sollen; und so jemand russische oder an fremden Or=
ten nachgemachte 5Rop.Stücke, nach ergangner Publi=
cirung dieser Ukase, aus fremden Orten einfüren wür=
de, dieselbige in unsern Cassen one einzige Bezalung
weggenommen, und überdem diejenige, so sie eingefürt,
nach befundenen Umständen, am Leben und mit Confisci=
rung ihrer Habseligkeit, bestraft werden sollen; Wir
aber misfällig vernemen und erfaren müssen, daß unge=

(E)   achtet

achtet aller dieser von Zeit zu Zeit ergangenen ernstlichen
und geschärften Befele, die Que 5Kop. Stücke von frem=
den Orten ins Reich eingebracht, auch wol von Sun=
selben, durch Abgießen und sonsten, fälschlich nachge=
worden; wodurch nicht allein die obgedachten Befele
Verordnungen freventlich und höchststrafbarlicher Weise
übertreten worden, sondern unsren eigenen Cassen sowol,
als auch unsren getreuen Untertanen, großer Schaden
und Nachteil zugezogen, unsre Länder mit überflüssiger
QMünze angefüllt, und in dem Commercio mit der Zeit
keine geringe Confusion und Hinterung verursacht wer=
den könnte: daß Wir solchemnach, um den fernern
frevelhaften Uebertretungen vorangefürter Verordnungen,
und sträflichen Mishandlungen wider unsre Gesetze, vor=
zukommen, und den daher zu besorgenden Schaden unsrer
Cassa, und den Nachteil aller unsrer getreuen Unterta=
nen insgemein, und eines jeden insbesondere, abzuwen=
den, und alle Irrung und Confusion im Commerz und
gemeinem Handel und Wandel, Kauf und Verkauf, zu
verhüten, aus tragender allerhöchsten Sorgfalt für das
gemeine Beste unsers Reichs und unsrer getreuen Unter=
tanen, und nachdem die Sache in unsrem Cabinet und
Senat reiflich überlegt worden, wegen der Quen 5Ko=
pejken nachfolgendes verordnen.

I. sollen alle unsre Gouverneurs, Wojewoden, und
Commendanten in den Städten, absonderlich in den
GränzOrten und SeeHäfen, nach Vorschrift der oban=
gefürten Befele und Verordnungen, in specie der vom
J. 1735, aufs fleißigste und schärfste dahin sehen und
darüber halten, daß keine Que 5Kop.Stücke, weder
bei großen Summen, noch bei wenigen, aus fremden
Orten über die Gränzen und in unser Reich eingefürt
werden; und alle dienliche Mittel, solches zu verhüten,
durch genaue Visitirung in den Toren, bei den Zöllen
und VorPosten, und da es erfoderlich, durch Ausstel=
lung neuer Wachten an den Orten, wo Passage ist, und
die unbesetzt sind, anwenden, fleißig darnach inquiriren,
und so sie etwas erfaren, darüber sofort gehörige Unter=
suchung anstellen, die Uebertreter anhalten, das Geld
ihnen abnemen, an unsre nächstgelegene MünzHöfe ein=
schi=

schicken, und dabei von allem genauen und umständli=
chen Bericht an dieselbe und unsern Senat erstatten.

II. Befelen wir allen und jeden unsern Untertanen,
absonderlich aber denen, die da Handlung treiben, daß
sie mit aller Vorsichtigkeit, sowol für alle nachgegossene
5Kop.Stücke, welche onschwer zu erkennen, als auch
kennbar nachgemünzte, und von fremden Orten herein=
kommende, sich hüten, sie nicht empfangen, noch weni=
ger wieder ausgeben, sondern da sie ihnen vorkommen
und in Bezalung angegeben werden wollen, es sofort ge=
hörigen Orts zu weiterer Untersuchung angeben, damit
man in Erfarung bringe, wer sie empfangen, und wo=
her sie gekommen. Die dergleichen hereingeschlichene 5=
Kop.Stücke angeben, sollen, die Summe sei groß oder
klein, ⅓ davon zum Recompens haben; die übrigen ⅔ an
unsre MünzHöfe eingeschickt, und die ertappten Ueber=
treter unsrer Verordnungen, nach Verdienst one Verscho=
nen gestraft werden.

III. verbieten wir allen und jeden unsern Untertanen,
insbesondre aber denen, die russische Producte und Ef=
fecten, und andre durch unser Reich hinausgehende Wa=
ren, an Ausländer, so über die Gränze wonen, verkau=
fen, von denselben kein russisch Geld, und in specie
keine 5Kop.Stücke, in Bezalung anzunemen. Die
dawider handeln, sollen nicht allein mit Verlust des Gel=
des, sondern noch überdem als Uebertreter unsrer Ver=
ordnungen, nach Befinden mit Geld= oder LeibesStra=
fe belegt werden. Diejenigen aber, die selbst diebischer
Weise one 5Kop.Stücke hereinpractisiren, oder andern
dazu behilflich sind, und Teil daran haben, daß sie über
die Gränze kommen und unter die Leute ausgegeben wer=
den, sollen als falsche Münzer nach den ReichsGesetzen
one Aufschub gestraft werden.

IV. Damit aber hinfüro die Einfürung der fremden
onen 5Kop.Stücke, sowol auch als alles Nachmünzen
und Abgießen derselben im Lande selbst, desto besser ver=
hütet, der Schade, der unsrer Cassa und unsren getreuen
Untertanen, bei längerer Nachsicht daburch zuwachsen wür=
de, abgewendet, und der Unordnung, so mit der Zeit im
Commerz daraus entstehen könnte, vorgebeugt werden
könne; und insbesondre auch, damit wir eigentlich er=

faren

faren und wiſſen mögen, **wie viel von dieſer Münze ſich**
anjetzo in unſrem Reiche befinde: ſo haben wir als das
·kürzeſte, dienlichſte, und ſicherſte Mittel angeſehen, zu
ſolchem Zweck zu gelangen, daß die Que 5Kop.Stücke
auf den beiden MünzHöfen hier und in Moſkau nicht
nur, ſondern auch, zur Gewinnung der Zeit und Er-
ſparung der TransportKoſten, und damit ein jeder one
Aufenthalt fortgeholfen werde, in den vornemſten unten
angeführten Gouvernements, wo ſie von unſren Untertanen am füglichſten können hingebracht werden, mit einem gewiſſen Zeichen **geſtempelt** werden ſollen.

V. In ſolcher Abſicht haben wir bereits befolen, daß
die hiezu erfoderlichen Stempel in unſren beiden Münz-
Höfen in genugſamer Quantität verfertiget, und aus
denſelben, nach den unten ſpecificirten Orten, ſolche Leute
damit abgefertiget werden, die nicht allein mit der Stemplung geſchickt umzugehen, ſondern auch, da ſie ſich ab-
nutzen oder zerbrechen, ſie wieder zu verfertigen wiſſen,
damit das Stempeln unausgeſetzt fortgehen, und nirgends eine Hinterung oder Aufenthalt dabei machen könne. Wie ſie ſich aber dabei in allen Stücken zu verhalten haben; darüber ſoll ihnen aus unſrer MünzCanzlei
beſondre Inſtruction erteilt werden.

VI. Die GouvernementsCanzleien ſollen benjenigen,
ſo von den MünzHäuſern geſchickt, genugſame Perſonen
zu Hilfe geben, die die 5Kop.Stücke empfangen, bra-
ken, und die falſchen ausſchießen, ſolche aparte anſchrei-
ben, von wem ſie eingekommen, die geſtempelten wieder
auszalen, auch über jeden Empfang und Ausgaben accurate Annotation halten: zu welchem Ende ihnen aparte Zimmer nebſt gehöriger Wache angewieſen werden,
worinn keiner als die dazu Verordnete, und diejenigen,
ſo 5Kop.Stücke abgeben und empfangen, zuzulaſſen.

VII. Die *Gouvernements*, in welchen die Stemplung
vorgenommen wird, ſind außer den beiden MünzHäuſern folgende: das Novgorodſche, Woroneſhſche, Kiov-
ſche, Belgorodſche, Smolenſkiſche, Archangelogorodſche,
Kazanſche, Aſtrachanſche, Niſhegorodſche, Rigiſche, und
Sibiriſche.

VIII. Und damit dieſe Stemplung ſoviel promter und
beſſer von ſtatten gehe, haben wir auch bereits .. befolen,

len, daß alle Qne 5Kop.Stücke, so sich in unsren Cas=
sen befinden, nach beiden Münzhäusern, oder den nächst=
gelegenen Gouvernements, unverzüglich eingeschickt und
gestempelt werden, damit diejenigen, so sich bei parti-
culairen Leuten befinden, desto geschwinder mit gestempelten ausgewechselt, und die von ihnen eingebrachte
auch gestempelt, und den Cassen, was sie geliefert, wie=
der zurückgegeben werden könne.

IX. Auf den Münzen muß das Comtoir, wie auch
die Canzlei, und in den Gouvernements selbst die Gouverneurs oder die von ihnen dazu Verordnete, die Auf=
sicht haben, daß alles ordentlich und accurat one Confusion und Unterschleif verrichtet, und daß diejenigen,
so Geld zum Stempeln bringen, nicht lange aufgehal=
ten werden.

X. Für die Unkosten, so zu dem Stempeln erfodert werden, befelen wir, daß sowol von denen, so aus
unsrer Casse geschickt, als auch von denen, so particu-
laire Leute abgeliefert, von 20 5Kop.Stücken Eines zurückbehalten werde, so nicht gestempelt, sondern ver-
warlich aufbehalten, und nach der am nächsten gelegenen
Münze geschickt wird.

XI. Zur Stemplung verordnen wir genugsame Zeit,
nämlich 9 Monat, von der Zeit der Publication dieses unsers . . Befels anzurechnen; und sollen in wärender Zeit
sowol die gestempelten als ungestempelten gangbar seyn:
doch mit dem Unterscheid, daß die gestempelten für den
vollen Preis, die ungestempelten aber, weniger $\frac{1}{2}$ Kop.,
5 Kop. jegliches, gelten soll, nämlich $4\frac{1}{2}$ Kop., nicht
höher noch niedriger. Derohalben so sollen 11 solcher
ungestempelten 5Kop.Stücke, für 10, 22, für 20, 55
für 50, und 111 ungestempelte für 100 gestempelte, gerechnet werden. Wer nun diesen Verlust verhüten will;
derselbe muß dieselben zur Stemplung bringen, da er
alsdann nur von 20 Eins, und von 100 5Kop.Stücken
nur 5, zu bezalen hat.

XII. So aber nach verfloßnem Termin, noch von
den 5Kop.Stücken in Moskau, St. Petersburg, und
im ganzen Reiche, unter den Leuten zurückblieben; sol=
len selbige abgesetzt, und nur als gemein Q nach dem
Gewicht empfangen, und für jedes Pud 6 Rbl. 50 Kop.

E 3   bezalt

bezalt werden, damit solche unter das giltige Geld sich
nicht meliren, und zum Betrug der geringen Leute Anlaß geben können.

XIV. Und damit dieser unser .. Befel einem jeden
bekannt werde, und keiner Unwissenheit desselben vor-
schützen könne: so befelen wir, diese unsre Ukase in St.
Petersburg und Moskau durch den Druck zu publiciren,
in den Kirchen und Häusern den Einwonern kund zu
machen, und auch in solcher Absicht an die Gouverneurs
und Wojewoden solche durch Expresse abzuschicken, und
auf das schärffste zu befelen, daß sie nach Empfang derselben solche in den Städten publiciren lassen, nach den
Districten, Marktflecken, und Dörfern, durch unterschieb-
liche Expressen nach jeder Gegend abschicken, mit dem
scharfen Befel, daß dieselben in jedem Marktflecken und
Dorfe solche publiciren, und in den Kirchspielen an die
Priester, zu jedermanns .... gedruckte Befele gegen Quittung austeilen, damit die Bauern
und übrige geringe Personen, durch Unwissenheit den
Termin nicht versäumen, und darnach von jemanden können betrogen werden.

VIII.

Vorstellung an einen dirigirenden Senat
deswegen

[S. 163–167.]

Hier wiederholt nur der GeneralMünzDirecter
summarisch, was er in seinem Entwurf vom ..
... 17.. wegen Stempelung der 5 Kop.Stüc ,
.. trage .. sehen S. 20.]. — Weil hierauf ..
ne Resolution erfolgt, hat er den 10 Octob. eine
Vorstellung, wegen Einrichtung der .... und
quer Scheidemünze auf einen gewissen MünzFus,
übergeben ... .. 36.]. und gebeten, daß
wenn die Umstände es verstatteten, über das ganze

Project eine FinalResolution zu nemen, doch über den 1ften und 2ten Punct [oben S. 52 folg.] resolvirt werden möge. Da aber der Kaiferin unverhofft zunemende Krankheit und kurz darauf erfolgtes Ableben auch hierauf die Resolution gehintert: so habe er, den 26 Jan. diefes Jars, an die Prinzeffin von Meklenburg, auf eine von derfelben bazu gegebene Veranlaffung, eine abermalige Vorftellung [S. 62], famt dem Entwurfe zu einer Publication [S. 65] eingereicht.

"Und weil die Canzlei des MünzWefens der geringfügigen Meinung ift, daß durch eine sothane Publication, und darauf wirklich vorzunemende und ins Werk zu ftellende Stemplung, wann alles in gehöriger Ordnung geschieht, diejenige Vorteile erhalten werden können, welche in dem feuthbefagten untertänigsten Berichte vom 26 .... Sonften indigitirt find: so wird solches zu .... einem hochdirigirenden Senat von der Münz-Canzlei auch eingegeben, um wann es von demfelben approbirt werden follte, die unverlängte Resolution bei einem hochverordneten Cabinet darüber zu bewirken ꝛc.

IX.

"Extract der ... von angetretener GeneralDirection Jhro Excelleng, des wirkl. Geheimen Rats, GeneralDirectens des MünzWefens, Hrn. Baron von Münnich, an Jhro kaiferl. Maj. hochverordnetem Cabinet, und an dem dirigirenden Senat, eingegebnen Dokladen und Donofchenien.

[S. 169 - 184].

In Jhro kaiferl. Maj. CABIN ...

1. Den 25 Aug. 1740 [f. oben Doklad und wurf S. 19, 22].

2. ...

2. Den 10 Octob. 1740 [oben S. 26].

3. Den 20 Decemb. 1740. Dieweilen wegen Entlegenheit der Provinzen, die bis A. 1736 gemünzte Dne Griven, 5 Kop. Stücke, Altyne, und runde Kopejken, von particulairLeuten nach Moskau und St. Petersburg auf den Münzhäusern, wegen des dabei zu leidenden Schadens, nicht zu vermuten, daß solche baldigst können zur Einwechslung eingebracht werden: derohalben müßte man publiciren, daß ein jeglicher oben specificirte Münzen, entweder nach Moskau oder St. Petersburg, auf die Münzhäuser, zur Einwechslung brächte, in den Gouvernements aber, Provinzen, und Städten, solche nach den gesetzten Preisen, zu ihren Abgaben und Bezalungen in Cassa employiren, von Publicirung dieses Befels, unumgänglich in einem halben Jare, wärend welcher Zeit solche müßten in Cassa angenommen, und nach den Münzhäusern eingeschickt werden, gegen den Empfang dafür an Rubln; die aber, so noch unter dem Publico nach verflossenem Termin geblieben, one Gegenbezalung in Cassa zu empfangen: da denn sowol hierüber, als auch hinkünftig Griven und 5 Kop. zu machen, um einen Befel angehalten worden.

A. 1741. 4. 23 Jan. Obschon einige ausländische Kaufleute D zur Münze zu liefern sich anheischig gemacht, dennoch solches nicht acceptable sei, und aus Ursachen, weilen dieselben solches nicht wolfeiler als 20 Kop. das Solotn. fein zu liefern willens, und zwar prætendirt der eine die Hälfte Geld voraus, und der so das D in Thalern zu liefern sich verbindet, verlangt, daß man sie, one zu schmelzen, nach der 82⅚ Probe berechnen sollte. Da nun der ausdrückliche Befel, so an den vorigen GeneralDirector aus dem hochverordneten Cabinet, den 29 Aug. 1732 ergangen, nicht mer erlaubt, als das Solotn. fein D mit 19 bis 19½ Kop. zu bezalen; auch durch einen anderweitigen hohen Befel vom hochverordneten Cabinet de dato 26 Jan. 1738, ausdrücklich verboten, laut geschlossenen Contracten Geld vorauszugeben, sondern nach advenant solches auszuzalen, so wie dieselben das D liefern; und da laut diesen Befelen, das D à 19 Kop. das Solotn. fein, bis

a da-

a daro eingekauft worden, auch so man das *Solotn.* fein
mit 20 Kop. bezalen sollte, der Profit bei der Vermün=
zung nicht größer seyn würde, als $\frac{23}{77}$ Kop. bei jegli=
chem *Solotnik*, oder bei 100 Rubl 1 Rbl. 53 Kop.:
berohalben so müßte man, in Ansehung des kleinen Pro=
fits, so bei dem teuren Einkauf des Ds erfolgen, und
daß dieses gar keine Condition, so anzunemen, die
Thaler nach einem gewissen Fus zu berechnen, one sie
zu schmelzen, indem sich bei denselben allezeit ein Ab=
gang ereignet, so der Krone zur Last fallen würde, an=
jetzo mit dem Einkauf einhalten, bis sich die Umstände
im Preise änderten. Und ob zwar, die Münzen mit D
zu versehen, es notwendig erfoderte, daß man den Preis
des inländischen Ds mit 1 Kop. erhöhete, und solchen
von einem jeden, der es nur zum Verkauf brächte, an=
näme: so muß auch dieses noch aufgeschoben werden,
dieweilen der mit dem OberCommissario *Duderov* ge=
schlossene Contract, an dessen zu Endlaufung nur noch
1 Jar mangelt, laut dem 14den Punct des Reglements
des CammerCollegii, nicht kan aufgehoben werden.
In welcher Doklade gleichfalls angeführet,

       daß da die kleinen Den Kopejken aus dem Publico
ausgewechselt, und ongeachtet dessen auf die vom 10
Oct. und 20 Decemb. des J. 1740 geschehenen Vorstel=
lungen, darauf noch keine Resolution erfolgt, an deren
Stelle keine ScheideMünze gemacht wird, wodurch dem
Publico viele Verhinterung im Commerz zustößet; also
verlanget, daß auf die an bemeldten Datis eingegebene
Dokladen eine baldige Resolution erfolgen möchte, und
dabei vorgestellt, ob es nicht beliebig wäre, anstatt des=
sen, daß das D zu groben MünzSorten vermünzt wür=
de, die Thaler und kleine Dne Kop. hinkünftig zu Gri=
ven und 5Kop.Stücken, nach den in Jhro kaiserl.
Maj. hochverordnetem Cabinet eingegebnen Vorstellun=
gen, zu vermünzen, und damit die Einwechslung des
kleinen Geldes zu prosequiren, damit die ScheideMünze
nicht gänzlich abgeschafft, sondern wieder ersetzt würde.

5. Den 14 März, daß man nicht, nach den Mei=
nungen des Rat *Schlatters* und MünzMeisters *Kosmin*,
die bis anhero von der 93sten Probe ausgemünzte, und

unter

unter dem Publico roulirende Dukaten, wieder einwechseln, und zu einer niedrigern Probe um........en müßte;
aus Ursachen, weil es dem Reiche zur deshou...r ge-
reichen, und unter dem Publico allerlei Nachrede ver-r-
sachen könnte. Zumalen man auch dabei in Furchten
stehen müßte, daß andre Reiche nicht nachgemachte einfüren, und dagegen das ☉ und ☽ aus dem Lande fürten; wie solches der Affeſſor *Makejev* und MünzMeiſter
Saitzov in ihren Meinungen angeführet. Damit aber
die schon gemünzten, und unter dem Publico roulirende
Dukaten, ferner one Anſtos des Preiſes gelten könnten,
weil auf denselben nicht angemerkt, wie viel ſie gelten
ſollen: ſo müßte man publiciren, daß ſelbige one einzige
Verweigerung, à 2 Rubl 20 Kop. ſollten angenommen werden. Da denn auch hinkünftig die ruſſiſchen
Dukaten, ſo nur zu aparten Ausgaben Ihrer Kaiſerl.
Maj., und im ruſſiſchen Reiche zu rouliren gewidmet,
dem Schrot und Korn nach ſo zu verfertigen, als dieſelben bis Dato verfertiget worden: nämlich 118 Stück
aus 1 Pfd., und von der Probe 93, mit ausbrücklicher
Bezeichnung des Preiſes; auch damit dieſelben nicht
nach andern Reichen von hier können ausgeführt werden,
in den GränzStädten und Orten, wo ſich Zölle und
Päſſe befinden, zu befelen, daß die Wachten ſcharfe
Aufſicht darauf halten, und ſo jemand damit attrapi-
ret wird, ſolche confiſciren. Denn ſollte man die ruſſiſche Dukaten den holländiſchen gleich machen, nämlich
daß 117½ auf 1 Pfd. gingen, von der Probe 94⅔: ſo
hätte die Krone bei jedem Pfd. fein ☉ 6 Rubl 39½½
Kop. Schaden; und können alsdenn ſolche deſto eher
von den Ausländern wegen ihrer Gleichheit mit den
ausländiſchen, ausgeführt werden. Es iſt gar nicht zu
befürchten, daß man draußen nach dem ruſſiſchen Fus
Dukaten ummünzen ſollte von der Probe 93, und ſie anhero bringen, aus Urſachen, weil das ☉ viel teurer
als in Rußland gekauft wird.

Man müßte auch ferner, zum Nutzen des Reichs,
alle ausgemünzte ☉ ne 2RublStücke mit dem Bildnis
des h. Apoſtels Andreas, nach der Meinung des Affeſſor
Makejevs und MünzMeiſters *Saitzovs*, einwechſeln, und
ſie nach jetzigem Fus ausmünzen, weil ſie dem Preiſe
nach,

nach, wie anjetzo das ☉ vermünzt wird, allzuniedrig ausgemünzt, auch damit alle ☉Münzen unter einen egalen Schrot und Korn gebracht werden. Derohalben müßte hierüber im ganzen Reiche publicirt werden, daß in jeder die habhaften 2RublStücke zur Einwechßlung in Moskau und St. Petersburg nach den MünzHäusern, in den Provinzen und Gouvernements aber in den Canzleien, einbrächte: da ihnen auch denselben Tag das Geld dafür, nämlich 2 Rubl für das Stück, bei den Münzen von dem Capital, und in den Gouvernements von dem vorrätigen Gelde, so sich zu solcher Zeit in den Canzleien befinden wird, ausgezalt werden soll; und zwar müßte der Termin zur Einwechßlung nicht länger als 1 Jar gesetzt, und bei wem sich nach Verlauf desselben welche finden würden, solche confiscirt, und one GegenBezalung angenommen werden.

Und dieweilen verordnet, daß das ☉ auf den MünzHäusern nicht höher, als das *Solotn.* fein mit 2 Rubl 2 Kop., soll bezalt und eingekauft werden, laut welchem Preis von wenig Leuten was zum Verkauf gebracht worden, weil der Preis zu geringe; da aber die an den gewesenen GeneralDirecteur eingelaufene geheime Ukase von Ihrer Kaiserl. Maj. höchstsel. und glorw. Andenkens, de dato den 18 Novemb. 1736, unter andern enthält, daß man das ausländische ☉, das *Solotn.* fein mit 2 Rubl 65 Kop., einkaufen soll, und sich dennoch keine Liebhaber, um solches zu liefern, eingefunden, dieweil das ☉ an auswärtigen Orten selber mit 2 Rbl. 6 Kop. das *Solotn.* fein, bezalt wird: derohalben ist vorgestellt, ob es nicht billig wäre, daß man den hiesigen Preis des ☉es mit 8 Kop. erhöhete, und einem den freistellte, solches zum Verkauf nach bemeldtem Preis auf die Münze zu bringen, und darüber die nötigen Publicationen ergehen zu lassen; indem dennoch, nach höhetem EinkaufsPreise, bei der Vermünzung bei jeglichem *Solotnik* fein, 14$\frac{35}{51}$ Kop., nach Abzug aller gewönlichen Unkosten, sich ereignen würde.

6. **den 24 März.** Laut den Resolutionen des hochverordneten Cabinets, angehend die ungleichen Abgänge bei den Vermünzungen in Moskau von 1723 bis 1733,

so

so der Staroſt *Schilkin* gehalten ꝛc.: ſo iſt ſolches in der Canzlei des MünzDirectorii unterſucht, und in den Differenzen der Abgänge nichts verdächtiges befunden worden, aus denen in dem Extract angefürten Urſachen, ſo dem Doklad angefügt worden; folglich keine Doimki für überflüſſige Abgänge einzucaſſiren nicht vorhanden: ſondern es muß dem bemeldten *Schilkin* für die angefürten Vermünzungen, der zurückbehaltene MünzerLon, 1329 Rubl, wie auch für das von ihm aus den OfenBrüchen und Weiß-Südt reducirte ꝺ, wiegend in allem 15 Pud 38 Pfd., am Werth 7867 Rubl 99 Kop. — Summa 9197 Rubl 99 Kop., nach Abzug des zu den SchrotenSchmelzungen legirten Qs, und für das, durch Untreue des geweſenen Staroſten *Moroſov*, verurſachte falſche Uebergewicht, auch nach Abzug deſſen, ſo die GeldZäler entwendet, welche von dieſem *Schilkin* dazu vorgeſtellt geweſen, — Summa des Abzugs 6441 Rubl 85 Kop., der Reſt 2756 Rubl 14 Kop., nach dem allergnädigſten BegnadigungsBefel vom 23 Octob. abgewichnen Jars 1740, ihm *Schilkin* ausbezalt werden. Wie hinkünftig aber, bei Vermünzung jeder MünzSorte, das MünzerLon feſtzuſetzen; ſolches iſt in bemeldter Doklad gleichfalls projectirt worden: nämlich in Moſkau bei den Rubln, 6 Rbl. 64 Kop., bei halben Rubln, 8 Rubl, bei QuartRubln, 10 Rubl, und bei Griven, 12 Rubl per Pud.

Aber ſowol auf dieſe, als alle übrige hier angefürte, und im hochverordneten kaiſerlichen Cabinet eingegebene Dokladen, iſt keine Reſolution bis heutigem Dato, noch nicht erfolgt.

Im *dirigirenden* Senat.   Anno 1740.

1. Den 4. Aug. iſt wegen des Silberſchmidts *Hildebrandt*, ſo dem ergangnen Befel zuwider, ꝺ in ſeinem Hauſe, und außer dem dazu verordneten ProbirPalat, geſchmolzen, auch ſchon einmal wegen Verarbeitung ꝺs unter dem geſetzten Gehalt, geſtraft worden, durch eine Donoſchenie vom dirig. Senat verlangt, wie ſelbiger, und hinkünftig dergleichen Verbrechen, zu beſtrafen.

2. Den

2. Den 7 Aug. Anlangend den Moſkauiſchen Münz-
Meiſter *Ribakov*, ſo vom 6 Decemb. 1734 unter Arreſt
gehalten worden, wegen des extraordinairen Abgangs,
ſo ſich wärend ſeiner Vorſtehung der Schmelzungen ereignet: da denn, laut der Reſolution aus Ihrer kaiſerl.
Maj. Cabinet vom 26 Oct. 1737, ſolches unterſucht,
und nach Endigung derſelben ein Extract den 6 Nov.
1739, im hochverordneten Cabinet, zur hohen Gutbeſin-
dung deſſelben übergeben worden; welches vom Cabinet
dem Senat zur Aburteilung zwar geſchickt worden, dennoch aber keine Reſolution erfolget: ſo iſt durch dieſe,
an obbemeldtem Dato, im Senat eingegebene Donoſchenie, abermals die Erinnerung dahin ergangen, eine
baldige Reſolution, bemeldten MünzMeiſter angehend,
abzufaſſen.

3. Den 20 Aug. Auf Befel des dirig. Senats ſoll
bei der Münze zum Einkauf ⊙s und ☽s ein Capital
von 600000 Rubl vorhanden ſeyn, ſo zu keinen andern
Ausgaben als zu bemeldtem Einkauf zu employiren;
darauf auch das StatsComtoir one ausdrücklichen Befel
des Senats nicht aſſigniren ſolle. Dieweil aber an das
StatsComtoir von dem MünzCapital, auf ausdrückliche und auch des Senats Befele und Aſſignationen, über
die von ihnen geſchickte Thaler, 508306 Rbl. ausbezalt
worden, ſo von bemeldtem StatsComtoir verhoffentlich
nicht bald wieder erſetzt werden kan; denn obſchon die
in den Zöllen einlaufende Thaler monatlich nach den
Münzen geſchickt werden, ſo beſtehet doch ſolches aus
ſehr wenigem, dahingegen die einlaufende Aſſignationes
große Summen enthalten, daß alſo dieſelben mit ſchwerer Mühe können ausbezalt, geſchweige denn ⊙ und ☽
eingekauft werden: derohalben ſo iſt, um dieſes zu
redreſſiren, vorgeſtellt, daß hinkünftig, um bei dem ⊙-
und ☽Einkauf am Gelde nicht zu kurz zu kommen,
von allem ☽ und Thalern, ſo das StatsComtoir an die
Münze ſchicken würde, der 6te Teil bei der Münze ſolle
zurückbehalten, und die übrigen 5 Teile laut den Aſſignationen ausgezalt werden; damit bei den ReichsAusga-
ben kein Aufenthalt vorgehe, und die Münze auf ſolche
Weiſe wieder unvermerkt, und one große Beſchwerde des
Stats-

StatsComtoirs, zu ihrem vorgeschoßnen Capital ge-
lange, und den Einkauf des ⊙es und ☽ besto besser
und one Aufenthalt fortsetzen könne.

4. Den 1 Nov. Da laut den aus der MünzCanzlei eingeschickten Nachrichten, worinn enthalten ...
[wie viel von A. 1669 - 1719, und dann von 1711 - 1719
mit andern MünzSorten vermischt, kleine Jne Kopejken gemünzt, — wie viel davon bis zum Sept. 1740
ausgewechselt und vermünzt worden, oben S. 58 - 60]
also noch 17,628082 Rubl zum Einwechseln restiren,
der EinwechslungsTermin merenteils zu Ende gelaufen,
so 1741 den 8 Decemb. geschieht: so ist dem Senat
durch eine Donoschenie vorgestellt, daß man aufs neue,
und zwar auf das nachdrücklichste, eine Publication
möchte ergehen lassen, daß noch in diesem Termin die
übrigen kleinen Kopejken, entweder zur Einwechslung
gebracht, oder zu den Abgaben, so ein jeder der Krone
zalen muß, employiret, von den Empfängern unweigerlich angenommen, und nach den MünzHäusern zur
Vermünzung eingeschickt werden, und eine Resolution
verlangt, was nach zu Ende Laufung des Termins, weiter damit vorzunemen.

7. A. 1741, den 13 Jan., ist durch eine eingegebne
Donoschenie eine Resolution verlangt, auf was für
Rechnung die Gelder, so bei denen an die Sibirische
Prikas abgelassenen Thalern bei Vermünzung derselben
sich ereignet hätten, nämlich 34893 Rbl., zu setzen?

8. Den 23 Jan., daß alle MünzBediente, sowol
hier als in Moskau, die ihre eigene Häuser haben, laut
der Ukase vom 7 Jan. 1736, eben wie die Manufacturen, von PolizeiDiensten und Einquartirungen frei seyn
sollen.

Auf alle diese obgemeldte im dirig. Senat eingegebene Donoschenien, ist keine Resolution
erfolgt.

———————————

X.

X.

‖GENERALINSTRUCTION für unsre Canzlei des
Münz*Directorii*, und für beide *Expeditiones* der
unter derselben stehenden MünzCanzlei.

(NB. Von dieser GeneralInstruction, weil dieselbe sehr weitläuftig, sind nach dem Eingang oder der Vorrede, nur die Rubriken oder Kapitel, *Num.* 1—35, nebst dem Schlusse, hier abgeschrieben, auf Erfodern aber kan die ganze Instruction communicirt werden).

[S. 185-191.]

Eingang.

Die Wichtigkeit des MünzWesens, welches ein besonders vornemes, und der Krone allein gehöriges Prärogativ ist, erfodert eine dermaßen vorsichtige und richtige Einrichtung, die nicht allein zum Anwachs unsrer Casse ordentlich gereiche und gefürt werde, sondern auch damit die Circulirung des Geldes in unsrem Reiche allezeit mit unsrer getreuen Untertanen Nutzen, und nach Proportion des hiesigen einheimischen gegen das ausländische Commercium, erhalten werde, indem das Geld das HilfsMittel ist, durch welches Handel und Wandel befördert, und in Aufname und Flor gebracht wird, kostbare Metalle aus fremden Reichen hereingezogen, und der WechselCours durch eine vorteilhafte Balance der einkommenden und ausgehenden Waren in gutem esse erhalten werden kan. Weil aber vordem das MünzWesen nur auf aparte Befele dirigirt worden, nach welchen, alles in gehöriger Ordnung einzurichten, und in guter Obsicht und Ordnung zu erhalten, nicht möglich gewesen, und deswegen viele Unordnung, absonderlich bei den Rechnungen und Contrahirungen ⁊c., zum großen Schaden unsrer Casse, vorgegangen: derohalben haben Wir .. verordnet, daß zu besserer Einrichtung einer solchen wichtigen Sache, die Canzlei des MünzDirectorii, nebst der ihr untergebenen MünzCanzlei, so wie andre Collegia, mit einer zulänglichen Instruction versehen werde; laut welcher die bei unsrer Canzlei des Münz-Directorii und MünzCanzlei verordnete Bediente, sich

in

in allen Stücken, auch im übrigen nach dem GeneralReglement und unsern .. Befelen, zu verhalten,
schuldig seyn sollen.

Artik. 1. Vom Prärogativ der Canzlei des Münz-
         Directorii.

2. Von der Pflicht des OberDirectors.

3. Von der MünzCanzlei.

4. Von der Pflicht des Richters bei derselben.

5. Von der Verteilung der MünzCanzlei in 2
    Expeditionen.

6. Von dem Capital der MünzHäuser, und
    dazu besonders zu bestellendem Buchhalter.

7. Von Vermerung des Capitals.

8. Von Sendung nach den MünzHäusern des
    für Schulden angenommenen und confis-
    cirten ☉es, ☽s, und ♀s.

9. Von Ausleihung bei der Münze von Gel-
    dern auf Interesse und Pfand.

10. Von Einlösung der Pfänder, so bei Par-
     ticuliers versetzt.

11. Von Austauschung von ☉= und ☽Ge-
     schirre.

12. Von Empfang der Thaler und des ☽s aus
     den Zöllen durch das StatsComtoir.

13. Von Employirung des Geldes zu *extraor-*
     dinairen Ausgaben bei der Münze, one
     Assignationes darüber abzuwarten.

14. Von Uebersetzung des Restes bei den Cas-
     sirern, so sich nach Endigung des Jars in
     Cassa befindet.

15. Daß die Cassirer bei der Münze nicht län-
     ger als 3 Jar gehalten werden, so sie aber
     geschickt, sie ferner beizubehalten.

16. Von Ausmünzung der ☉= und ☽Mün-
     zen, und wie das *Remedium* dabei zu halten.

17. Von Ausmünzung ◗ner Denuschken und
     Poluschken, und was für ein *Remedium* da-
     bei zu halte...

18. Von Medaillen.

19. Von Wage und Gewicht.

                                 20. Daß

Artik. 20. Daß gute Bediente bei dem MünzWesen, so in EidesPflicht stehen, zu halten.

21. Daß die Münzmeister, MeisterLeute, und Münzer, nicht zu PolizeiDiensten, auch nicht zuContracten undBürgen, genommen werden.

22. Von den zu dem MünzWesen gehörigen Lerlingen.

23. Von Verschreibung ausländischer MeisterLeute bei den MünzHäusern, denen russische Lerlinge zuzuordnen.

24. Von Auszalung der Gage.

25. Von den ☉= und ☽Arbeitern.

26. Von den Drat= und PlettFabriken.

27. Daß keiner in seinem Hause ☽Geld oder ☽Geschirr schmelze. (NB. Wegen dieser Artik. 25, 26, u. 27, ist das bei der BauCommission gemachte Project der GeneralPolizeiOrdnung zu conferiren.)

28. Von Annemung ☽s, so in einer FeuersBrunst zusammengeschmolzen.

29. Daß kein ☉ und ☽ aus und nach Rußland über die Gränzen aus= und eingefürt werde. (NB. Wegen dieses Artik. 29, und des folgenden 30sten, ist mein Project der Publication nachzusehen.)

30. Daß man an den Gränzen und GränzStäbten, gegen Qne 5Kop.Stücke, keine Handlung treibe.

31. Wenn russische Kaufleute, so über die Gränzen gewesen, hiesige russische Münze von denen Orten nach Rußland bringen, wie sich damit zu verhalten.

32. Von den Rippern, so die Münze ihres Gewichtes berauben.

33. Von falschen Münzern, so falsch Geld oder MünzInstrumente machen.

34. Von Diebstal, so auf der Münze geschehen.

35. Von Begnadigung derjenigen, so neue Maschinen und HilfsMittel angeben, dadurch die Casse Nutzen hat.

(F) **Schluß.**

Schluß.

Im übrigen soll unser GeneralDirector und die Münz-
Canzlei, sich nach unsren .. Befelen, Reglements, und
dieser und vorhin schon erteilten Instruction an die Mitglieder der andren Expedition, mit Anwendung seines
äußersten Vermögens und Treue, seinen aufrichtigen Fleis
und Dienste zeigend, unverbrüchlich verhalten: dafür er
von Uns allergnädigst nach seinem Verdienste und Treu
soll begnadiget werden. Und so über dieses Verordnete,
was zu besserer und nützlicherer Ordnung diensam befunden wird; darüber soll unsre MünzCanzlei dem GeneralDirector Vorstellung tun: welcher nach Befinden
des Nutzens, solches Uns zur .. Approbation oder unsrem
Senat unterlegen muß; da benn solches nach der Approbation gedruckt, und diesem Reglement mit beigefügt
werden soll.

XI.

Nachricht, was unter dem **Wort MünzFuß** ver-
standen wird; und wie sich solcher sowol unter sich,
als auch gegen den russischen **MünzFuß**
verhalte.

[S. 193 - 196].

Das Wort Fuß bedeutet bei MünzSachen die Einrichtung einer Münze nach ihrer Güte, Zal, und Gewicht, so daß aus einer nach vorgeschriebner Ordnung
beschickten Mark, nicht mer auch nicht weniger Stücke,
als gesetzt, dürfen verfertiget werden. Der MünzMeister hat also dahin zu sehen, daß eine jede Münze, sowol nach Korn als Schrot, ihre Richtigkeit habe.

Dieser MünzFuß ist zerlei, 1. der Reichs =, 2. der
Zinnische, 3. der Leipziger Fuß.

I. Nachdem in vorigen Zeiten nach dem **pede provin-
ciali**, oder dem in jedem Lande üblichen Fuß, und aus
Land D, gemünzet worden: so ist, nach vorhergegangner
vieljäriger Beratschlagung, A. 1559 zu **Augsburg**, unter Kaiser *Ferdinand* I, der **ReichsFuß** aufgekommen.

Nach

Nach diesem sollten 21 ReichsGroschen 60 Kreuzer gelten, und jener auf eine Cölnische rauhe Mk. gehen 109½ Stück, auch 8 Lot fein halten: kömmt die feine Mk. auf 10 Gulden 20 Xr.

Der Kreuzer sollen 60 Stück auf einen Gulden gehen, und auf die Mk. Cöln. 243½ Stück, halten an fein 6 Lot 4 Grän, und soll die feine Mk. ausgebracht werden auf 10 Gulden 26⅐ Xr. Von den Reichs-Gulden, zu 60 Xr. gerechnet, sollen auf die Cöln. Mk. gehen 9½ Stück, an fein halten 14 Lot 16 Grän, und die feine Mk. ausgebracht werden um 10 Gulden 13⅝ Xr. Von den Reichs- oder SpeciesThalern, zu 72 Xr. gerechnet, sollen auf eine Cöln. Mk. gehen 8 Stück, halten an fein 14 Lot 4 Grän.

Da aber dieser ReichsOrdnung nicht nachgelebt, sondern viel schlechtes Geld, sonderlich ScheideMünze, ausgebracht worden, auch dieses Uebel durch ein allgemeines ReichsConclusum sobald nicht konnte gehoben werden: so ist

II. zu Zinna, einem in dem Magdeburgschen bei Jüterbock gelegenen Kloster, A. 1667 der sogenannte Zinnische InterimsFuß, sonderlich zwischen Sachsen und Brandenburg, verabredet worden, nach welchem hinfüro mit der Groschen und andrer kleinen Münze Beschickung dergestalt zu verfaren, daß die feine Mk. auf 10½ Thaler so lange ausgemünzt werde, bis künftig in diesem MünzPunct ein allgemeines ReichsConclusum erfolge; doch daß der Fuß des ReichsThalers verbleibe, wie er in der ReichsOrdnung gesetzt ist. Allein da man die Münze immer mer und mer verringert: so ist

III. zu Leipzig A. 1690, zwischen Sachsen, Brandenburg, Braunschweig, und Lüneburg, der Leipziger InterimsFuß festgesetzt worden, kraft dessen die feine Mk. D zu 12 Thaler, und nicht höher, auszumünzen. Also ist der Reichs- oder SpeciesThaler, nach dem ReichsFuß für 24 Groschen, nach dem Zinnischen für 29, und nach dem Leipziger für 32 Groschen, zu rechnen.

Wenn

Wenn man nun die Spec.Thlr. al pari mit einem Rubl nimmt, und die Cölnische Mk. gegen die russische reducirt: so ersiehet man daraus, daß eine russische Mk. fein D, nach dem Leipziger Fuß à 10 Rubl. 67 Kop. ausgemünzet. Hergegen in Rußland eine russische Mk. fein D nicht höher als à 9 Rubl 87$\frac{77}{77}$ Kop. ausgemünzt wird: also 79$\frac{5}{8}$ Kop. weniger, als nach dem Leipziger Fuß.

Den 8 Maj 1741.

J. W. Schlatter.

XII.

Ausmünzung des Silbers.
[S. 197 folg.]

Wenn das *Solotnik* fein D gekauft wird

1. à 19 Kop.,

und vermünzt zu **Griven** à 72 *Solotn.* fein: so wird jeder *Griven* wiegen $\frac{58}{72}$ *Solotn.*

jedes *Solotn.* fein D wird ausgemünzt   à 22 Kop.

Profit beim Ausmünzen bei jedem *Solotn.* fein 3 Kop.

davon für 1 *Solotn.* fein das Münzerlon abgezogen

$\frac{5}{12}$ Kop.

bleibt nach Abzug dessen bei jedem *Solotn.* fein Profit

2$\frac{1}{12}$ Kop.

beträgt auf 100 Rbl.   13 Rbl. 59 Kop.

2. à 19$\frac{1}{2}$ Kop.,

bleibt nach der Ausmünzung bei 1 *Solotn.* fein Profit

2$\frac{1}{2}$ Kop.

davon obiges Münzerlon $\frac{5}{12}$ Kop. abgezogen, bleibt Profit

2$\frac{1}{12}$ Kop.

auf 100 Rbl.   10 Rbl. 68 Kop.

3. à 20 Kop.,

bleibt nach der Ausmünzung ꝛc.   Profit   2 Kop.

und nach Abzug obigen Münzerlons Profit 1$\frac{7}{12}$ Kop.

beträgt auf 100 Rbl.   7 Rbl. 91 Kop.

30 Sept. 1741.

J. W. Schlatter.

Tabelle von Ausmünzung der Rubl.

Das D wird zu Rubln in der Probe 77 ausge=
nünzt; aus jedem Pfd. von benannter Probe à 15 Rbl.
14 Kop.

A. wenn der Wechsel Cours in nachgesetzten Stüvern besteht,

B. so muß man das ausländische Silber zu nachfolgenden Prei=
sen [das Solotn.] kaufen.

C. Aus jedem Solotn. fein Silber wird gemünzt — 20⁴⁄₇ Kop.
[immerfort, daher habe ich diese Columne weggelassen].

D. Belauft sich jeder Rubl nach dem Einkauf auf so viel Kop.

E. Bei der Ausmünzung ist P r o f i t

　　a. bei jedem Solotnik　　　b. bei jedem Pfund
　　c. bei jedem Pud　　　　　d. bei jedem 100 Rbl.

A.	B.	D.	E.						
			a.	b.		c.		d.	
Stüver	Kop.	Kop.	Kop.	Rbl.	Kop.	Rbl.	Kop.	Rbl.	Kop.
45	21	101 20/96	—	—	—	—	—	—	—
45½	20 4/5	100 92/96	—	—	—	—	—	—	—
46	20 3/5	99 95/96	—	—	—	—	—	—	—
46½	20 2/5	99 2/96	17 9/96	—	17	6	80	—	87
47	20 1/5	98 5/96	36/96	—	36	14	40	1	85
47½	20	97 8/96	55/96	—	55	22	—	2	86
48	19 4/5	96 10/96	74/96	—	74	29	60	3	89
48½	19 3/5	95 13/96	93/96	—	93	37	20	4	94
49	19 2/5	94 16/96	1 8/96	1	12	44	80	6	1
49½	19 1/5	93 19/96	1 35/96	1	31	52	40	7	10
50	19	92 22/96	1 55/96	1	51	60	40	8	27
50½	18 4/5	91 24/96	1 74/96	1	70	68	—	9	41
51	18 3/5	90 27/96	1 92/96	1	89	75	60	10	58
51½	18 2/5	89 30/96	2 2/96	2	8	83	20	11	77
52	18 1/5	88 33/96	2 25/96	2	17	86	80	12	42
52½	18	87 36/96	2 55/96	2	47	98	80	14	29
53	17 4/5	86 34/96	2 75/96	2	67	106	80	15	62
53½	17 3/5	85 42/96	2 94/96	2	86	114	40	16	92
54	17 2/5	84 45/96	3 17/96	3	5	122	—	18	25
54½	17 1/5	83 1/96	3 1/8	3	24	129	60	19	68
55	17	82 90/96	3 55/96	3	43	137	20	21	1

XIII.

Nachricht von der russischen *Legirung*, und
Vergleichung mit der deutschen. (S. 199 ...)

☉ und ☽ wird in Deutschland nach Marken ein-
gewogen, in Rußland nach Pfunden.

In der *Legirung* wird in Deutschland das ☉ nach
Raraten geschätzt, da 24 Karat 1e Mark machen. Das
☽ wird nach Loten berechnet, und gehen 16 Lot auf
1e Mark. — In Rußland wird die *Legirung* nach *Solo-
niken* eingerichtet, und gehen 96 Sol. auf 1 Pfd. russisch.

Ein Karat hat 12 Grän, ein *Solot.* 6 Grän:
ein Lot russisch wie deutsch hat 18 Grän.

Die Vergleichung der Legatur ist, nach russischem und
deutschem Halt, wie folget.

Gold.			Silber.		
russisch		deutsch	russisch		deutsch
96 *Sol.* ☉ ist fein		24 Rar.	96 *Sol.* ☽ ist fein		16 Lot
92 —	——	23 —	90 —	——	15 —
88 —	——	22 —			
84 —	——	21 —	84 —	——	14 —
80 —	——	20 —	78 —	——	13 —
76 —	——	19 —	72 —	——	12 —
72 —	——	18 —			
68 —	——	17 —	66 —	——	11 —
64 —	——	16 —			
60 —	——	15 —	60 —	——	10 —
56 —	——	14 —			
52 —	——	13 —	54 —	——	9 —
48 —	——	12 —	48 —	——	8 —
44 —	——	11 —			
40 —	——	10 —	42 —	——	7 —
36 —	——	9 —	36 —	——	6 —
32 —	——	8 —	30 —	——	5 —
28 —	——	7 —			
24 —	——	6 —	24 —	——	4 —
20 —	——	5 —	18 —	——	3 —
16 —	——	4 —			
12 —	——	3 —	12 —	——	2 —
8 —	——	2 —			
4 —	——	1 —	6 —	——	1 —

Duka

Dukaten halten an Korn

der russische, nach Aeußerung der Wardeine,

93 *Solotn.* gelb $+$ 3 *Solotn.* weiß und rot
$=$ 23 Kar. 3 Gr. — $+$ 9 Grän — —

die holländischen halten

94 *Solotn.* 2 Gr. gelb $+$ 1 *Solotn.* 4 Gr. weiß
$=$ 23 Kar. 7 Gr. — $+$ 5 Grän —

Ungrische von *Sigismund*

95 *Solotn.* 4 Gr. gelb $+$ 2 Gr. weiß
$=$ 23 Kar. 10 Gr. — $+$ 2 Gr. —

Dito von *Ladislav*

94 *Solotn.* 4 Gr. gelb $+$ 1 *Sol.* 2 Gr. weiß
$=$ 23 Kar. 8 Gr. — $+$ 4 Gr. —

Deutsche nach dem ReichsFuß — eben so wie die von
Ladislav.

Nachricht aus dem Dresdenschen MünzHause.

1 Mk. Cöln. ist 24 Karat
67 Dukaten
70 Kronen, nach dem ReichsAnschlag
halten 22 Kar. 3 Gr.
72 Rheinische ⊙Gülden, item
18 Kar. 6 Gr.

XIV.

Nachricht von russischen und holländischen Dukaten aus Danzig
[S: 201 - 204].

Auf des Russisch-Kaiserl. Hrn. Residenten *Sehendels* Verlangen, anzuzeigen, wie ich die russischen Dukaten hier befunden, und wie viel dieselben gegen die holländische schlechter sind: so berichte, daß ich einen russischen Dukaten vom J. 1738 probirt habe. Selbiger wog, genau aufgezogen, $72\frac{1}{16}$ As, und hielt à Mk. 23 Kar. 2 Gr. fein ⊙.

In Holland hingegen sollen die Dukaten nach dem römischen MünzFus ausgemünzt werden; wie solches

noch

noch ein ganz neuer Tractat vom deutschen MünzWesen
älterer und neuer Zeiten bestätiget, sie auch in den Han-
delsStädten des römischen Reichs allgemein geworden sind.

Im römischen Reich aber ist A. 1524, auf Ver-
nung Kaif. Karls V, festgesetzt, hinfort nach der Cöl-
schen Mark, welche 152 Engelsch oder 4864 As schwer
ist, auszumünzen, und zwar, daß 67 Dukaten auf die
rohe Mark gehen, und dieselbe 23 Kar. 8 Grän fein ☉
halten soll.

Nun ist, was das Schrot betrifft, bekannt, wenn
die holländ. Dukaten unbeschnitten bleiben, sie nicht nur
dieses Gewicht, sondern auch wol eine räumliche Ueberwicht, haben. Welche Ueberwicht nicht eben sich andern
MünzStädten zur Vorschrift setzet, viel weniger sich dadurch der Kipperei preis bietet, sondern nur anzeigt,
wie man in der Stückelei nicht interessirt verfare, auch
den Dukaten dadurch, in obgleich   . . .   nicht so leicht unwichtig werden lasse. --   .
aber, oder das Korn, wird in den holländ. Dukaten
Mk. 23 Kar. 6 Gr. gehalten, und auch so befunden.

Hieraus wäre nun, wenn 67 Dukaten 4864 As
wiegen, folglich 1 Dukat 72$\frac{40}{67}$ As wiegen muß, folgende Vergleichung zu machen, nämlich

wenn 1 holländ. Dukat wiegt —	As 72$\frac{40}{67}$
und 1 russischer nur —	— 72$\frac{1}{4}$
so differirt das im S c h r o t —	As 0$\frac{439}{1072}$
und wenn 1 holländ. Dukat hält à Mk	23 Kar. 6 Gr.
1 russischer aber —	23 — 2 —
so differirts im K o r n —	— 4 Gr.

Ob nun wol hieraus zur Gnüge zu ersehen wäre,
viel die russischkaiserl. Dukaten mit den holländischen
differiren, und aber man doch nach einzelnen   Stücken
Geldes nicht wol ganze Ausmünzungen beurteilen mag:
so will hier, wiewol ganz unvorgreiflich, anm . her-
setzen, wie die russischen Dukaten ausgemünzt werden
müßten, wenn sie den holländischen gleich seyn sollten. -- Vorher aber setze einen Entwurf von den hiezu
benötigten Gewichten: als

1 Cöln.

As

1 Cöln. Mark wiegt 152 Engelſch, macht 4864
1 ruſſ. Pfund wiegt 266 —— , — 8512
1 Mark ☉Gewicht wird eingeteilt in 24 Kar., und
   1 Kar. in 12 Grän; das macht die Mark 288 Gr.,
   oder halbe Grän   576
1 Pfund ruſſiſch wird eingeteilt in 96 Solotn., und
   1 Solotn. in 6 Sechstel; das teilt das ruſſiſche
   Pfund in   576 Teile.

Wenn nun aus 1 Cöln. MK. von 4864 As, 67 Stück
Dukaten geſtückelt werden; ſo müſſen aus 1 ruſſ. Pf.
van 8512 As, 117¼ Dukaten herauskommen. Und
wenn 1 Dukat nach der ☉Mark hält 23 Kar. 6 Gr.;
ſo muß er nach dem ruſſ. Pf. halten 94 Solotn. fein ☉.

Solchergeſtalt würden die ruſſiſchkaiſerl. Dukaten,
wenn derſelben 117¼ Stück auf 1 ruſſ. Pf. von 266
Engelſch ausgemünzt würden, und das Pfund 94 Solotn.
fein ☉ hielt, mit den holländiſchen Dukaten in der
Ausmünzung übereinkommen.

Danzig, 31 Octob. 1740.

                        Daniel *Siwert*
                        MünzGuardein.

——————

XV.

"Anno 1740 den 6 Nov., iſt folgende Unterſuchung, in Gegenwart Jhro Exc. des wirkl. GeheimenRats, GeneralDirecteurs des MünzWeſens,
und Barons, Hrn. von *Münnich*, und der Münz
Räte *Moltzanov* und *Schlatter*, auf der St. Petersburgſchen Münze vorgenommen worden.

[S. 205–207].

   1. Aus der Caſſa wurde ein verſigelter Beutel mit
1000 ruſſiſchen Dukaten genommen, one ſelbe auszu
ſuchen.

   2. Auf einer accuraten Wage wurden, auf der einen
Seite ein halbes ruſſiſches Pfund eingeſetzt; und in
                                 der

der andern Schale ſo viel ruſſiſche Dukaten aus dem
Beutel geſchüttet, bis ſie mit dem Gewichte egal: hernach gezält, ſo befanden ſich an der Zal 59 Stück.

3. Gegen bemeldtem halb. ruſſ. Pf. wurden 59 ol-
länd. Dukaten, ſo Ihro Exc. ſelbſt mitgebracht,
wogen: ſolche befunden ſich 3 Teile leichter. Um ſolches zu verſtehen, ſo muß man wiſſen, daß 1 ruſſ. Pf.
in 9216 Teile geteilet [das Pf. in 96 Solotn., und das
Solotn. wieder in 96 Teile].

4. Man nam nochmals 59 holländ. Dukaten, und
wog ſie gegen ein halbes ruſſ. Pf.: ſo befand man, daß
ſie 6 Teile leichter, als das halbe ruſſ. Pf. Man
ſieht alſo aus dieſen 3 Verſuchen, daß die holländ.
Dukaten etwas leichter, als die ruſſiſchen, ausgemünzt
ſind.

5. Wegen mererer Gewißheit procedirte man mit andern ruſſiſchen Dukaten, ſo wie im 1ſten § gemeldet,
und befand abermal, daß 59 Stück 48 Solotn. wiegen.

6. wurden 59 holländ. gegen 59 ruſſiſche Dukaten gewogen: ſo befand man, daß die ruſſiſchen 3 Teile ſchwerer waren.

7. Die zu beiden malen à 59 Stück gewogene ruſſ.
Dukaten, wurden zuſammen genommen, machen 118
Stück, und gegen ein ruſſ. Pf. aufgezogen: ſolches
befand ſich accurat.

8. Man wog die holländ. Dukaten Stück für Stück:
ſo befand man bei jeglichem 1½ Troyſche As Differenz,
als das Remedium. — 9. Die ruſſ. Dukaten wurden
gleichfalls Stück für Stück gewogen: da denn das Remedium ſich nicht höher als 1 Troyſches As bei jeglichem belief. Solches zeigt, daß ſie mit mererm Fleiß
verfertiget ſind, als die holländiſchen.

10. Von den holländ. nam man einen Dukaten von
A. 1730, und von den ruſſiſchen auch einen von A.
1739, zu Proben, um ihr Korn zu examiniren. —
11. Der holländ. hielt 23 Kar. 8 Gr., oder 94⅔ Solotn.; und der ruſſiſche 23 Kar. 3 Gr. oder 93 Solotn. — 12. Alſo ſind die ruſſiſchen Dukaten an Korn
niedriger ausgemünzt 5 Grän oder 1⅔ Solotn. Bei jeglichem

lichem Pfund: beträgt auf 118 Stück an Gelde 4 Rbl. 20 Kop., und auf jedes Stück 3$\frac{33}{59}$ Kop.

J. W. *Schlatter.*

XXI.

[S. 208.]

Ein *Solotnik* fein ☽ wird mit 18 Kop. bezalt, und ein *Solotn.* ☉ mit 252 Kop. Ist also das ☉ 14mal so teuer, als das ☽. Also billig, daß auch die Proportion bei der Ausmünzung zwischen beiden Metallen beibehalten werde.

Nun wird aus einem *Solotn.* fein ☽, oder aus 18 Kop., 20$\frac{4}{7}$ Kop. gemünzt; und aus einem *Solotn.* fein ☉, oder aus 252 Kop., nur 279 Kop.: da doch die Proportion, um wieder 1 gegen 14 zu bekommen, 288 Kop. seyn müßte.

Verliert also die Caſſa, wenn auch der jetzige MünzFus beibehalten würde, bei jedem *Solotn.* fein ☉, 9 Kop. mer, als beim ☽Ausmünzen.

XVI.

[S. 209].

Aus einem Pfund fein ☉, wird gemünzt 121$\frac{1}{5}$$\frac{5}{7}$ Stück Dukaten, am Werth 267 Rbl. 97$\frac{32}{57}$ Kop.

Wenn ein Pf. fein ☉, nach dem holländ. Fus, sollte zu Dukaten vermünzt werden, nämlich von der Probe 94$\frac{2}{3}$, und 117$\frac{1}{4}$ Stück aus einem Pf. brutto: so würde aus einem Pf. fein ☉ gemünzt, 118$\frac{83}{89}$ Stück Dukaten, an Werth 261 Rbl. 58$\frac{2}{5}$$\frac{4}{7}$ Kop. — Wäre also dabei Schaden, nämlich bei jedem Pf. fein ☉, 6 Rbl. 39$\frac{11}{57}$ Kop.

In Holland wird das ☉, nach dem Prix-Courant vom 27 Febr. 1741, gekauft, das *Solotn.* für 2 Rbl. 76 Kop. — Wann man in Rußland das *Solotn.* fein ☉ mit 2 Rbl. 60 Kop. bezalt, und es nach jetzigem
Fus

Fus zu Dukaten vermünzt, nämlich von der Probe 93, und 118 Stück aus 1 Pf. brutto: so hätte man dabei Profit, nach Abzug aller Unkosten, 14$\frac{51}{57}$ Kop.

14 Maj, 1741.

J. W. Schlatter.

XVII.

Nachricht von dem ausländischen Münzerᶜon.

[S. 211 folg.].

Den Münzmeistern ist, außer dem ☉e (da man auf eine feine Mk. ☉ 3 oder auch) wol 4 Gulden Münzer-ᶜon rechnet) kein gleicher, sondern nachdem die Sorten groß oder klein, und also mer oder wenig lötig, ein proportionirter ᶜon gesetzt: und wird ihnen das ☽ entweder in natura angeschafft, oder bar bezalt. Von dem ☽ bekommen sie, von der feinen Mk., in Thalern oder groben Stücken,

		fl.	
bis 14 Lot	—	—	꞊ 20 Kr.
von 12 bis 10 lötig	—	—	꞊ 30 —
von 10 bis 8 Lot 6 Kreuzer Stücke	—	꞊ 45 —
von 7 bis 5 Lot für Groschen	—	1	꞊
für Kreuzer	—	1	꞊ 30 —
für Zweier und Dreier	—	2	꞊ 30 —

Und so viel aufs höchste von der feinen Mk. ☽, laut der zu Regensburg A. 1680 dictirten Specification. Und gibt der Münzmeister den Zusatz des ☼ selbst dazu; die Werkzeuge aber, als Gepräge, Stöcke ꝛc., werden dem Münzmeister angeschafft.

Das Münzerᶜon beim ☉e betreffend, so wird für eine Mk. fein ☉ bezalt, 2 Fl. 52 Kr. 2 Pf.

cf. Johann de *Sckeidelin* observanda quaedam curiosa monet. *pag.* 57.

J. W. Schlatter.

XVIII.

XVIII.

Nachricht von Onen Griven, und Onen 2Rbl.-Stücken.

[S. 213 folg.]

Wenn 1 Million Griven, nach dem Project des Grafen *Golovkins*, von der Probe 77 hätte sollen gemünzt werden: so hätten dieselbe 1578 Pud gewogen; und wäre darinn fein D 1265 Pud, 36 Pf., 31 Solotn., à 19 Kop. das Solotn. fein, 923606 Rbl. 53 Kop. Münzerlon und Abgang hätte sich betragen 18936 Rbl. Summa mit Einkauf 942542 Rbl. '53 Kop.; und wäre dabei nicht mer als 57457 Rbl. 47 Kop. Profit gewesen.

Da aber anjetzo die Griven, nach dem confirmirten Project des GeneralDirecteurs, Baron von *Münnichs* Ertc., von der Probe 72 gemünzt werden: so wieget 1 Million 1578 Pud; darinn ist fein 1183 Pud 28 Pf. 24 *Solotn.*, à 19 Kop., 863632 Rbl. 8 Kop. Münzerlon und Abgang 18936. Summa mit Einkauf 882568 Rbl. 8 Kop. Ist Profit 117431 Rbl. 92 Kop.: also mer, als bei obigen Griven von der Probe 77, 59974 Rbl. 45 Kop.

Wenn nach dem Vorschlag Jhro Ertc., des Hrn. Barons v. *Münnich*, die gemünzte One 2Rbl.Stücke sollten eingewechselt, und zu rechten Dukaten vermünzt werden; so wäre dabei folgender Profit. In allem sind gemünzt 341148 Stück. Dieselben wiegen 85 Pud 11 Pf. 46 *Solotn.* Darinn ist fein, à 75 *Solotn.* per Pf., 66 Pud 25 Pf. $20\frac{3}{8}$ *Solotn.* Jedes *Solotn.* fein beläuft sich 2 Rbl. $66\frac{2}{3}$ Kop., und die ganze gemünzte Summa 682296 Rbl. In den jetzigen Dukaten, so nach dem holländ. MünzFus gemünzt, ist jedes *Solotn.* fein à 2 Rbl. $79\frac{13}{17}$ Kop. ausgemünzt.

Wäre also bei der ganzen Summe obig gemünzter 2RublStücke Profit, wenn man dieselben zu Dukaten nach dem holländ. MünzFus ummünzte, nach Abzug des Münzerlons, 28144 Rbl. 60 Kop.

XIX.

XIX.

"In **Wien** geschehene *Valvation* über **Moscovi**-
sche **Rubl.**

[S. oben im 1sten Abschnitt, S. 82].

XX.

"*Valvation* einiger schwedischen D- und Q-Mün-
zen nach dem russischen MünzFus.

[S. 219 folg.].

10 Ör SilberMünz ist eine D-Münze, so auf der
einen Seite 3 Kronen fürt, als 2 und 1, dabei der Werth
exprimirt durch 10 Ör Silb. M., und der Name des
Stempelschneiders H. M. (*Henrich Müller*). *Revers:*
8 ins Kreuz zusammengesetzte F, mit 4 in den Winkeln
derselben befindlichen Kronen, und der Umschrift, *in Deo
spes mea.* Beträgt nach dem WechselCours 11¼ Kop.
Wie hoch aber das Pf. fein D ausgemünzet, kan, one
die Münze zu probiren, nicht determinirt werden.

5 Ör Silb. Münz, so eine D-Münze von obbeschrie-
benem Gepräge, beträgt nach dem WechselCours 5⅝
Kop.

1 Ör Silb. Münz, ist eine Q-Münze, fürt auf der
einen Seite 2 ins Kreuz über einander gelegte und bekrön-
te Pfeile, dabei der Werth der Münze gesetzt 1 Ör S. M.,
und unten die Jarzal 1731. *Revers* stellt ein in einander
geschlungnes und bekröntes F vor; wobei auf jeder Seite und unten eine Krone. Wiegt nach dem russischen
RichtPfennig 3 18/90 Solotn. Diese Münze beträgt nach
dem WechselCours 1¼ Kop.: ist also das Pud Q ausgemünzt à 13 Rbl. 55 5/7 Kop.

1 Ör Kupf. Münze, ist eine Q-Münze, auf deren
einer Seite ein bekrönter Schild, worinn 2 kreuzweis
liegende Pfeile, nebst dem Werth 1 Ör K. M. *Revers:*
3 über einander gesetzte Kronen, als 2 und 1 oben: darüber die Buchstaben F. R. S.; unten die Jarzal 1725.
Wiegt nach dem russischen RichtPfennig 1 11/90 Solotn.:
beträgt

beträgt nach dem WechselCours ⅞ Kop. : ist also das
Pud ♀ ausgemünzt à 12 Rbl. 91$\frac{93}{107}$ Kop.
  28 Novemb. 1741.

J. W. Schlatter.

Beigehende schwedische ♀ne Platte von 2 <i>Daler Silf.
Mynt</i>, vom J. 1731, wiegt 3 Pfd. 77 Soloen. 1 Daler ♀
à 36 Kop. gerechnet, beträgt die bemelbte Platte 72
Kop. Und ist das Pud solcher Platten nach russischem
Gelbe ausgemünzt à 7 Rbl. 57$\frac{15}{71}$ Kop.
  23 Novemb. 1741.

J. W. Schlatter.

XXI.

[S. oben in diesen Beilagen, S. 91].

XXII.

"Kurzer Auszug aus den bei meinen PrivatActen
  vom MünzWesen befindlichen Nachrichten.

[S. 221 - 228].

1. An kleinen ♁nen Kopejken
sind von 1664 bis 1703 gemünzt aus=
gegangen aus den MünzHöfen   —   26,302691 = 33
  Von 1703 bis 1712 sind noch aus=
gegangen   —   —   —   —   4,420708 = 50

Summa 30,723399 = 83

Es ist aber nicht gewiß, wie viel unter dieser letzten
Summe der 4,420708 Rbl. 50 Kop., Kopejken gewesen.

Von 1731 an hat man angefangen, sie einzulösen.
  Von der 1sten Compagnie des <i>Ka-
richalovs</i> sind eingelöset in den Jaren
1731, 32, 33   —   —   —   4,535893 = 69
  Vom besagten J. 1733 bis Sept.
1740, sind von <i>Duderov</i> eingelöset —   4,138714 = 68

Macht 8,674608 = 37
Bis

Bis 1741 hat die Einwechslung stille gestanden. Bleiben also noch übrig 17,◌◌◌◌◌ = 92

2. An Rubln sind gemünzt von A. 1731 bis den 27 Nov. 1741, in allem — — — 21,134219½ Rbl.
davon zu **Petersburg** — 3,407592½
Moskau — 17,726627

3. An Dnen **Griven** ist Vorteil à 72 Solotn. fein, wenn das D gekauft wird à
19 Kop. per Sol., auf 100 Rbl. — 13 Rbl. 59 Kop.
20 — — — — — — 7 — 91 —

4. Russische **Dukaten** gehen 118 Stück auf 1 russ. Pfund, und halten fein 23 Kar. 3 Gr., oder 93 Sol. Um sie mit den holländischen zu vergleichen, müßten aufs Pfd. gehen 117¼ Stück, und fein halten 23 Kar. 6 Gr., oder 94 Solotn. Wenn man das ☉ kauft zu 260 Kop., und münzet 93 Solotn. Probe, und 118 Stück aufs Pfd.: so hat man aufs Solotn. Profit 14 13/31 Kop.

5. Wenn das D gekauft wird zu 18 Kop., und das ☉ 14mal teurer als das D; an D wird aus 18 Kop. gemünzt — 20 4/7, aus ☉ 252 Kop. nur — 279; nach der Proportion von 14: 1 müßte es seyn — 288: ist also weniger Profit bei ☉ als bei D 9 Kop.

6. Nach dem Leipziger Fuß von 1690, zu russischem Gewicht reducirt, müßte die Mk. fein ausgemünzt werden zu 10 Rbl. 66⅔ Kop. Und wird nur ausgemünzt zu 9 Rbl. 87 7/11. Also *minus* 79½ Kop. Es ist aber 1 Rbl. al pari mit Spec.Thlr. gerechnet.

7. Die Rubl sind + als Leipziger Fuß … 1 Rbl. 25½ Kop. Die neuen Griven accurat mit demselben.

8. **AlbertsThlr.** gehen 14½ auf 1 Pfd. russisch; darinn sind fein D — — — — 28 Lot.
Also gehen auf 100 Pfund — — 1450 Stück
worinnen fein D — — — — 87½ Pfd.
27 15/31 Lot Cöln. machen 1 russ. Pfund.

9. Die

9. Die Rubl werden vermünzt in der Probe 77, aus dem Pfd. 15 Rbl. 84 Kop.

Wenn der Wechsel ist 47½, und das ☽ kostet 20 Kop., ist bei 100 Rubl Profit . . 2 Rbl. 86 Kop.
und ist der Rubl innerlich werth . . . 97⅜⅘ Kop.

10. Aus 7 *Sol.* fein werden gemünzt . . . 144 Kop.
7 *Sol.* à 19 Kop. kosten . . . 133 Kop. ist Profit 11 Kop.
7 *Sol.* à 20 Kop. — . . . 140 — ist Profit 4 Kop.

11. Ein Rbl. ist werth
nach Wien.Thlr. . . . 1 Fl. 38 Xr.
nach ReichsThlr. . . . 1 — 35⅔ —

12. Wenn Griven vermünzt werden, nach Graf *Golovkins* Project, zu 77 Solotn. Probe: so wiegt 1 Million 1578 Pud, darinn ist fein 1265 Pud 36 Pfund 31 Solotn.; à 19 Kopejken ist auf die Million Profit — — — 57457 Rbl. 47 Kop.

Nach meinem Vorschlag zu 72 Solotn. Probe, ist darinnen fein 1183 Pud 28 Pfund 24 Solotn.; ist der Profit — — — 117431 Rbl. 92 Kop.

Also mer 59974 Rbl. 45 Kop.

Und bei Einwechslung der 2 Rbl. Stücke und Vermünzung zu Dukaten, da der ersten sind gemünzt 682296 Rbl., wäre Profit, nach Abzug des Münzerlons — — — 28144 Rbl. 60 Kop.

13. Schwedische Platen sind ausgemünzt, wann der Thlr. ♀ gerechnet wird à 36, und der Platen à 72 Kop., zu — — 7 Rbl. 57½⅓ Kop.

♀Münze von 1 ☽r ☽Münze ist
ausgemünzt — — 13 Rbl. 55⅗ Kop.
Von 1 ☽r ♀Münze, à — 12 Rbl. 91 23/107 Kop.

14. 40 Pfund russisch machen . . .
33 Pfund 10 Lot cölnisch.

Wegen der 5Kop.Stücke in specie.

1) Vom 1 Jan. 1747 bis 1748, müssen die 5Kop.Stücke in die MünzHöfe hier und in Moskau eingebracht werden; keine Post weniger als 5 Rubl. 2) Dagegen die nicht umgeprägten gelten nach dem 1 Jan. 1748

(G) nur

nur wie ordinär Q, à Pud ʒu 6⅔ Rubl. 3) Um
gleich beʒalen ʒu können, müſſen aus den Caſſen und
Rentereien ʒuerſt alle vorhandene 5Rop. ... einge:
liefert, und Dne Griven in Vorrat gemünʒt werden. 4)
Man könnte auch *Billets* machen von 100, 50, 10, :
5 Rubl, ſo eben wie CourantGeld müßten im Hand.
und Wandel angenommen werden. 5) Sollten die
5Rop.Stücke umgemünʒt werden, ʒu 10 Rubl aus
dem Pud, wie Denuſchken und Poluſchken: ſo würde
großer Verluſt ſeyn. Beim Umprägen würden ſie gelten
1¼ Rop., welches beim Commercio ſer unbequem. —
6) Von 1723 bis 1731 ſind die 5Rop.Stücke aus:
gemünʒt ʒu 40 Rbl. aus dem Pud, 4 Mill. *minus* 14000
Rubl. 7) Den 18 Decemb. 1735 iſt eine Ukaſe er:
gangen, dadurch das Hereinfüren verboten worden.

8) Lotterie iſt vorgeſchlagen *Num*. III : 200000 Loſe
à 10 Rbl., macht 2 Millionen; 3 Nieten gegen 1en
Gewinn. Von großen Preiſen, ſo über 1000 Rbl.,
iſt der Abʒug 20 proCent; ſo über 100., 15 proCent;
von den übrigen, 10 proC.: macht 262775 Rubl in
allem. 9) Die einkommende müſſen ʒu 2 Rop., alſo
16 aus dem Pud, umgeprägt werden, mit Ihrer Kaiſ.
Maj. BruſtBild, und bequemem Revers. 10) De:
nen, ſo große Summen einbringen, die nicht ſofort ʒu
beʒalen, ſind Scheine ʒu geben, *Num.* IV. 11) *Num.*
VIII iſt eine Lotterie von 1 Mill. vorgeſchlagen, und
12) *Num.* IX von einer halben Million. 13) Dieſe
QMünʒe muß unweigerlich angenommen werden, ohne
Lage gegen D. Der Terminus der Umprägung iſt ʒu
ſetzen vom 1 Decemb. bis ʒur Zeit, da ſie in den Münʒ:
Höfen urteilen, damit fertig ʒu werden. Aus den Caſ:
ſen hier und in Moskau kan ſofort nach der Publication,
was vorrätig, eingebracht werden.

14) Wenn 10 Mill. gerechnet werden, weil ſie über
16 Jar gäng und gebe geweſen: macht die erſte Abſet:
zung v. 5 ʒu 4, à 20 proC. .... 2 Mill. — bleiben 8 Mill.
  die andre von 4 ʒu 3, à 25
proCent ...   2 Mill. — bleiben 6 Mill.
  die dritte von 3 ʒu 2 Rop.,
à 33⅓ proC. ...   2 Mill. — bleiben 4 Mill.
                     Summa   6 Millionen.   Der

Der Profit, nach Abzug Münzerlon, und Verlust
beim Schmelzen, à 8 Rbl. das Pud ♀ gerechnet, ist
nur gewesen 3,200000 Rubl. Sollten sie noch gesetzt
werden von 2 zu 1 Kop. (vid. SenatsGutachten), gehen noch ab 2 Mill. à 50 proCent.

15) Einfürung der Lotterien profitable zu Uetrecht;
die 28ste seit 1723 gehalten, woburch sich diese kleine Provinz ihrer großen Schulden entlediget. -

16) Die 10Kop. oder Griven, sind auszumünzen
à 12lötig oder 72 Soloen. Probe; die Dne 5Kop.Stücke
aber noch etwas geringhaltiger.

17) 20000 Rubl können in beiden MünzHöfen, an
Einem Tage, von den 5Kop.Stücken umgeprägt wer-
den; im Jar 300 WerkelTage gerechnet, machen 6 Mill.
Wie viel in beiden MünzHöfen umgeprägt werden, ist
wöchentlich zu rapportiren. Sie werden Kopejken gegen
Kopejken ausgewechselt.

18) Die unumgeprägten gelten nur, was sie an ♀
werth sind, nach verflossenem Termin.

19) Von Dner ScheideMünze vid. weitläuftig den
Bericht vom 10 Octob. 1740.

20) Neuer Qner 2Kop.Stücke ist vorerst 1 Mill. zu
schlagen.

21) Von Denuschken und Poluschken sind in Moskau gemünzt ¼ Mill., und in Sibirien 300000 Rbl.

22) Die Englische pure ♀Münze an ½en und ¼ Pfen-
nigen, ist ausgerechnet zu 16 Rbl. 60⅔ Kop. — Mit
Denuschken und Poluschken ist vorerst einzuhalten,
und nach dem 14den Artik. des BergPrivilegii, ist das
♀ zu ⅔ des gewonnenen ♀s einzuliefern. Also ist solches zu befelen: vid. in fine des Berichts vom 10 October 1740.

23) Von A. 1700 sind, nach Makejevs Bericht, Qne
Kopejken à 20 Rbl. per Pud gemünzt, so 30 Jare
roulirt, und sich nicht vermeret haben.

G 2　　　　　XXIII.

XXIII.

"Vorstellung an einen *dirigirenden Senat*, . . . en
Beibehaltung der MünzDirectionsCanzlei:
vom März 1742.

[S. 229 - 245].

Ihro Kaiserl. Maj. *Anna* Joannowna gottseel. Gedächtnisses, haben am 20 Jul. 1740, durch eine von
Derselben eigenhändig unterschriebne Ukase, .. geruhet,
die GeneralDirection des MünzWesens, außer dem
mir anvertrauten Departement beim Collegio auswärtiger
Affairen, wozu ich eigentlich in russischkaiserl. Dienste
berufen worden, und außer der mir aufgetragenen Bau-
und PolizeiCommission, aus .. eigner Bewegnis anzuvertrauen.

Solchem .. und .. Befel zufolge, habe ich in dem
dirig. Senat, den 25 Jul., in der Qualität eines *GeneralDirectoris* des MünzWesens, den Eid pflichtschuldigst
abgestattet, dieses Amt darauf unverweilt angetreten,
und neben obgesetztem Departement und Commission,
alles, was auch hierinnen vorgekommen, und zur GeneralDirection des MünzWesens gehört, nach meinem besten Wissen und Gewissen, mit allem Fleis und Treue
pflichtschuldigst ausgerichtet: wie davon die bei der
Canzlei des MünzDirectorii gehaltene Journale, und
die an .. gedachte Ihro Kais. Maj., den darauf gefolg-
ten ReichsVerwesern, dem gewesenen Cabinete, und einem *dirig. Senate*, von Zeit zu Zeit übergebene .. Vorstellungen, Berichte, und Unterlegungen, Zeugnis geben können.

Nachdem auch Ihro kais. Maj., unsre jetzt glorreich regirende Souveraine, am 25 Nov. vorigen Jars,
Dero angeerbten Elterlichen Thron höchstglücklich bestiegen, und durch .. Versicherung Dero .. Gnade ein
Merkmal Dero Weltgepriesenen Großmut und Clemence,
in regard meiner geringsten Person, öffentlich an den
Tag gelegt: habe noch desselben Tags .. Derselben, als
meiner .. Kaiserin und Selbstherrscherin, den Eid der
Treue freudigst abgestattet; und darauf alles dasjenige,

was

was in obgedachten Departemens und Commission mir
zu verrichten obgelegen, mit allem möglichsten und schul-
digsten DienstEifer warzunemen und auszurichten; nach
wie vor continuiret: bis nach Jhro Kaif. Maj. Ukafe
vom 12 Decemb. vorigen Jars, Dero GroßCanzler
und ViceCanzler, nicht nur die geheimen im vorigen
Cabinet tractirte auswärtige Affairen, sondern auch
alle andre Sachen des Collegii auswärtiger Affairen,
mit meiner Ausschließung zu verrichten angefangen;
und bis durch eine Ukafe des dirig. Senats vom 18 Febr.
jüngsthin die BauCommission abgeschafft, und alle derselben so abgetane als unabgetane Sachen, an die Ge-
neralPolizeiMeistersCanzlei abzugeben befolen worden.

Solchem nach ist mir nur noch die GeneralDirection
des MünzWesens übergeblieben. Und da durch eine
anderweitige Ukafe des dirig. Senats von eben dem 18
Febr., mir angezeigt worden, daß Jhre Kaif. Maj.
bei Dero .. Gegenwart im Senat, auf Unterlegung desselben, .. geruhet zu befelen, daß ich mich hieher bege-
ben, und zugleich auch die Canzlei des MünzDirectorii
anhero transportirt werden solle: habe ich mich alsofort
dazu angeschickt, auch die Transferirung der Canzlei
mit deren Bedienten und Sachen ungesäumt besorgt,
und mich selbst anhero verfüget. — Nachdem ich den
10ten dieses hier angekommen, die CanzleiBediente mit
Sachen den 12ten, und den 16den der A. 1735 bei der
Canzlei des GeneralMünzDirectorii bestellte Rat Moltzanov seine Ankunft mir angezeigt: habe ich ihm und
dem Secretär Karpov befolen, alles zurechte zu halten,
daß ich den 17den die 1ste Session allhier, in denen zur
Canzlei des MünzDirectorii im hiesigen MünzHofe mittlerweile zubereiteten Zimmern, halten könnte; in Meinung, in dem mir auf denselben Fuß, wie es der Graf
Michajlo Gawrilowicz Golovkin geführet, .. anvertrauten
MünzDepartement, nach der eigenhändigen Ukafe Jhrer
Kaiserl. Maj. Anna Joannowna gottseel. Gedächtnisses
vom 10 October. 1734, nach wie vor zu continuiren.

Diese .. Ukafe lautet also: "Jhro Kaif. Maj. ha-
„ben, auf Unterlegung vom Senat, befolen, das Münz-
„Comtoir in Moskau Canzlei zu nennen, und wo die
„GeneralDirection des MünzWesens seyn wird, das soll
„Canz-

„Canzlei der MünzVerwaltung [manetnago prawle-
„nija] heißen.“ Nach derselben sind bei dem Münz-
Wesen 2 Canzleien namentlich verordnet, und auch ordentlich eingerichtet: nämlich eine Canzlei des Gen.
MünzDirectorii an Ort und Stelle, allwo die General-
Direction des MünzWesens seyn wird; und eine andre
Canzlei allhier in Moskau, welche aber, um besserer
Ordnung und desto promterer Expedition der Sachen
willen, in 2 Expeditiones, eine zu CanzleiSachen, und
eine andre zu MünzSachen, und diese 2te Expedition
abermals in 2 Comtoire, davon eines hier, das andre
zu St. Petersburg bei dortigem MünzHofe ist, eingeteilt worden.

Nach dieser, den Umständen des hiesigen MünzWesens, welches in 2en MünzHöfen bestehet, die aber
unter einer GeneralDirection (welches zu promter Ab-
tnung der Sachen allemal das beste Mittel ist, daß sie
nämlich von Einem Chef dependiren) zu stehen verordnet werden, allerdings gemäßen Einrichtung, sind die
Sachen des MünzWesens dieses Reichs, in guter Ordnung bisher geführt worden. Damit aber dieselbige auch
fernerhin in allen Stücken beständig beibehalten werden
möchte, ist eine förmliche und umständliche GeneralInstruction abgefaßt, darinnen, was jede Canzlei, und die
2 Expeditiones der hiesigen Canzlei, mit dem hiesigen
und Petersburgschen Comtoirs, eigentlich für sich, und
teils gemeinschaftlich zu verrichten, und worinnen des
GeneralDirectoris, des Richters, und der Glieder, Amt
und Pflicht bestehe, nebst übrigen zum MünzWesen gehörigen nötigsten Puncten, in 36 Artikeln ordentlich
enthalten ist. Welche zu des dirig. Senats Approbation, und um Ihro Kais. Maj. .. Resolution darüber
zu bewirken, dem hochverordneten Senat bereits übergeben worden wäre, wenn auf meine .. Vorstellungen
wegen eines gewissen MünzFußes in ☉, ☽, und ♀,
auch Erhaltung eines beständigen Fonds zum Münz-
Capital, Befreiung der MünzArbeiter von PolizeiDiensten ꝛc., die .. und nötige Resolutiones erfolgt wären,
weil solche in dem 6, 16, 17, 21, und 31sten Artikel
insbesondre zu inseriren sind.

An

Am besagten 16ten aber, da der Rat *Molczanov* nur
ine Stunde vorher seine Ankunft mir angezeiget, wird
tir angemeldet, ein Raſſylſczik [Bote] der hiesigen Münz=
ianzlei sei gekommen, und habe gesagt: der Hr. Pro=
ureur ruft [*ſpraſziwajet*] Ihre Ercellenz in die Canz=
ei. Und da ich denselben hereinkommen laſſe, sagt er:
er Hr. Procureur hat befolen, daß Sie sich heu=
e in der MünzCanzlei einfinden [*priſutſtwowat'*]
ollen. Worauf ich ihm zuentbieten laſſen: meine Canz=
:i sei die Canzlei des GeneralMünzDirectorii, deren Ac=
en noch nicht außgepackt; morgen aber würde er mich
ort finden. Zugleich aber laſſe ich den Secretär *Kar=
ov* fodern, frage, ob der Procureur in meiner oder der
iesigen Canzlei sei? Und wie derselbe mir berichtet, er
ei in der hiesigen, und habe prétendirt, der Rat *Mol=
zanov* und er, Secretär, sollen auch in der hiesigen Canz=
ei, wozu sie doch nie bestellt worden, Platz nemen: bin
ch nach dem hiesigen MünzHof gefaren, um mit dem
Procureur selbst zu sprechen, und weiterem Unfug und
Illegalitäten vorzubeugen. Wie ich ihn nun in der hie=
sigen Canzlei antreffe; ersuche ich ihn, mit mir in die
meinige zu gehen, frage ihn daselbst, ob ihm die *Imän=
noj Ukaz* wegen der 2 separirten MünzCanzleien nicht
bekannt sei? Und da mir angezeigt worden, daß er Co=
ej davon genommen, und ich ihn erinnere, er sei nach
Ihro K. Maj... Ukase, bei der MünzCanzlei, und nicht
ei der Canzlei des MünzDirectorii, bestellt, hat er re=
;erirt: beide Canzleien müßten an Einem Ort seyn. Und
a ich ihm zu Gemüte gefürt, es streite solches wider
ie außdrückliche eigenhändige Ukase, welche, wenn sie
icht mer gelten sollte, durch Ihro K. Maj. eigenhän=
ige Ukase müßte aufgehoben, und das Gegenteil ver=
rdnet warden, welches aber, nach meiner geringen Mei=
ung, nur Confusion und Aufenthalt in den Sachen er=
ecken würde; ich auch, um ihm von dem Unterscheid
er beiden Canzleien und meines GeneralDirectorsAmtes,
ine richtige, und wie es das Ansehen hatte, ihm gar
icht beiwonende Idee zu geben, dazu dienliche paſſus
us den ersten Capiteln der obange en *Inſtruction* vor=
sen ließ: ist er doch beständig ei geblieben, beide
anzleien müßten an Einem Orte seyn. Deswegen ich

nicht

nicht weiter mit ihm mich abgeben können, sondern ge=
sucht, noch desselben Tags das passirte Sr. Exc. den
Hrn. General-Procureur vorzustellen, und zu bitten, daß
nichts préjudicirliches verhängt werden möchte: welches
auch des folgenden Tags, weil ich ihn am ersten Tage,
da es passiret, nicht antreffen können, geschehen.

Weil aber der Procureur Artemon *Sawelov* sich schrift=
lich an eines dirig. Senats General-Procureurs Depart=
ment gewendet, und eine Ukase an die hiesige Münz=
Canzlei ausgewirkt, welche mir den 19den Nachmitt=
um 4 Ur communicirt worden: so finde mich genö=
get, einem dirig. Senat dieser Sache wegen eine ge=
samste Vorstellung zu tun.

Was nun erstlich des Procureurs Verfaren ange=
so wird es von einem dirig. Senat nicht anders als
unförmlich getan zu seyn geachtet und beurteilt wer=
können. Denn 1. streitet es wider au ... ücliche ...
sen, die vom 10 Oct. 1734, dadurch beide Canzlei
geteilt, und die vom 7 Jan. a. c., dadurch nur bei ...
MünzCanzlei ein Procureur bestellt worden. 2. ...
ten beide Canzleien eine seyn: müßten jene Ukasen
her durch eine Imännoj Ukaz aufgehoben, und au...
lich verordnet werden, daß sie beide Eine Canzlei
machen sollen; da es sich denn doch geziemen würde,
die Unteren zu den Obersten, nicht aber diese zu ...
kommen müßten. Deswegen 3. es ganz un...
lich, daß der Procureur dem Rat *Moltzanov* und ...
tär *Karpov*, und zwar one mein Vorwissen, ...
in der hiesigen Canzlei ihren Platz zu nemen, zu ...
Canzlei sie nie bestellt gewesen. 4. Wider alle ...
Consideration gegen mich aber, ist es von ihm ...
delt, daß er mich selbst, der ich nicht allein Ge...
Director des MünzWesens, sondern seit 11 Jaren ...
rer K. Maj. wirklicher GeheimerRat zu seyn die ...
habe, durch einen Soldaten in die untere Canzl...
dern lassen: welches unbescheidene Verfaren wol ...
anders kan angesehen werden, als daß es ihm ...
zu verweisen sei. Gewiß ist es, daß wenn er ...
mir eingefunden, oder abgewartet hätte, daß ich ...
ner Canzlei vorhanden; und er mir angezeigt, ...

unmero sein Amt (welches ihm bereits den 7 Jan.
ufgetragen worden, in welcher ganzen Zeit er sich aber
icht gemeldet) wolle antreten; würde ich ihn nicht al-
iu mit aller Höflichkeit empfangen, sondern selbst er-
inert haben, fleißig mitzubefördern, daß keine Sachen
egen bleiben, oder one Not verzögert, sondern promte
nd wie sichs gebürt abgetan werden, und darauf zu
hen, daß ein jeder sein devoir pflichtmäßig tue: ba-
h ihm auch bescheidentlich den Unterscheid beider Canz-
ieu, die desfalls vorhandene Ukasen, und bei welcher
r, nach meiner geringen Meinung, eigentlich sein Amt
u exerciren hätte, würde angezeigt haben; wodurch
lle die vorgegangne Unordnungen, und die vergebliche
Semühung eines dirig. Senats, würde vermieden wor-
en seyn.

Was aber die Sache selbst angehet, so bitte mir von
inem dirig. Senat hiemit die hohe Erlaubnis aus, ba-
iber, und wider die auf Veranlassen des Procureurs
n die hiesige MünzCanzlei ergangne, und mir von der-
lben eingeschickte Ukase, mit allem geziemenden Respect
orzustellen,

I. daß da diese Ukase, mit Vorbeigehung meiner, an
ie hiesige meiner Direction subordinirte Canzlei geschickt,
nd mir dennoch darinnen auferlegt werden wollen, mit
er Canzlei des GeneralMünzDirectorii bei jener mich zu
erfügen, solches der mir von Kaiserl. Maj. durch ei-
jenhändige Ukasen .. anvertrauten GeneralMünzDire-
tion entgegen laufe, und es dabei das Ansehen gewin-
ie, als wenn ich statt dessen nur ein schlechtes Mit-
jlied dieser mir bisher untergebenen Canzlei, die durch
Donoschenien und Rapporte alles an mich gelangen lassen
nüssen, künftighin seyn solle: welches abzuwenden, und
eim Vorigen zu lassen, ich, der ich als wirkl. Geh.
Rat in russischKaiserl. Dienste berufen worden, 11 Jare
ang alles, was an mich gelangt ist, mit unverdroßnem
fi..ß untadelhaft verrichtet, hiemit ganz gehorsamst bit-
en muß; weil ich mir unmöglich vorstellen kan, daß
s Ihrer K. Maj... Intention seyn könne, mich also
iach 11järigem treufleißigst geleistetem Dienst, unver-
chuldet degradiren, und von meiner GeneralDirection

G 5   ent-

entſetzen zu wollen: bei welcher ich mein Amt reblich, untadelhaft, und mit Nutzen, ausgerichtet habe, auch weiter, inſonderheit wenn auf meine Donoſche .. Reſolutiones erfolgt, guten Nutzen zu ſchaffen, alle .. nung haben konnte; welches ich

II. um ſo viel weniger mir vorſtellen kan, daß näm= lich dieſe mit mir vorgenommene Veränderung von Ih= ro K. Maj. .. approbirt werden ſollte, da ſie von einem dirig. Senat, gegen deſſen deciſiones ich im übrigen al= len ſchuldigſten Reſpect hege, auf bloßes Anbringen ei= nes der Sachen Beſchaffenheit ganz unkundigen Procu= reurs, one mich im geringſten darwider zu hören, zu meinem größten Préjudice, reſolvirt werden. Und weil ich

III. nicht finden kan, daß Ihrer K. Maj. .. In= tereſſe dadurch im geringſten ſollte können befördert werden, daß die bisherige gute Einrichtung bei dem MünzWeſen ſollte abgeſtellt, und beide Canzleien con= fundirt werden; da ſie, wenn Ihro K. Maj. Dero Hof= Lager wieder nach Petersburg transferiren, mit vielem Aufenthalt der Sachen, wieder ſeparirt ſeyn müſſen;

IV. ich aber, wenn die mir .. aufgetragne und an= vertraut geweſene GeneralDirection des MünzWeſens mir genommen, und ſolches in ein Sitzen als ein ſchlech= tes Mitglied der hieſigen Canzlei, zu meiner nicht ge= ringen Proſtitution, ſollte verwandelt werden wollen, mit dem gehörigen Nachdruck und Nutzen Ihrer Kaiſ. Maj. .. Intereſſe bei dem MünzWeſen nicht zu befördern im Stande bleibe; auch

V. mit Examinirung der in der MünzCanzlei vor= kommenden weitläuftigen Rechnungen, und deren Unter= ſchreibung, wovon ich, durch ausdrückliche Ukaſen, ſo= wol bei dem MünzWeſen, als dem Collegio auswärti= ger Affairen, bin eximirt worden, mich nicht abge= ben kan;

VI. aber noch weniger meiner Charge und der der= ſelben anklebenden Dignität anſtändig finden kan, dem Wink und Willen eines Procureurs mich zu unterwer= fen, und daß ich auf ſeine Beſchickung in meinem De= partement mich einfinden ſolle, da ich die billige pré= ſumtion vor mir habe, daß ich, der ich eine viel wich=

tigere

tigere Incumbenz, wie Er, habe, auf Jhro K. Maj...
Interesse auch wenigstens so gut wie Er vigiliren wer=
de, und es vielmer anständig seyn wolle, Jhn, so oft
ich es nötig finden werde, an sorgfältige Verrichtung
seines Amtes zu erinnern:

so gelanget an einen dirig. Senat mein allergehorsam=
stes Bitten hiermit,

1) dem **Procureur** Artemon *Sawelev* seinen gegen
mich begangnen Unfug, im dirig. Senat auf das ernst=
lichste zu verweisen, und ihm inskünftige merere Consideration gegen mich, dem schon vor 11 Jaren der Rang
und Prérogativ eines Generals en Chef.. beigelegt wor=
den, zu gebrauchen, geneigtest anzuweisen:

2) es bei der Imännoj Ukaz, vom 10 **Octob.** 1734,
und der mir den 22 Jul. 1740.. durch ebenmässige
Imännoj Ukaz anvertrauten GeneralDirection, gütigst
bewenden, und mir die Canzlei des MünzDirectorii auch
hier, so wie in Petersburg, immassen der Ort, die Ge=
stalt, und Beschaffenheit der Sachen, nicht verändert,
zu lassen, damit sowol meinem Caractere, als auch der
jetzigen guten Einrichtung des MünzWesens, one alle
Notwendigkeit kein Nachteil zugezogen werde; wie denn
aus dem nächstens von mir zu übergebenden Project ei=
ner *GeneralInstruction* für beide MünzCanzleien, ein dirig. Senat erleuchtet erkennen wird, daß die bisher ein=
gefürte Verteilung mit gutem Fundament gemacht wor=
den, und dieselbe zu besto ordentlicherer und promterer
Abtuung aller beim MünzWesen vorfallenden Sachen ser
dienlich und nützlich, und also billig beizubehalten sei:

3) daß der **Procureur** sich durchaus nicht anmassen
solle, den GeneralDirecteur in die Canzlei zu bescheiden;
immassen es dieses Gutfinden lediglich zu überlassen ist,
zu welcher Zeit und Stunde derselbe in die Canzlei, die
Direction darinnen zu füren, kommen wolle; als worun=
ter derselbe, nach Beschaffenheit und Erfoderung der ob=
handenen Sachen, nicht aber nach dem Wink und Gut=
finden des **Procureurs**, sich zu richten hat; in Abwe=
senheit desselben aber dem wirkl. EtatsRat und Richter,
Knäs Sergej *Golitzyn*, das Präsidium zu füren obliegt
und zusteht.

Weil

Weil nun hieburch nichts anders, als zuförderst die Beförderung Jhro K. Maj... Interesse, und Erhaltung guter Ordnung bei dem mir.. anvertrauten wichtigen MünzDepartement, sodann auch die Abwendung eines mir sonst ganz unverschulbet zuwachsenden, der nachbrücklichste Fürung meines Amtes hinternden, und Ehrekränkenden préjudice, lediglich und höchstgemüßiget gesucht wird: so darf von einem dirig. Senat ich mich einer gewierigen und schleunigen Resolution hierüber zuversichtlich getrösten und versprechen.

XXIV.

An Jhro Kaiserl. Maj. ELISABETH Petrowna ꝛc. alleruntertänigste Unterlegung, wegen meiner Entschlagung vom MünzWesen.

[S. 247-263].

Das hiesige MünzDepartement, dessen Direction mir am 20 Jul. 1740 ganz unerwartet aufgetragen worden, war mir, der ich nur zu auswärtigen Affairen berufen und bestellt bin, eine ganz fremde Sache: und ob mir wol bei Auflegung dieser nicht geringen Last, nicht die geringste Zulage am Salario angediehen, wollte ich mich derselben dennoch nicht entziehen, in Hoffnung, dem Russischen Reiche in Einrichtung eines guten und beständigen MünzFußes, in Ausmünzung des ⊙s, Ds, und Qs, und Abschaffung der verderblichen Qnen 5Kop. Stücke, ersprießliche Dienste unter göttlichem Beistande leisten zu können.

In solcher Absicht habe gleich im nachfolgenden Monat, nämlich den 25 Aug. 1740, an Jhro K. Maj. *Anna* Joannowna gottseeligsten Gedächtnisses, eine.. Unterlegung übergeben, darinnen mit mererem angezeigt worden, wie eine gefärliche und nachteilige Münze die Qnen 5Kop.Stücke seien; und wie unumgänglich nötig, dieselbe je eher je lieber aus dem Commercio herauszuziehen: weil, je länger sie gäng und gebe bleiben,

je

mer die der kaiserl. Caſſa, dem MünzWeſen, Commercio, und den ſämtlichen Eingeſeſſenen, daraus entſtehende Gefar überhand nemen, und je ſchwerer die emedur ſeyn werde.

Dieſer.. Unterlegung habe beigefügt einen zuverläßigen *Extract* aus 5 bis dahin an Graf *Golovkin* eingegebenen Projecten, mit einer Beprüfung derſelben, und Anweiſung, daß keines darunter vorhanden, dadurch man zum Zweck gelangen, und die ſchädlichen 5Ropejen, one Schaden der kaiſerl. Caſſa, empfindlichen Anſtoß des Commercii, und großen Nachteil der Untertanen, wieder einziehen und abſchaffen könne.

Sodann habe dabei zu.. kaiſerl. Approbation einen Entwurf übergeben, der nach meiner geringen Meinung dazu dienlicher ſeyn, als die bisherige Vorſchläge, und zum Ziel treffen würde: ſelbiger enthält folgende 15 daſelbſt weitläuftig ausgefürte, hier aber, um Ewr. Gedult nicht zu misbrauchen, nur ganz kürzlich zu benennende Puncte.

In dem 1ſten und 2ten Puncte wird vorgeſchlagen eine geſchärfte Publication wider das Hereinbringen nachgemünzter 5Rop.Stücke: ſodann eine nicht nur in den beiden MünzHöfen hier und zu St. Petersburg, ſondern in allen Gouvernements des Reichs, in einer beſtimmten Zeit zu bewerkſtelligende Stemplung derſelben, davon Proben beigelegt ſind, die ich auch hier ſub *Num.* I. anzulegen die Ehre habe: was für Vorteil dadurch zu erhalten, und wie damit eigentlich zu verfaren, werde unten zu berüren die Freiheit nemen. Hier erwäne nur, daß wenn auch nicht mer als die in den hieſigen MünzHöfen geſchlagene 4 Mill. Rbl. ſolcher ſchädlichen Münze im Reiche vorhanden, durch dies Mittel dennoch ooooo Rbl. derſelben aus dem Commercio, one Ewr. Schaden, herausgezogen werden.

Im 3ten Puncte wird eine Lotterie von 1 Mill. Rbl., aus lauter geſtempelten 5Rop. beſtehend, vorgeſchlagen. Selbige iſt aufs einfältigſte eingerichtet, ſo daß ſie ein jeder one Nachſinnen und Mühe begreifen kan, wie der hier angefügte Plan ſub *Lit.* A zeigt. Die darunter gefügte Ausrechnung (welche der gedruckten Bekannt

kanntmachung aber nicht mit zu inſeriren iſt), zeigt den
Vorteil von dieſer Lotterie.

Im 4ten Puncte wird eine Umprägung der einge-
kommnen 5Kop.Stücke zu 2 Kop. per Stück, o. zu
16 Rbl. aus dem Pud Q, mit dem kaiſerl. BruſtBu
vorgeſchlagen, wovon die Proben hier *ſub Num. II* an-
liegen: nebſt einem Engliſchen halben Pfennig, welche
QMünze, wenn der Rubl zu 50 Stüv. holländ. gerechnet wird, nach des Rat *Schlatters* von mir erfodertem
Bericht, 16 Rbl. 60 Kop. aus einem ruſſiſchen Pud Q
gemünzt werden, und die nun ſchon viele Jare in England one Nachmünzung gäng und gebe iſt, und zum
Beweis dient, daß dergleichen hier auch one Gieſar eingeführt werden könne.

In dem 5ten Puncte werden Reverſe vorgeſchlagen,
welche denjenigen auf die Hälfte des erhaltenen Preiſes
auszuſtellen, welche über 100 Rbl. für 1 Los à 5 Rbl.
gewonnen, bis genugſame ScheideMünze vorhanden, um
die Loſe vollends bezalen und ſelbige wieder einlöſen zu
können.   Beſſer aber wäre es, man kaufte aus dem
MünzCapital ein 50000 Pud Q, und vermünzte dieſelbe
zu 2Kop.Stücken à 16 Rbl. aus dem Pud: ſo könnten alle Loſe bar bezalt werden; welches beſſer, um den
Credit der Lotterie zu erhalten.

Nach dem 6ten Puncte wäre bei Publication der Lotterie bekannt zu machen, daß die in derſelben nicht eingebrachte 5Kop.Stücke nur 4 Kop. gelten ſollen; damit ſich ein jeder eile, an der Lotterie, darinn ſie für
voll angenommen werden, mit Part zu haben, und dieſelbe bald complet werde.

In dem 7den Puncte ſind in den HauptStädten *Collecteurs* und *Subſcriptions*Bücher vorgeſchlagen; imgleichen, wie die dagegen zu erteilende LosZettel beſchaf-
fen ſeyn müſſen. Die Diminution von 5 zu 4 Kop.,
ſo über diejenige ergehet, die an der Lotterie nicht participiren, beträgt von 3 Mill. in allem 600000 Rbl.,
welches in einem ſo großen Reiche repartirt, gewiß ein
ſehr geringes. In Frankreich hat man andre Diminutiones vorgenommen, und zuweilen von 2 Monaten zu
2 Monaten publicirt, davon eine jede viel Millionen
importiret hat.   -

Nach

Nach dem 8ten Puncte wird, sobald die 1ste Lotterie
gezogen worden, eine 2te von 2 Mill. publicirt, wovon
der Plan sub *Lit.* B anliegt. Darinnen werden die 5=
Kop.Stücke zu 4 Kop., so wie sie bis Dato gegol=
ten, angenommen; außer derselben aber gelten sie nur
3 Kop. mer: welche Diminution noch weniger wie die
vorige importirt, weil außer dieser Lotterie nur wenige
im Commercio übrig bleiben. Diese vollends einzuzie=
hen, wird gleich nach Endigung der 2ten,

nach dem 9ten Puncte, eine 3te Lotterie publicirt:
darinn werden sie zu 3 Kop. angenommen; die aber
dennoch rouliren sollten, gelten nur 2 Kop., und müs=
en in die MünzHöfe zum Umprägen eingeliefert wer=
den. Zu dieser Lotterie kan der 3te Plan sub *Lit.* C von
500000 Rbl. dienen. Wenn aber noch viel merere 5=
Kop.Stücke übrig seyn sollten, kan darnach die Sum=
me der Lotterie vergrößert werden. — Sollten die bei
jeder Lotterie zu publicirende Diminutionen, die Inha=
ber der 5Kop.Stücke nicht stark genug antreiben, die=
selbe einzubringen, und die Lotterien, zumal die 1ste,
nicht geschwind genug voll werden: können Ewr. . .
befehlen, daß ein jeder Dero Bedienten, der über 100
Rbl. Gage genießt, von jedem 100 seiner Gage 1 Loß
nemen solle; so würden durch solch Mittel dieselben de=
to eher und ser geschwinde completirt werden.

Der 10te Punct weiset an, wie zu verhüten, daß
die kaiserl. Cassen bei den Diminutionen nicht zu viel
leiden. Wenn man aber erwägt, daß die Krone durch
Ausmünzung des Qs à 40 Rbl. aus dem Pud, auf 4
Mill. Rbl., oder 100000 Pud Q über 3 Mill. Rbl.,
profitirt hat: so kan es auch nicht unbillig gefunden wer=
den, wenn die kaiserl. Casse bei WiederEinziehung die=
ser Münze sollte einigen Abgang leiden; der aber durch
Vermünzung der 2Kop.Stücke zu 16 Rbl. aus dem
Pud, gar bald und gar reichlich zu ersetzen seyn wird.

Nach dem 11ten Puncte sind denjenigen, die in der
2ten Lotterie über 100 Rbl. gezogen, abermals auf die
Hälfte des Gewinns Reverse auszustellen, bis genugsa=
me ScheideMünze vorhanden, dieselbe wieder einzulö=
sen. In demselben ist eine GeneralCalculation enthal=
ten, was bei den bisher vorgeschlagenen Mitteln profi=
tirt

tirt werden könne. Damit es aber an ScheideMünze nicht fele, die LotterieZettel bezalen zu können; wird im 12ten Puncte proponirt, Die 10= und =Kop. Stücke, oder Griven und halbe Griven, nicht zu 77 Solotn. sondern nach einer dergestalt proportionirten Probe auszumünzen, daß, was das MünzerLon mer kostet, und der Abgang des Dẗ mer wegnimmt, als bei der Vermünzung des Dẗ zu Rubln, solches durch den etwas geringern Gehalt der ScheideMünze ersetzt werde. Um aber alle ausgestellte Reverse (welche allen Inhabern derselben zu gleicher Zeit zu bezalen sind, um alle Parteilichkeit zu vermeiden) einlösen zu können, wird nach dem 13ben Puncte, 1 Mill. Rbl. an neuen 2= Kop.Stücken zu 16 Rbl. aus dem Pud geschlagen; bei deren Vermünzung das alterum tantum gewonnen wird; wozu das Q, falls es die Gewerke im Lande nicht fourniren können, von *Liveranciers*, wie mit dem Ⅾ geschehen, zu erhandeln. Diese beide Puncte sind in einer besondern Unterlegung an Ihro Kais. Maj. *Anna Joannowna*, vom 10 Oct. [oben S. 36, 48], weitläuftig ausgefürt werden, wovon weiter unten.

In dem 14ten Puncte wird mit dem Exempel der hollandischen Generalität und particulierProvinzen, der großen Summen erwiesen, welchen die Einfurung der Lotterien zuwege gebracht würde: zumal zu solchen, wenn der ferner erklecklicher Summen Geld braucht, mit solchem freiwilligen Beitrag die Inhaber nicht nur, sondern auch ansehnliche passante Ausgaben bestreiten zu

Bei dem letzten aber wird erinnert, daß es nicht éclatiren müsse, bis es von jes die Umstände erfodern, durch gemacht wird, damit der Credit der 5 Anstoß leide.

Als nun hierauf keine *Resolution* erfolgte: habe ich, um selbige zu befodern, und zugleich zu einem gewissen MünzFuß zu Dner und Qner ScheideMünze zu gelangen, wie vorerwänt, den 10 Oct. 1740 [oben S. 36], dem gewesenen *Cabinet* desfalls eine an Ihro Kais. Maj.

Naj. gerichtete weitläu... Unterlegung eingegeben.
Dabei mittelst angelegter ... [oben S. 38], die
ielfältigen, zum höchsten ... des pretiösen Münz-
tegals, in beiden Sorten der ... Münzen, vor, e-
ommene Variationes angezeigt, und ... vielen Grun-
e bewiesen, daß die Dne Griven nicht zu 77 (wie von
731 bis 1735 geschehen), sondern zu 72 Solotn. Probe,
m Gewicht aber den Rubin von der Probe 77 Solotn.
leich, und die Qne nicht, wie nur den Denuschken und
Poluschken (deren hier schon über 500000, und in Sibiri-
n über 300000 Rbl., abermals zum Schaden des Münz-
tegals, geschlagen worden, geschieht, zu 10 Rbl. aus
em Pud, sondern zu 16 Rbl., ausgemünzt werden
nüßten; folglich alleruntertän... gebeten habe,

1. daß eine Publication erg... , die Dne Griven
nd halbe Griven, Altyne, und runde Kopejken,
tem die Menschikovsche Griven von 1726, in einem
gewissen Termino, bei Strafe der Confiscation, einzu-
ringen;   2. daß allerhöchst verordnet werde, nach
velchem Schrot und Korn Dne Griven und halbe Griven, und wie viel derselben, sollen geschlagen werden;
3. ob nicht die in dem 1sten und 2ten Puncte meines
Entwurfs vorgeschlagne Publication erach... , und mit
dem Stempeln der Qnen 5 Kop Stücke verfaren werden solle;   4. dagegen mit weiterm Vermünzen der
Denuschken und Poluschken, deren nach der Ukase vom
31 Dec. 1734, 2 Mill. Rbl. geschlagen werden müssen, solle eingehalten, und dem General-Berg-Directorio
anbefolen werden, nach dem 14den Punct des Berg-Pri-
vilegii, ⅒ des gewonnenen Qs bei allen Gewerken gegen
zängige Preise an die Münz-Höfe abzugeben.

Bei ferner ausbleibender *Resolution*, übergab ich
bei der Regentschaft des Herzogs von Kurland, den 21
Oct. 1740, demselben einen aus 13 Puncten bestehenden Bericht vom hiesigen Münz-Wesen, darinn insonderheit vom 8ten bis 13den, nachdrücklich darauf insistirt
wurde.   Die Sache wurde auch im Cabinet von dem
jetzigen Groß-Canzler und Vice-Canzler vorgenommen, geriet aber, wegen der kurz darauf erfolgten Revolution,
ins Stecken.

Deswegen ich bei der ReichsVerwaltung der Prinzeſſin *Anna*, in einem untertgſten Bericht vom 26 Jan. (nachdem ich Jhro den 22 vorher, von der Ein̄ehmlung der Dnen Kopejken, deren 8½ Mill. bisher gewechſelt, und zum Nachteil des kaiſerl. Intereſſe ſämlich zu Rubln vermünzt worden, umſtändliche Nachricht erſtattet hatte) [oben S. 54], abermals daran, und in ſpecie an die vorläufig zu ergehende **Publication** und Stemplung der 5Kop.Stücke erinnerte, und davon 7 zu erwartende Vorteile anwies, nämlich   I. eigentlich zu erfaren, wie viel der 5Kop.Stücke im Reiche vorhanden; und   2. wo die nachgemachten herkommen und hereinpracticirt werden;   3. daß dadurch 200000 Rbl. derſelben aus dem Commercio gezogen werden können;   4. und überdem noch viele nach verfloſſenem Termin ungeſtempelt bleiben dürften, die alsdenn nicht mer giltig ſind;   5. daß es dienen könne, den Credit der 5Kop.Stücke beizubehalten;   6. daß das Nachmünzen und Hereinbringen dadurch werde unterbrechen und gehemmt werden;   7. bei dem Umprägen derſelben zu 2Kop. mit dienen, daß dieſe nicht ſo leicht nachgemünzt werden.

Zu beſto ſchleunigerer Beförderung der Sachen, legte ich ein Formular der **Publication** mit an; und bei ausbleibender *Reſolution* ſtellte ichs copeilich dem Prinzen *Anton Ulrich* von Bevern zu; aber alles mit vergeblicher Bemühung. Indeſſen iſt, den folgenden **14 März** deſſelben Jars, überdem dem geweſenen Cabinet, wegen eines künftigen MünzFußes zu ☉Ausmünzung, womit auch bisher ſer variirt worden, umſtändliche Vorſtellung geſchehen, dahin gehend, daß man hieſelbſt den **Dukaten** nicht wie die holländiſchen, zu 94⅙ *Soloin.* Probe, und 117½ aus dem Pfund, ſondern zu 93 *Soloin.* Probe, und 118 Stück aus dem Pfund, vermünze, damit ſie nicht aus dem Lande gehen; daß man die mit dem **AndreasKreuz** bemerkte ☉ne 2Rbl.Stücke, innerhalb JaresFriſt, an die MünzHöfe einzubringen publicire, und zu Dukaten nach vorgedachter Probe und Gewicht vermünze; und endlich daß man anſtatt des geſetzten Preiſes des ☉es à 2Rbl. 52 Kop., daſſelbe zu 2 Rbl. 60 Kop., zum Behuf der Vermünzung kaufen möge,

und

und solches gleichfals publicirt werde, immassen als=
denn die Casse, wenn die Dukaten 2 Rbl. 20 Kop.
ordentlich gelten, doch noch bei jedem Soloтn. 14 Kop.
profitiren würde. Aber auch diese Vorstellung ist onë
erteilte *Resolution* bishero liegen geblieben, obwol da=
bei, meines geringen Erachtens, gar kein Bedenken vor=
walten, und durch die Ummünzung dеr ⊙nen 2 Rbl.=
Stücke, wenn die 341148 Stücke, welche hier gemünzt
worden, noch alle vorhanden, nach Abzug aller Kosten
circa 28000 Rbl. profitirt werden kan.

Wegen Ausmünzung der ⊃nen Griven zu 72 Soloтn.
Probe, und am Gewicht mit dem Rubl von 77 Soloтn.
Probe gleich (denn es gibt auch schwerere Rubl von 70
Soloтn. Probe bis 1731 gemünzt), ist endlich den 10 Jun.
1741 die *Resolution* erfolgt, doch wie viel derselben sol=
len gemünzt werden, nicht bestimmt worden. Es sind
derselben auch hier in Moskau schon 20000 Rbl. verfer=
tiget, müssen aber, weil sie das Portrait des Prinzen
Johann führen, welcher umgeprägt werden: wozu denn
auch ein Stempel mit Ewr. K. Maj. Portrait
verfertiget ist. Auch sind an GrivenPlatten 58000 Rbl.
fertig, mit deren Ausprägung, sobald die Krönungs=
Medaillen fertig, verfaren werden wird. Bei 1 Mill.
gedachter Griven wird mir, als bei denen von 1731
bis 1735 geschlagenen Griven, deren nach der Ukase
1 Mill. verfertigt werden sollte, für Ewr. Casse pro=
fitirt 3000 Rbl. 45 Kop. Und weil 8½ Mill. Rbl.
an kleinen ⊃nen KopejkenStücken eingewechselt wor=
den, erfodert das Interesse Ewr. sowol, als die Be=
quemlichkeit des Publici, daß an dergleichen Griven
und halben Griven, einige Millionen, sobald tun=
lich, gemünzt werden, um den Abgang der ⊃nen Schei=
deMünze wieder zu ersetzen.

Wegen der ⊃nen ScheideMünze, und der Stemplung
der 5 Kop.Stücke, ist den 12 Nov. 1741, bei Gele=
genheit, daß falsche 5 Kop.Stücke aus Georgien nach
Astrachan hereingebracht worden, bei einem dirig. Senat
abermals Erinnerung geschehen, die auch noch ganz neu=
lich unter dem 14 Apr. wiederholt worden.

H 2   Ewr.

Ewr. geruhen aus diefem allem . . zu erfehen, daß
wegen eines künftigen beftändigen Münz Fußes zu O=,
D=, und Ausmünzungen, fodann auch wegen Einzie=
hung der 2nen 5Kop. Stücke, gründliche und erwiefe=
te Vorftellung von mir gefchehen, und es nur darauf
ankomme, daß wenn darauf . . refolvirt worden, daf=
felbe zur Execution gebracht werde: wozu aber ich ar=
mer Fremdling nunmero um fo viel weniger etwas bei=
zutragen gegründete Hoffnung hegen kan, nachdem durch
die Ukafen eines dirig. Senats vom 18 und 31 März
jüngfthin, die Imännoj Ukas Ihrer K. Maj. *Anna* Joan=
nowna, wodurch mir die HauptDirection des Münz=
Wefens . . aufgetragen gewefen, und die Canzlei des
MünzDirectorii, wozu ich eigentlich beftellt bin, aufge=
hoben, und in ein Sitzen in der hiefigen jener fubor=
dinirten MünzCanzlei verändert worden; dabei Ehren=
kränkende Umftände vorgekommen, die mir alle Autho=
rität und alle Confideration, die Nachgefetzte gegen ihre
Vorgefetzte billig tragen follen, bei den übrigen Bedien=
ten diefes Departements benemen müffen.

Und da es, wie Anfangs erwänet, ein fremdes Werk,
dabei ich bisher alles ausgerichtet, was von mir erwar=
tet werden können: fo werden Ewr. . . geruhen, mein
höchftgemüffigtes allerfußfälligftes Bitten und Flehen
darinnen zu erhören, daß Sie allergnädigft befelen, ge=
ftalt ich von nun an nicht weiter in der hiefigen Münz=
Canzlei mich einfinden, und fernerhin keines Dinges bei
diefem Departement mich annemen folle. Worüber
Ewr. . . *Refolution* demütigft abwartend, ich in der al=
lertiefften Niederwerfung, und unabläffiger Devotion,
bis an meines Lebens Ende verharre 2c.

April 1742.

XXV.

XXV.

An die Kaiferin *Elifabeth*, ¹¹ Sept. 1746.

[S. 265 - 268].

Allerdurchlauchtigste, Großmächtigste Kaiferin
und Selbsthalterin aller Ruffen, Allergnädigste Kaiferin
und Große Frau.

Ewr. lege hiemit einige ganz unvorgreifliche Gedanken allerdemütigst zu Füßen, welche die nunmero zu 2•
Kop. reducirte 5 Kop. Stücke erwecket.

Daß ich derfelben 10 Millionen mutmaßlich angegeben, und præfupponire, daß ihrer nun noch 4 Mill.
Rbl. im Publico rouliren, wird mir hoffentlich nicht
verargt werden. Es können derfelben weniger, aber auch
viel mer feyn. Polen steckt voller Juden, die haupt-
fächlich vom Wucher und Uebervorteilung der Christen leben. Kein Gefetz verbietet ihnen die Nachmachung fremder Münze, ihr Gewissen noch weniger, 400 auf 100
zu gewinnen, dazu findet sich sonsten wenig Gelegenheit:
wie sollte denn das gewinnfüchtige Volk diese verfäumt
haben? Die Gränzen Rußlands liegen gegen Polen auf
1000 Werste offen: von Jar zu Jar hat man das Nachmünzen und Hereinpracticiren immer beffer lernen können, dieses hat über 20 Jare gewärt. Wie viel mögen,
wärend folcher langen Zeit, nicht auch zur See hereingebracht feyn? Holland steckt gleichfalls voller Juden;
und in Schweden ist ♀ die Menge. Wie kan man denn
die große Menge der nachgemünzten 5 Kop. Stücke in
Zweifel ziehen, da dieselbe wegen schlechten Geprägs fo
gar leicht nachzumachen sind? In einem fo weitläuftigen Reiche, wollen 10 Millionen nicht fo gar viel fagen.
Es ergibt sich dieses unter andern daraus, daß nach den
MünzRegistern, allein an einzelnen ♂ Kopejken, für 26
Mill. Rubl gewiß geschlagen worden: wegen 4 Mill.
ist man ungewiß, ob es just Kopejken, oder ob auch
andre ♂ne Münze darunter begriffen gewesen? Nunmero ist von diesen 26 bis 30 Mill. nichts mer gäng und
gebe. Der Denufchken und Polufchken sind in Moskau nur 500000, und in Sibirien noch nicht 400000

ge=

geſchlagen, der Inen Griwen auch nicht für 100000 Rubl: und doch hört man nicht über Mangel er ScheideMünze klagen. Darüber aber iſt beſtändig geſagt worden, daß die Rubl rar werden, und die QMünze ſich immer mer an allen Orten häufe. Nun können die Rubl ohne 8 und mer proCent Verluſt nach dem gewönlichſten Wechſel nicht aus dem Lande gebracht und verſchmolzen werden: und doch will man wiſſen, daß ſie in Polen zu geringhaltiger ScheideMünze häufig verbraucht ſind; und alſo muß der Vorteil in hereinpractiſirter QMünze, und dagegen an ſich gebrachten Rubln, da die erſten den Schaden, der an den letztern erlitten wird, überflüſſig erſetzen können, ſeyn geſucht worden.

Doch dem ſei wie ihm wolle, es kömmt in meinem .. Vorſchlag auf die wenigere oder merere Zal der 5. Kop.Stücke gar nicht an; ſondern darauf, daß ein bequemer Münzfuß zur QMünze eingefürt werde, der beſtändig beibehalten, und nicht wol nachgemacht werden, und dabei die Krone profitiren könne: wozu ich 16 Rubl aus dem Pud, aber in zierlichem Gepräg, vorgeſchlagen. Ich lege hier einen Engliſchen *Farthing*, der ¼ Kop. gilt, .. an: man halte ihn gegen einen hieſigen Denuſchken, der viel ſchwerer; und dennoch wird der letztere eher mit Profit, als der erſtere, können nachgemacht werden. Wobei auch noch zu erinnern, daß das weitere Prägen der Denuſchken und Poluſchken ceſſiren, und hingegen feſte darüber gehalten werden müſſe, daß nach dem 14den Art. des Berg*Privilegii*, aus den Gewerken ⅔ des ℔ an die Münze unfelbar abgeliefert werde. Welche beide Puncte meiner .. Vorſtellung noch hinbeizufügen; worauf ich mich übrigens allerdemütigſt beziehen, und um derſelben .. Aufname allerfußfälligſt bitten darf: in allermildeſter Erwägung, daß die Abſicht dabei keine andre iſt, als Ewr. hohes Intereſſe möglichſt zu befördern, und ein geringes Merkmal desjenigen DienſtEifers abzulegen, mit welchem ich allerſubmiſſeſt bin und erſterben werde ꝛc.

St. Petersburg, 11 Sept. 1746.

XXVI.

XXVI.

Alleruntertänigste Vorstellung, die Kupfermünze
betreffend, vom 10 Sept. 1746.

[S. 269‒289].

Die 5 Kop. Stücke, welche durch .. kaiserl. Ukasen,
und 3malige Diminutiones, nunmero vom 28 *paſſ.* an,
nur für 2 Rop. gäng und gebe sind, sind bekanntet
massen zu 40 Rbl. aus dem Pud ausgemünzt; und beren an der Zal, nach des Assessors *Makejews* Angabe,
3,984885, also beinahe 4 Mill., aus dem Moskauischen
MünzHofe, von 1723 bis 1731, ins Publicum ausgegangen. Und wenn das Q, welches dero Zeit vom Com-
merzComtoir an die Münze, zu 6 Rbl. 25 Rop. das
Pud, verkauft worden, mit MünzerLon und Abgang zu
7 Rbl. per Pud gerechnet wird: ist bei solchem Ausmünzen auf 100000 Pud Q profitirt worden, in obge-
setzten Jaren, die Summe von 3,300000 Millionen.

Weil aber, mit Nachmachung solcher Münze, wenn
auch das Pud Q zu 8 Rbl. gerechnet wird, aus jedem
100, 500 zu machen sind: so ist leicht zu ermessen, daß
ein solcher exorbitanter Vorteil, da man, mit 200,
800 profitiren kan, unzäliche Gewinnsüchtige Leute werde veranlaßt und gereizt haben, selbige nachzumünzen,
und unter das Volk zu bringen; und daß in den 20 Jaren und darüber, darinnen sie für vollgiltig gewesen,
die auf den MünzHöfen ausgemünzte Summen, sich
mit viel Millionen werden vermert haben.

Rechnet man die nachgemünzten und hereinpractisir-
ten auf 6, also die ganze Quantität der zur Zeit der
1sten Devalvation de 1744 vorhanden gewesenen, auf
10 Mill.: so ist bei der damaligen Reduction von 5 zu
4, also zu 20 proCent, verloren gegangen die Summe
von 2 Mill. Die übrig gebliebenen 8 Mill., von 4 zu 3
reducirt, geben à 25 proC. einen Verlust des 4ten Teils,
also auch 2 Mill. Die nachgebliebene 6 Mill. sind im
August jüngsthin von 3 zu 2, also um $\frac{1}{3}$, reducirt: ist
wiederum verloren 2 Mill. Und würden die nun noch
nach obiger Supposition roulirende 4 Mill. von 2 zu 1
Rop., nach dem ongefärlichen innerlichen Valore dieser

H 4 QMün-

Münze, reducirt werden: so würde die Hälfte derselben, und also abermals verloren 2 Mill.; — — folglich anstatt der bei der Ausmünzung profitirten 3,300000 Rubl, ganze 8 Millionen Verlust gerechnet werden müssen.

Und hieraus liegt zu Tage, daß das MünzRegal, welches beim rechten Gebrauch eines der edelsten Kleinodien in eines Souverains Krone ist, unsäglichen Schaden nach sich ziehen könne, wenn dasselbe gemisbraucht wird; und also mit großer Vorsichtigkeit darunter zu Werke gegangen, und der MünzFuß zu ☉, ☽, und ♀, grober und ScheideMünze, zwar so eingerichtet werden müsse, daß man die MünzHöfe nicht nur davon mit Gebäuden, Maschinen, Instrumenten, und Arbeitern, unterhalten, sondern auch für die höchste LandesObrigkeit einigen billigen Vorteil erhalten könne; — wenn aber dieser nicht in der Menge guter Ausmünzung, wie es seyn soll, sondern in einer über den Werth gar zu sehr erhöheten, und zumal einer, wegen schlechten Geprägs, und einfacher gemeiner Materie, leicht nachzumachenden Münze, gesucht wird, Gewinnsüchtigen biebischen Leuten der Profit in die Hände gespielt, und hingegen der hohen LandesObrigkeit derselbe entzogen werde, und dem Lande ein solcher Schade zuwachsen könne, der nicht leicht zu remediren ist, one daß viele unschuldige Leute dadurch ruinirt werden, und Handel und Wandel dadurch großen Anstoß leiden.

Daß die One 5Kop.Stücke dieses alles nach sich gezogen; ist so Landeskündig, und bei den meisten durch selbst eigenen erlittenen Schaden, in so frischem und empfindlichem Andenken, daß es, desfalls weiter etwas anzuführen, ganz überflüssig seyn würde. Nur da nicht nur das Publicum insgemein, sondern auch insbesondre Ihro Kaiserl. Maj. selbst, an den KronCassen, bei jedesmaliger Diminution, gar großen Verlust haben erleiden müssen: wird es nicht nur erlaubt seyn, sondern auch eines jeden getreuen Dieners Pflicht, der da geschworen, Dero Schaden abzuwenden, und Dero Bestes zu befördern, so viel an ihnen ist, mit dahin zu arbeiten, daß fernerer Schaden abgewendet, und der erlittene große Verlust einigermaßen wieder ersetzt werden könne.

Da

Da durch die 3malige Devalvationes die 5Kop.=
Stücke von 5 zu 2 heruntergesetzt worden: stehen die=
selbe, weil sie zu 40 Rbl. aus dem Pud ℔ gemünzt ge=
wesen, nunmer zu 16 Rubl aus dem Pud; und folglich
übersteigt der Werth, wofür sie jetzo gangbar sind, die
innerliche Valeur noch um die Hälfte. Deswegen man
durchgehends in den Gedanken stehet, daß, um die Gefar
des Nachmünzens und des Hereinbringens solcher Mün=
ze völlig abzuwenden, noch eine Diminution vorge=
nommen werden müsse, dadurch sie von 2 zu 1 Kop.,
und also zu 8 Rubl aus dem Pud ℔, gesetzt würden.
Da aber dadurch, wie vor angezeigt worden, Ihro
Kaiserl. Maj. Cassen, und das Publicum, abermals
2 Mill. verlieren dürften; und die blose Besorgung
weiterer Absetzung verursacht, daß niemand das Geld
gerne nemen will; und auch nach der letzten Absetzung,
3 und mer proC. Agio gegen DGeld oder gegen Wechsel
prätendirt werden darf, welches vielfältige Irrung und
Streit im Handel und Wandel gebiert, die sich, je nä=
her man der Zeit kömmt, da die vorige Devalvations=
Ukase ergangen, immer vermeren dürften: so ist es ja
wol der Mühe werth, darauf bedacht zu seyn, wie sol=
chem Unheil vorzukommen, und fernerer Schaden von
Ihro Kais. Maj. Cassen und dem Publico abzuwenden
sei; auch .. Dieselbe anbei zu einiger Ersetzung des er=
littenen Verlustes gelangen könne; und dabei, wegen
der ℔nen sowol als Inen ScheideMünze, einmal ein
beständiger Fus eingefürt werden möge.

Zwar als im Ausgange des J. 1730, eine ser nach=
drückliche kaiserl. Ukase an den damaligen dirig. Senat
ergangen, ihre Meinung abzufassen, wie die 5Kop.
ab=, und das Capital zu deren Einwechslung anzu=
schaffen; und sie, als getreue Untertanen und Söne des
Vaterlandes, ernstlich ermanet worden, dazu nützliche
HilfsMittel zu entdecken: ist man in der, unter dem
25 Jan. 1731, desfalls abgefaßten *Resolution*, und
zwar nach dem 8ten Punct derselben [oben S. 46], der
Meinung gewesen, daß man sie, sobald sie nach den vor=
hergehenden Puncten an die MünzComtoire würden
eingeschickt seyn, zu Kopejken umprägen, und das
Pud auf 8 Rubl setzen solle, ungeacht des exorbitanten

Verlustes von 5 zu 1, und unangesehen daß man, ver=
möge kaiserl. Ukasen, die Denuschken und Poluschken
zu 10 Rubl aus dem Pud eben damals ausgemünzt hat.
Es ist aber nicht zu läugnen, daß sie auf solchen Fuß
zu 10 Rubl aus dem Pud, nicht füglich konnten umge=
prägt werden; immaßen das Stück alsdann zu 1⅕ Kop.
hätte gesetzt werden müssen, welches eine sehr unbeque=
me ScheideMünze abgegeben haben würde: und scheinet
es, daß man solches zu vermeiden, die 2 Rubl per Pud
einbüßen wollen, wofür sie doch umgeschmolzen, und
neue 2= und 1Kop.Stücke, mit etwa 1½ Rubl Profit
per Pud, hätten geprägt werden können.

Es wird aber in obgedachter *Resolution*, warum man
sie zu Kopejken per Stücke umprägen, und das Pud
♀, welches in Denuschken und Poluschken schon zu 10
Rubl gäng und gebe wäre, wieder zu 8 Rubl setzen,
und zu ♀ner Münze einen neuen MünzFus von geringe=
rem Gehalt mit Schaber. établiren wollen, keine andre
Ursache angefürt, als daß falsche Münzer solche nicht
nachmachen sollen (*cztob woram poděliwatſä bylo ze
izczego*).

Nun ist es andem, daß vor allen Dingen hierauf
gesehen werden müsse, wie die Münze so einzurichten,
daß die Gelegenheit zum Nachmünzen, den Gewinnsüch=
tigen Leuten möglichst abgeschnitten werde; und haben
auch die bisherigen *Reductiones* keinen andern Endzweck
gehabt, da die Erfarung gelert, daß die allerschärfsten
Mandata wider das Nachmünzen und Hereinbringen,
dazu keine hinlängliche Mittel sind, wenn der Vorteil
beim Nachmünzen gar zu groß ist.

Nachdem aber seithero das ♀ im Preise gestiegen,
und nunmero das Pud mit 8 Rbl. bezalt wird: so fiele,
wenn die Münze mit dem Preise des ♀s égalisirt wird,
der Abgang beim Schmelzen und das Münzer̄Lon den
MünzHöfen zur Last. Wovon sollen denn diese bestehen
und unterhalten werden? und was hätte solchenfalls die
Krone für Nutzen von dem kostbaren MünzRegal? Die
Kopejken würden auch alsdenn von den Kupfer= und
MessingsArbeitern verschmolzen, und als ♀ aus dem
Lande gehen: also fiele man, um ein Uebel zu heben,
in ein anders; und Ihro Kais. Maj. würden für den
erlit=

erlittenen großen Verlust keine Ersetzung erhalten.
"Die ♀Münze würde auch zu einer gangbaren Scheide-
„Münze zum Gebrauch gar zu unbequem; immaßen wer
„nur 1en Rubl zu bezalen hat, dazu 5 Pfund bei sich
„tragen, und wer 200 Rubl abzutragen hätte, dazu
„1000 Pfund fortschleppen laßen müßte; also daß sie
„zu Bezalungen, die von einer Stadt zur andern ge-
„schehen, gar nicht mer zu gebrauchen". Zwar sind
die schwedischen Platten noch unter 8 Rubl ausgemünzt, und wenn der Thaler ♀Münze gerechnet wird
zu 36 Kop., betragen sie nur 7 Rbl. 57½ Kop. per
Pud. Es haben aber die Schweden um deswillen auch
eine Bank établirt, und geschehen die Bezalungen, die
etwas importiren, in BancoZetteln. Sollte aber das
♀ im Preise noch mer steigen, oder auch nur zu 8 Rbl.
bleiben: so werden die Schweden auch wol nicht erman-
geln, ihre Platten darnach einzurichten; wie denn ihre
kleinere Münze, Oer genannt, zu 13 Rubl das Pud
ausgemünzt ist, und nach der innerlichen Valeur mit
den holländ. Deuten übereinkömmt.

In England, wo die schönste Münze vorhanden,
und ☉ und ☽ one Profit ausgemünzt wird, um das
Einbringen dieser kostbaren Metalle in die Münze zu en-
couragiren, hat man dennoch kein Bedenken getragen,
die ♀ne ScheideMünze, als halbe und ViertelPfenni-
ge (half a penny und farthing), zu mer als 16¼ Rubl
per Pud auszumünzen; wovon die Probe leicht zu machen, immaßen 2 solche halbe Pfennige, die 2 Kop.
an Werth betragen, noch ¼ Solotn. leichter sind, als ein
hiesiges 5= oder nunmer 2Kop.Stück: und hat dennoch
diese aus purem ♀ bestehende Münze, in den vielen Jaren, in welchen sie schon gäng und geb gewesen, so wenig an ihrem Credit verloren, daß sie vielmer, da man
ihrer, um in kleinen Ausgaben aus einander zu kommen,
nicht entberen kan, öfters gegen ☉= oder ☽Münze mit
einem kleinen Aufgelbe eingewechselt wird. Und ob ihrer gleich, bei allen Regirungen, nicht geringe Summen
ausgemünzt werden, und sie dennoch so rar bleibt, daß
sie in den WechselBänken gesucht werden muß: ist solches Zeugnis genug, daß sie nicht nachgemünzt wird,
oder mit Vorteil nicht nachgemünzt werden kan; davon
die

die Ursache nicht der Qualität des Qß, und daß ihr innerlicher Werth mit dem Preise, wozu sie ausgemünzt ist, übereinkäme, zu suchen, sondern vielmer darein zu setzen ist, daß die Zierlichkeit des Geprägs, welches auf einer Seite des Königs BrustBild, und auf der andern Seite England vorstellt, und eben so zierlich auf die ½= als auf die ¼e Pfennige ausgedruckt ist, nicht erlaubt, sie mit Vorteil nachzumünzen.

Und um dieser Ursache willen, habe auch ich kein Bedenken gefunden, da mir die Direction des Münz=Wesens am 22 Jul. 1740 aufgetragen worden, in meinen .. Berichten wegen Abschaffung der 5Kop.Stücke vom 25 Aug., und wegen eines beständigen MünzFußes zu Qner und Qner ScheideMünze vom 10 Oct. selbigem Jars, nach obliegender Pflicht .. vorzuschlagen, daß die Qne ScheideMünze zu 16 Rubl aus dem Pud ausgemünzt, und die 5Kop.Stücke, sobald sie aus dem Commercio herausgezogen, und in die MünzHöfe eingekommen seyn würden, zu 2Kop.Stücke, aber auf den Fuß wie die Englische QMünze, mit nett ausgestochnem BrustBilde, und zierlichem Adler zum Revers, umgeprägt werden müsse : wovon damals Abbrücke zur Probe beigelegt worden, deren auch hier ein par hinbeifüge. Ein falscher Münzer, der dergleichen nachmünzen wollte, müßte, ym 1 Rubl aus 2⅕ Pfund Q herauszubringen, vorerst 50 5Kop.Stücke verfertigen (immaßen die Merkmale des alten Geprägs noch auf den umgeprägten einigermaßen sichtbar); sodann solche 50 Stücke mit auf das zierlichste geschnittenen Stempeln umprägen, wobei er gewiß kein großes TageLon verdienen würde. Und ob zwar ein Auswärtiger beim Nachmünzen eben keiner Gefar möchte unterworfen seyn: so läuft doch er oder seine Mithelfer dieselbe beim Hereinpractifiren, die sich dazu umsonst nicht werden exponiren, und ein mereres, als er selbst daran verdient hat, prétendiren. Im Lande aber wird sich niemand, um eines geringen und mühsam zu verdienenden Profits, der schweren Strafe der falschen Münzer unterwerfen. Woraus denn genugsam erhellet, daß keine weitere Absetzung der 5Kop.Stücke nötig sei, sondern dieselbe, one Bedenken und one alle Gefar des Nachmünzens, zu

2Kop.

2 Kop. können umgeprägt, und auf solchen Fuß beständig im Commercio gelaffen werden.

Weil aber nicht nur durch die 3malige Diminutiones der 5Kop.Stücke, die ScheideMünze im hiesigen Reiche um etliche Millionen Rubl vermindert, sondern dieselbe noch mer dadurch, — daß die Dne Kopejken (deren 26 Mill. Rubl von 1664 bis 1703 sind vermünzt worden), erstlich zur Summe von etwa 9 Mill. sind eingewechselt, und lauter RublStücke daraus verfertigt, und endlich durch eine . . Ukase befolen worden, daß sie vom 1 Jun. 1744 an, nur noch 2 Jar in den Hebungen angenommen, darnach aber nicht mer gäng und gebe seyn sollen, — die ScheideMünze dergestalt aus dem Commercio herausgezogen worden, daß man auf neue ScheideMünze notwendig bedacht seyn muß: so kan solches als eine gewünschte Gelegenheit ergriffen werden, Jhro Kaif. Maj. einigermaffen wieder zu dem bei den erwiederten Reductionen erlittenen großen Schaden zu verhelfen, wenn nämlich, sobald die Umprägung der 5Kop. zu 2Kop., und nach welchem Gepräge sie geschehen solle, festgesetzt worden, so viel Dne einzele Kopejken nach eben solchem Gepräge, und mit einem eingeschnittenen, oder mit Buchstaben versehenen Rande, als nur immer von hier bis NeuJar verfertiget werden können, zu 16 Rubl aus dem Pud, ausgemünzt werden. Kan das dazu benötigte D ongefär zu 7 Rubl per Pud angeschafft werden, wie denn das inländische so viel nicht gilt; so profitiren Jhro Kaif. Maj. bei solcher Ausmünzung Rubl auf Rubl: und so viel 100000e, als ausgemünzt werden, so viel 100000e werden in Jhro Kaiferl. Maj. Caffe einfließen. Diese neuverfertigte Kopejken können denn dienen, sobald der Terminus da, die abgesetzten 5Kop.Stücke zur Umprägung einzubringen, diese damit auszuwechseln; darnach aber können sie mit umgeprägten 5Kop.Stücken vertauscht werden, bis der Terminus eines Jars, vom NeuJar 1747 bis NeuJar 1748, verstrichen: nach welchem die nicht umgeprägten nicht mer im Commercio giltig seyn, und nicht höher als zu 1 Kop. das Stück angenommen werden müssen; es wäre denn, daß Jhro Kaif. Maj. den Terminum aus erheblichen Ursachen zu prorogiren

für

für nötig erachten würden.   Mittlerweile wäre an Ꝗ, so viel immer möglich, und für den besten Preiß, als es nur zu bekommen, anzuschaffen; und sobald man mit der Umprägung zu Stande, und der Terminus verstrichen, mit Ausmünzung neuer Kop.Stücke, bis zur Summe von 2 Mill., fortzufaren: und solchergestalt würden Ihro Kaif. Maj. von dem erlittenen Schaden zuerst 2 Mill., durch ganz billiges, ongefärliches, und einigermassen nötiges Mittel, wieder ersetzt bekommen.

Weil aber auch die zu 16 Rubl aus dem Pud ausgemünzte ꝖMünze, zum Transportiren und zu Bezalungen, die von einer Stadt zur andern geschehen müssen, nicht bequem, auch man mit Wechseln nicht allezeit zum Zweck kommen kan: so ist nötig, zu einiger Ersetzung der abgegangnen vielen Millionen an Ꝺnen Kopejken, auch auf Abstellung dieses Mangels, so weit es die Notdurft erfodert wird, mit Ausmünzung Ꝺner ScheideMünze bedacht und bemüht zu seyn; wozu die Ꝺnen Griven und halbe Griven die bequemsten Sorten abgeben können. Und gleichwie nun die Ausmünzung der ersteren zu 72 Solotn. Probe, und am Gewicht den Rubln von 77 Solotn. Probe gleich, mit Ihro Kaif. Maj. BrustBild, und Reverse unter der Krone *Grivennik* und die JarZal, bereits approbirt, und eine ziemliche Quantität wirklich ausgemünzt worden: so kan damit auf gleichen Fus continuirt werden. Und ob zwar der Vorteil darauf nicht so groß, als auf der Ꝗnen Münze; so bringt doch jede Million, wenn das Ꝺ zu 19 Kop. das *Solotn.* fein angeschafft wird, circa 135000 Rubl Profit ein.

Die halben Griven, oder Ꝺne 5Kop., wären denn ferner meines Erachtens, was das Gepräge und das Gewicht angehet, auf gleiche Weise wie die Griven auszumünzen. Weil aber, je kleiner die Münze, je mer Abgang und MünzerLon darauf zu rechnen, und je mer Zeit daran zu verwenden ist: so wären diese 5Kop. etwa zu 66 Solotn. Probe auszumünzen, damit Ihro Kaif. Maj. dabei gleichen Profit, wie bei den Griven, behalten. Und könnte man bei ¼ Mill. Rubl es für erst bewenden lassen, der Griven aber besto mer ausmünzen, und dazu alles, was an Ꝺuen Kop. eingebracht,

und

und noch nicht vermünzet worden, und was sonst an D
von particulairLeuten, oder durch podräde von Kaufleuten zu erhalten stehet, angewendet werden.

Wenn nun obiges .. Approbation finden sollte, so
wäre zu dessen schleuniger und ordentlicher Bewerkstelli-
gung, folgender Gestalt zu verfaren.   1. muß das Gepräge sowol zu den Qnen Kop., als zu der Umprägung
der 5Kop.Stücke zu 2Kop., unverzüglich festgestellt,
und sowol hier als in Moskau, an zierlich geschnittenen
Stempeln zuerst zu den einzelnen Kop., und dann zu
den 2Kop.Stücken, unaufhörlich gearbeitet werden.
2. Mittlerweile muß so viel Q, als immer möglich, für
den civilsten Preis, als es nur zu bekommen, und sobald als immer tunlich, in beiden MünzHöfen sowol zu
Moskau als hier, angeschafft, und sobald Stempel und
Q da sind, mit Ausmünzung der Kopejken der Anfang
gemacht, und beständig damit fortgefaren werden; damit man ScheideMünze im Vorrat habe, die eingebrachten 5Kop.Stücke sofort auszuwechseln, bis man mit
umgeprägten solches wird verrichten können.   3. Alsdenn aber, wann dieses obige also gehörig veranstaltet
worden, ist eine kaiserliche .. Ukase zu publiciren, und
darinn bekannt zu machen, daß die 5Kop.Stücke nun
nicht weiter sollen heruntergesetzt, sondern gegen 2Kop.,
wofür sie jetzt gäng und gebe sind, umgewechselt werden
sollen: deswegen sie in die MünzHöfe hier und in Moskau, vom 1 Dec. nächstkünftig an, sollen eingebracht,
und mit Qnen 1= oder 2Kop.Stücken, Kopejken gegen
Kopejken, verwechselt werden. Weil aber in den Münz-
Comtoiren accurat muß berechnet werden, wie viel eingebracht und ausgewechselt worden: so sollen nicht geringere Posten, als 5 Rubl oder 250 Stücke angenommen werden, um den MünzHöfen die Rechnungen nicht
unnötiger Weise schwer zu machen, und die Schreibe-
rei zu vervielfältigen. Die so viel nicht beisammen haben, können sich mit andern zusammentun, und suchen
10, 20, 30 und mer Rubl auf einmal zur Auswechslung
abzuliefern. ☛ In den Gouvernements und Provinzen
müssen die Gouverneurs, Wojewoden, und Provinzial=
Canzleien, die Einschickung so zu reguliren suchen, daß
darunter ihnen kein Aufenthalt, noch weniger ihnen
aber

aber unnötige Kosten, verursacht werden. Weil aus
teils Provinzen die Zufur besser im Winter zu Lande,
aus teils aber besser im Sommer zu Wasser, geschehen
kan: so wäre nicht undienlich, darunter eine Ordnung
vorzuschreiben, und die Zeit oder Monate zu determini-
ren, nach welcher aus dieser oder jener die Einschickung
zur Umwechslung geschehen solle. 4. Bis den 1 Jan.
1748, sollen die unumgewechselten gangbar seyn, weiter
aber nicht; sondern wenn solcher Terminus verstrichen,
nur zu 1 Kop. in den MünzHöfen angenommen, und
zu solchem Preise ausgewechselt werden: es wäre denn,
daß Jhro Kaiserl. Maj., wegen der großen Entlegenheit einiger Provinzen, oder sonst wichtiger Ursachen,
den Terminum weiter zu prorogiren nötig finden; immassen es die Meinung nicht ist, daß jemand Dero getreuen Untertanen darunter solle wider Verschulden ge-
färdet, noch auch jemand in den MünzHöfen zur Unge-
bür aufgehalten werden rc. 5. Die ausgewechselten
2Kop.Stücke sowol, als die einzelnen Kopejken, sollen nicht nur in Jhro Kaif. Maj. Cassen, sondern von
jedermann, unweigerlich in allem Handel, so wie DGeld,
one Lage, für voll, bei nachdrücklicher Andung gegen die
Uebertreter, angenommen werden. 6. Diejenige aber,
die sich wider alles Verhoffen, auf eine Gott = und Ehr-
vergessene Weise, unterstehen würden, selbige nachzumachen, oder nachgemachte hereinzupractisiren, sollen nach
den Gesetzen wie falsche Münzer unnachlässig bestraft werden; und wem nachgemachte und verdächtige vorkommen, der soll schuldig seyn, sie sofort einzuliefern, und
von wem er sie empfangen, anzuzeigen.

Sollten diese von mir zu Papir gebrachte geringfügige Gedanken, etwa können Anleitung geben, eine je eher je lieber vorzunemende höchstwichtige Sache desto eher zu beschleunigen: so hätte
ich meinen intendirten Zweck schon erreicht. Was daran etwa zu
desideriren, kan von denen, welchen alle jetzige Umstände bei dem
MünzWesen, besser als mir bekannt sind, leicht supplirt und emen-
dirt werden. Sollten sie auch gar als überflüssig und unstatt-
haft angesehen werden: können sie doch wenigstens dazu dienen,
meinen allergeflissensten DienstEifer, Jhro Kaif. Maj. hohes
Interesse nach Vermögen zu befördern, zu erkennen zu geben;
und in soferne, hoffe ich, werden sie einer allergnädigsten Aufname gewürdiget werden.
Geschehen St. Petersburg, den 10 Sept. 1746.